„Glaubst du an den Weihnachtsmann?!“

Diese Frage hören wir meist als Reaktion auf eine (zumindest scheinbar) vollkommen absurde Behauptung oder Ansicht. Wörtlich gemeint ist sie eher selten. In dieser Sammlung dreier Geschichten um eine besonders außergewöhnliche Ausprägung der weihnachtlichen Symbolfigur treffen beide Versionen zu: Wer bisher schon an den Weihnachtsmann geglaubt hat, wird ihn in einem neuen Licht sehen und Zweifler könnten einen neuen Sinn in der Bedeutung finden, die der Weihnachtsmann verkörpert wie kaum eine andere mystische Persönlichkeit. In jedem Fall hilft die Bereitschaft, sich auf Unerwartetes einzulassen.

Zum Autor: Ingo Pagan heißt eigentlich Wolfgang Heiden und ist nach einem Studium der Biologie über die physikalische Chemie zur Computer-Visualisierung gekommen. Als Professor für Informatik lehrt und forscht er neben biologischen Simulationen über Hypermedia Storytelling und Edutainment und hält regelmäßig Vorträge zu diesen Themen auf internationalen Fachkonferenzen. Er trägt Graduierungen in verschiedenen Kampfkünsten. In der Hochschulband “Night Angel” spielt er die elektrische Gitarre. Im Hummelshain Verlag erschien bereits sein Roman „Liliths Ring“.

Die Geschichten um den Weihnachtsmann sind frei erfunden. Jegliche Ähnlichkeiten zu lebenden oder toten Personen in diesem oder einem anderen bekannten Universum wären rein zufällig.

ISBN: 978-3-910971-08-0

www.hummelshain.eu

Ingo Pagan

Glaubst du an den Weihnachtsmann?!

Weihnachtliche Erzählungen

der besonderen Art

1. Heiße Weihnachten

2. Rohe Weihnachten

3. Höllische Weihnachten

Hummelshain Verlag

1. Episode

Heiße Weihnachten

1.

Es war ein ziemlich warmer Tag im Dezember. Nicht dass es sonnig oder gar frühlingshaft gewesen wäre. Seit fast einer Woche nieselte es ununterbrochen. Der tagelange Regen hatte zusammen mit Temperaturen gerade genug oberhalb des Gefrierpunkts den Boden zu einem braunen Morast aufgeweicht. Nichts erinnerte mehr an die weiße Pracht, mit der ein früher Novemberschnee falsche Hoffnungen auf einen richtigen Winter genährt hatte. Nicht einmal der Duft von Zimt, Glühwein und gerösteten Kastanien auf dem Weihnachtsmarkt ließ rechte Adventsstimmung aufkommen. Rote Nasen glänzten über klammen Schals. Von allen Seiten hörte man Menschen niesen und husten.

Lustlos ließ sich Gottfried von seiner Mutter über das glitschige Pflaster des Marktplatzes ziehen. Ab und zu platschten seine fellgefütterten Winterstiefel in eine Pfütze.

„I´m dreaming of a white Christmas ...“, hörte man Bing Crosby von einem Karussell her singen. Derartige Träume schienen in unerreichbarer Ferne zu liegen. Auch in diesem Jahr würde sich Weihnachten wieder trüb und verregnet präsentieren. Sämtliche Bilder verschneiter Winterlandschaften schienen einer anderen Welt zu entstammen.

*

Zu Hause angekommen schüttelte sich Gottfried wie ein nasser Hund. Schmutzige Tropfen spritzten durch den Hausflur.

„Musste das sein?“, ließ sich Mutter genervt vernehmen.

„OK, OK“, stöhnte Gottfried, schlurfte ins Badezimmer und füllte einen gelben Plastikeimer mit warmem Wasser.

Gottfried war fast fertig mit dem Putzen der Flurwände, als er Mutters Stimme aus der Küche hörte.

„Sag mal, hast du eigentlich schon deinen Wunschzettel geschrieben?“

Gottfried war schon neun und wusste natürlich längst, dass es weder Christkind noch Weihnachtsmann gab – jedenfalls nicht mit der Zuständigkeit, sämtliche Kinder der Erde zu Weihnachten mit Geschenken zu versorgen. Das alljährliche Schreiben eines Weihnachtswunschzettels hatte er aber beibehalten. Einerseits um es den Eltern zu erleichtern, die richtige Auswahl zu treffen, und um ihnen wie auch sich selbst Enttäuschungen zu ersparen, andererseits aber auch weil es Tradition hatte und irgendwie ebenso zu Weihnachten gehörte wie Plätzchenbacken und Christbaumschmücken.

Den Wunschzettel zu verfassen schien eine ausgezeichnete Idee zu sein. Vielleicht würde es Gottfried so gelingen, sich endlich in Weihnachtsstimmung zu bringen. Sobald er die Putzarbeit im Flur beendet hatte, lief er also in sein Zimmer, setzte sich an den Schreibtisch und schaltete den Computer an.

„Liebes Christkind, lieber Weihnachtsmann," begann er die traditionelle Anrede (schließlich wollte man niemanden verärgern, und das Ritual machte nur Spaß, wenn der Schein weitest möglich gewahrt blieb), „wieder einmal naht das Weihnachtsfest und Ihr wollt bestimmt wissen, womit Ihr mir die größte Freude machen könnt."

Bis hierher war es einfach gewesen. Aber was wünschte er sich nun eigentlich? Gottfried hatte die Aufgabe des Wünschens nie auf die leichte Schulter genommen – insbesondere da die vorsichtige Andeutung, er könne sich für etwas Bestimmtes interessieren, in der Regel zur Folge hatte, dass sich eben jener Gegenstand bei der nächsten Gelegenheit auf dem Gabentisch befand. Er sah sich in seinem Zimmer um, in der Hoffnung, irgendwo eine Lücke zu entdecken, die durch ein essentielles Gut gefüllt werden konnte. Aber wann immer ihm eine Idee kam – kaum hatte er sie auf den Bildschirm gebracht, da erschien es ihm profan, unnötig, oder zumindest unangemessen, jemanden damit zu behelligen, der sich um die Wünsche aller Kinder dieser Welt zu kümmern hatte. (Gottfried schrieb den Wunschzettel immer so, als ob er wirklich an Christkind und/oder Weihnachtsmann gerichtet sei – auch das gehörte dazu.)

Vielleicht würde etwas Musik helfen. Gottfried griff blind eine CD aus dem Blätterregal und schob sie in die Stereoanlage.

Aber es half nicht. Während Gary Moore's Blues-Gitarre zu „Cold Day in Hell" jaulte, dachte Gottfried nur: „Es muss wohl wirklich erst ein sehr kalter Tag in der Hölle sein, an dem wir hier wieder einmal weiße Weihnachten erleben."

Und auf einmal wusste er, was er sich wirklich wünschte. Darüber hinaus war es ein Wunsch, den weder Eltern noch Verwandte oder Freunde würden erfüllen können – höchstens das Christkind selbst – oder der Weihnachtsmann! Schließlich handelte es sich bei letzterem doch um eine Mischung des Heiligen Nikolaus mit dem russischen Väterchen Frost, also genau der zuständigen Person für das passende Weihnachtswetter.

Gottfrieds Finger flogen über die Tastatur. „Mehr als alles andere wünsche ich mir in diesem Jahr richtige Weiße Weihnachten", schrieb er, und mit jedem Buchstaben, der auf dem Bildschirm erschien, wuchs die Begeisterung über seine Idee. Ein bisschen begann er auch schon wieder an den Weihnachtsmann zu glauben, als er die Anschrift in das dafür vorgesehene Feld einfügte: „SANTA".

Gottfried hatte einen Augenblick gezögert, bevor er sich für diese kurze Adressangabe entschieden hatte, aber dann war er sich sicher. Die Bezeichnung hatte sich eingebürgert für die allgemein gültige Vorstellung vom Weihnachtsmann (spätestens seit ein amerikanischer Hersteller koffeinhaltiger Limonade ihn für sich vereinnahmt hatte), und angesichts der doch insgesamt eher zweifelhaften Existenz der Person, an welche der Brief gerichtet war, würde auch eine nähere Ortsangabe wie z.B. „Nordpol" wohl eher schaden als nützen. Falls es den Weihnachtsmann tatsächlich gab und er sich für die Herzenswünsche der Kinder interessierte, würde ihn dieser Brief schon erreichen – falls nicht, dann spielte es auch keine Rolle, wie weit er ihn verfehlte.

Gottfried überflog noch einmal den Brief und stockte bei der Adresse. „SATA" stand da in großen, freundlichen Lettern. Gottfried erinnerte sich. Seit er einmal ein Glas der bereits erwähnten koffeinhaltigen Limonade über der Tastatur verschüttet hatte, sprachen einige der Tasten nicht mehr ganz zuverlässig an. (Auch sofortiges Putzen hatte dieses Verhalten nicht vollständig beheben können.) – Eine davon war das „N".

Gottfried verzog die Mundwinkel und schubste die Maus über die Unterlage, bis der Cursor das unvollständige Wort erreicht hatte. Mit einem leisen Fluch stieß er den Finger auf die „N"-Taste, als wolle er sie durch den Boden der Tastatur stampfen. Dann klickte er auf das Druck-Symbol, zerrte ungeduldig den Brief aus dem Drucker, noch bevor dieser ihn selbstständig ausgeworfen hatte, faltete ihn und steckte ihn in einen bereits vorab frankierten Fenster-Umschlag.

Die Begeisterung hatte ihn voll ergriffen. Er kam sich vor wie bei der Vorbereitung eines besonders gelungenen Scherzes oder als sei er im Besitz eines Geheimnisses, das nur ihm allein gehörte. Gottfried rief seiner Mutter zu, er müsse noch einmal kurz in die Stadt, während er sich bereits die Jacke überstreifte.

Kurz darauf war der Brief im Kasten und Gottfried schon wieder auf dem Heimweg. Hätte er zuvor noch einmal einen Blick auf die Anschrift geworfen, dann wäre er vielleicht nicht ganz so zufrieden mit sich und der Welt gewesen. Es hatte sich nämlich noch einmal ein Fehler eingeschlichen, vielleicht wegen der Musik im Hintergrund oder wegen des kurzen Fluchens, vielleicht auch weil manche Textverarbeitungsprogramme gelegentlich ihre eigene Vorstellung davon haben, an welcher Stelle ein einzelner Buchstabe in ein bestehendes Wort einzubauen sei. Vielleicht hatte auch einfach der Zufall zugeschlagen. Wie auch immer – Gottfrieds Brief würde jedenfalls gewiss nicht an den Weihnachtsmann zugestellt werden.

2.

Es war ein ziemlich kühler Tag in der Hölle. Luzifer zog sich fröstelnd seinen dicken roten Mantel enger um die Schultern. Er nieste siebenmal und starrte düster vor sich hin. Wie meist in der Weihnachtszeit ließ die Heizkraft des Höllenfeuers auch in diesem Jahr spürbar nach. Es wurde nämlich durch die zahllosen kleinen und großen Bosheiten gespeist, die auf der Erde tagtäglich von den Menschen ausgingen. In letzter Zeit hatte die Temperatur in der Hölle beständig zugenommen, und man hatte sich an mollige Wärme gewöhnt. Die unverändert fortdauernden großen Schurkereien einzelner Personen ließen zwar keinerlei Befürchtungen aufkommen, die Temperaturen hier unten könnten auf ein unerträgliches Maß absinken oder das Höllenfeuer gar zum Erlöschen bringen, aber die vielen kleinen Bosheiten, zu denen sich selbst grundsätzlich eher gutherzige Menschen immer wieder hinreißen ließen (und die sich in ihrer Gesamtheit auch zu recht ordentlichem Brennstoff ansammelten) kamen in der Weihnachtszeit fast vollständig zum Erliegen. Seltsamerweise erinnerten sich nur allzu viele dann ihrer guten Vorsätze und meinten unnötiger (wenn auch nicht ganz nutzloser) Weise, durch ein paar Wochen des Wohlverhaltens alles wieder in Ordnung bringen zu können. Und deswegen musste man sich hier regelmäßig einen Schnupfen holen! – Wirklich eine Gemeinheit!

Luzifer kicherte. Eine Gemeinheit war immerhin doch schon wieder etwas Erfreuliches – zumindest aus seiner Sicht. Als das Kichern aber in einen Hustenanfall überging, verflog seine gute Laune augenblicklich wieder.

Besonders in diesen Momenten trauerte er der Zeit nach, in der er noch Vizekönig im Himmel war – der Erste an der Spitze der Seraphim. Immer häufiger bedauerte er die kleine Meinungsverschiedenheit, die zu seiner jetzigen Position geführt hatte. Gut – hier war er die Nummer

Eins, aber mittlerweile zeigten sich nicht wenige seiner Insassen um Einiges verderbter als er selbst. Es war schon ein undankbarer Job, den er nach seinem gescheiterten Putschversuch hatte akzeptieren müssen.

Und außerdem: Ein bisschen undankbar waren die Menschen ja schon. Immerhin hatten sie all jene Eigenschaften ihm zu verdanken, auf die sie so stolz waren. Wer hatte sie denn dazu überredet, vom „Baum der Erkenntnis" zu essen und sich so von allen anderen Tieren abzuheben, die sie heute so geringschätzig betrachteten. Und wie dankte man es ihm? – Indem er buchstäblich „verteufelt" wurde! Ohne die Erkenntnis von Gut und Böse wäre eine Einrichtung wie die Hölle allerdings auch vollkommen überflüssig, und so war es schon gerecht, dass er nun die Suppe selbst auslöffeln musste, die er sich und ihnen damit eingebrockt hatte.

„He Chef, Post für dich!", riss ihn die Stimme Beelzebubs aus seinen trüben Gedanken.

„Post?", krächzte Luzifer, der sich noch nicht ganz von seinem Hustenanfall erholt hatte. „Bist du sicher?"

„Doch – kein Zweifel", erwiderte Beelzebub und schüttelte die verfilzten Locken, um den Fliegenschwarm ein wenig aufzuscheuchen, der seinen Kopf umkreiste und ihm die Sicht verdeckte. „Der Brief ist eindeutig für Dich. Hier, sieh selbst."

Luzifer nahm den Brief entgegen, wedelte ihn kurz hin und her, um ein paar Fliegen zu vertreiben, und betrachtete die Adresse im Sichtfenster. Tatsächlich: „SATAN" stand da in großen freundlichen Lettern.

„Nanu, wer schreibt mir denn um diese Jahreszeit?" Luzifer kratzte sich nachdenklich hinter den Hörnern.

„Kommt von der Erde", grunzte Beelzebub und spuckte ein paar Fliegen aus. Die Tierchen waren wirklich ein wenig aufdringlich. (Von wegen „Herr" der Fliegen!) „Absender steht keiner drauf. Aber du kannst ja mal 'reinschauen."

„Komm schon", brummte Luzifer. „Hier hatten wir doch noch nie so etwas wie ein Postgeheimnis. Ich wette, du hast ihn längst gelesen."

„Jaja, schon gut. Hat ein kleiner Junge geschrieben, der dich mit dem Weihnachtsmann verwechselt. Aber ich dachte, du willst ihn vielleicht trotzdem lesen. Könnte dich womöglich ein bisschen aufheitern."

„Na, dann wollen wir doch mal sehen." Luzifer schlitzte den Umschlag mit einem klauenartigen Fingernagel auf und begann zu lesen.

Seine Miene begann sich zu verdüstern, als er die Anrede las. „Liebes Christkind, lieber Weihnachtsmann, – Aua, das schmerzt!" Und wieder an Beelzebub gewandt, „wie hieß der Bursche doch gleich?" – Keine Antwort. Luzifer warf einen Blick auf die Unterschrift und verschluckte sich fast. „Gottfried? - Iiih, auch das noch. - Beelzebub, das hast du doch gewusst!"

„Zugegeben, ich hatte schon befürchtet, dass du das nicht gerne hören würdest", tönte es zaghaft aus einiger Entfernung. (Auch das Summen hatte nachgelassen, als sich der Herr der Fliegen in eine hintere Ecke zurückgezogen hatte.)

„Und was wünscht er sich? – Wenigstens einen ferngesteuerten Spielzeugpanzer oder ein Computerspiel, bei dem pausenlos Aliens und gelegentlich andere Mitspieler pulverisiert werden? Oder vielleicht ein paar Horrorvideos?"

„Lies doch einfach selbst – der Brief ist nicht lang." Beelzebubs Stimme war kaum mehr zu hören. Er begann sich zu fragen, ob es wirklich so eine gute Idee gewesen war, seinem Chef den Brief zu zeigen.

Luzifer las.

„Das ist doch die Höhe! Dieser Bengel wünscht sich nicht nur kein Kriegsspielzeug, er wünscht sich überhaupt nichts. Ein Kind, das eigentlich alles hat und sich dessen auch noch bewusst ist. Geradezu geschmacklos!" Ein eisiger Wind zog durch die Hölle. „Doch", warf Beelzebub zögernd ein, „etwas wünscht er sich schon: weiße Weihnachten."

Luzifer seufzte schwer. „Schon beinahe selbstlos. Und so etwas schickt er ausgerechnet mir. Wenn es doch wenigstens ein kleines Schneetreiben oder Glatteis wäre. Aber weiße Weihnachten." Er schüttelte sich. Doch plötzlich zog sich ein Mundwinkel in die Höhe. Der zweite folgte gleich darauf.

„Schlechte Gesellschaft verdirbt", sagte Luzifer zu sich selbst. „Eigentlich ist das doch gar keine üble Idee. Das wird den Alten da oben sicher gewaltig ärgern. Der Herr der Hölle hilft einem kleinen Jungen bei einem ausgesprochen braven Weihnachtswunsch. Im Himmel eine wundervolle Gelegenheit vertan und von uns wahrgenommen. Die werden sich schwarz ärgern. Aber sie dürfen es natürlich nicht zu früh bemerken. Sonst verderben sie womöglich den ganzen Spaß."

Während ihm die Idee mehr und mehr zu gefallen begann, wuchs bereits weißer Pelz aus Kragen und Manschetten seines ohnehin bereits roten Mantels, der kleine schwarze Ziegenbart breitete sich aus und wurde zugleich immer heller. Seine athletische Gestalt verformte sich, besonders um die Hüftgegend.

Und auch das gehässige Kichern wandelte sich mit zunehmendem Leibesumfang vom meckernden „Hehehe“ zu einem satten „Ho Ho Ho“.

3.

Das Thermometer war von einem Tag auf den anderen drastisch abgesunken. Hätte man gestern noch von frühlingshafter Wärme sprechen können (wären da nicht Nässe und die trübe Winterstimmung gewesen), so lag die Temperatur nun plötzlich zweistellig unter Null. Zwar hatte dadurch der widerwärtige Nieselregen aufgehört, für Schnee war es nun aber wiederum zu kalt. Die Pfützen waren zugefroren, Bäche und Teiche von einer zentimeterdicken Eisschicht bedeckt.

Wenn tagsüber wenigstens die Sonne geschienen hätte! Aber die dichte Wolkendecke war nicht aufgerissen. Kein richtiges Tageslicht brach durch, um die Mienen der Männer und Frauen in den Straßen ein wenig aufzuhellen. Alle hetzten gesenkten Kopfes von Geschäft zu Geschäft, um noch die letzten Geschenke zu erhaschen, wenige Tage vor Weihnachten. Die Freude am Schenken, die mit dem Weihnachtsfest verbunden sein sollte, war längst durch die lästige Pflicht des schenken Müssens verdrängt worden. Statt besinnlicher Vorfreude und Erwartung eines Friedensfestes waren die Gedanken umwölkt vom Stress, die Arbeit des Jahres in nur noch wenigen Tagen abschließen – und sich zusätzlich noch um die Weihnachtsvorbereitungen kümmern – zu müssen. Eine Stimmung so recht nach dem Geschmack dessen, der da nun aus einer dicken Rauchsäule unter einer Brücke hervortauchte. Aber zurzeit hatte er anderes im Sinn.

Am Abend hatten die Temperaturen nochmals kräftig angezogen. In fadenscheinigen, zerschlissenen Mänteln standen drei Männer dicht zusammen und rieben die Hände über der verlöschenden Glut, die sie in einem alten Abfalleimer entfacht hatten, nun aber nicht weiter nähren konnten, da ihnen jegliches brennbare Material ausgegangen war.

„Tja, das war's dann wohl. Und heute Nacht soll es so richtig kalt werden. Vielleicht minus 20, haben sie gesagt.“

„Brrr – und ich friere jetzt schon wie ein Schneider. K-k-kann meine Zehen kaum mehr spüren.“

„Kein Wunder bei den Löchern im Schuh. Und dann ohne Socken.“ – „Die hab' ich letzte Woche gegen ein Fläschchen Schnaps getauscht.

Macht auch warm, ist aber leider inzwischen genau so leer wie mein Magen."

„Schon eine Idee, wo wir die Nacht verbringen sollen? – Das Obdachlosenheim ist total überfüllt, der Bahnhof geschlossen, und in die U-Bahn-Stationen lassen sie auch niemanden mehr. Die schwarzen Sheriffs passen auf wie die Schießhunde."

„Wenn wir wenigstens was zum Schlucken hätten. Dann könnten wir uns immerhin von innen aufwärmen. Aber leider sitzen wir total auf dem Trockenen."

„Und uns schenkt niemand was. Von wegen Weihnachtsstimmung und Geberlaune. – Zum Teufel mit dem Weihnachtsmann!"

„Hohoho! - hat mich da jemand gerufen?"

Die drei fuhren erschrocken herum. Niemand hatte die Ankunft des Fremden bemerkt oder gerade hier mit einem fülligen alten Mann mit weißem Bart und Nikolauskostüm gerechnet.

„W-wie kommen Sie hierher?" stotterte einer der Männer, der sich zuerst wieder gefasst hatte. „Haben Sie sich verlaufen?"

Ohne auf die Fragen einzugehen, betrachtete der Fremde im roten Kostüm die Situation. „Mir scheint, ihr könntet es ein bisschen gemütlicher vertragen", meinte er und kratzte sich am Bart. Dann zog er wie durch Zauberei eine Flasche mit undefinierbarem Inhalt aus dem Ärmel. „Dies hier könnte die Lösung eurer Probleme sein", brummte er dann geheimnisvoll, „oder deren Anfang."

Mit diesen Worten reichte er dem ihm am nächsten Stehenden die Flasche und schritt davon, ohne sich noch einmal umzusehen.

Während er sich ohne Eile entfernte, blickten die drei fragend mal die Flasche, mal einander an. Was mochte nun darin sein? War es vielleicht ein hochprozentiger Klarer, der ihnen trügerische innere Wärme versprach, sie aber dann nur gnadenlos der mörderischen Kälte der eisigen Winternacht ausliefern würde - oder etwas brennbares, das ihnen echte Wärme spenden konnte? Prüfend gossen sie ein wenig der zähen, aber durchaus wohlriechenden Flüssigkeit in den metallenen Mülleimer, in dem inzwischen die letzten Reste Holz verkohlt waren. Einer suchte mit klammen Fingern in den Tiefen seines Mantels nach Streichhölzern.

„He," rief er dem Mann im roten Mantel hinterher. „Hast du mal Feuer?"

„Wenn nicht ich, wer dann," murmelte dieser, schnippte mit den weiß behandschuhten Fingern, und im selben Moment schoss eine

Stichflamme aus dem Mülleimer. „Eine weise Entscheidung," grummelte er weiter. „Schade eigentlich ..." Aber dies hörten die drei Männer schon nicht mehr, die sich bereits wieder die Hände wärmten und erst viel später in der Nacht verwundert feststellen würden, dass die Flasche nicht leer wurde, so viel sie auch daraus ausgossen - und dass sie stets das enthielt, was sich ihr Besitzer gerade am sehnlichsten wünschte.

4.

„Chef, Chef, es gibt da ein Problem!"

Ein unterer Meldeengel kam aufgeregt durch die Himmelspforte gestürmt und japste nach Luft. Petrus versuchte ihn zu beruhigen.

„Nur die Ruhe. Es ist Advent – die Zeit der Besinnlichkeit. Was kann da schon geschehen sein, das keinen Aufschub duldet?"

„Doch, es ist dringend," keuchte der Engel, den Petrus nun, bei genauerer Betrachtung, als einen der Höllenbeobachter erkannte. „Vielleicht sollten wir unsere Undercover-Engel doch häufiger auswechseln", murmelte er vor sich hin und verzog die Nase. Ein etwas brenzliger Geruch ging von dem Engel aus, dessen Flügelspitzen leicht angesengt waren. „Die Hektik da unten scheint abzufärben."

Aber die nächsten Worte des Meldeengels ließen ihn doch aufhorchen:

„Luzifer ist weg!"

Das waren nun doch beunruhigende Neuigkeiten. Seit der erfolgreichen Einführung der verkaufsoffenen Adventswochenenden hatte der höllische Gegenspieler sich zumindest in der vorweihnachtlichen Zeit eigentlich immer zurückgehalten. Sollte er wieder eine neue Teufelei aushecken – wie z.B. Feuerwerk schon an Weihnachten oder gar Schlimmeres?

Petrus runzelte die Stirn. „Der Chef persönlich – was? Irgendwelche Hinweise, was er im Schilde führt?"

„Sie sagen, er sei auf der Erde."

„Das hätte ich mir auch so denken können", polterte Petrus ärgerlich. „Wo sollte er schon sonst hin? – Ich meine, gibt es Gerüchte, was er dort vorhat?"

„Nun ja", stammelte der Meldeengel verlegen. „Es wird etwas vom Weihnachtsmann gemunkelt ..."

„Aber den gibt es doch gar nicht", meinte Petrus verständnislos. „Und selbst wenn, hätte er kaum etwas mit uns zu tun. Wozu haben wir schließlich das Christkind eingeführt?"

„Jetzt gibt es ihn eben doch," flüsterte der Meldeengel mit gesenktem Blick. „Es wird von einigen Sichtungen berichtet, die sich nicht mehr als Spinnereien oder Weihnachtslegenden abtun lassen." In Erwartung des Kommenden rollte er sich noch enger zusammen. Und tatsächlich …

„WAAAS?!", donnerte Petrus entrüstet. „Das darf doch wohl nicht wahr sein. Der alte Schurke wird es doch nicht ernsthaft wagen, uns Weihnachten wegnehmen zu wollen! Ich glaube, da müssen wir tatsächlich starke Geschütze auffahren. Ruft das MG-Team zusammen."

Einen Moment lang herrschte Totenstille. Dann riefen alle anwesenden Engel wie mit einer Stimme: „Nicht das MG-Team! – So schlimm kann es doch nicht wirklich kommen – oder?"

Der himmlische Hüter blieb unerbittlich. „Ich glaube, das wird sich nicht verhindern lassen. Niemand sonst wird mit Luzifer selbst fertig."

„Aber Chef," meldete sich ein Engel vorsichtig zu Wort. „Erinnern Sie sich, was das letzte Mal passiert ist, als das MG-Team auf die Erde losgelassen wurde? Ich meine, die Gegend ist heute noch unbewohnt …"

Petrus kratzte sich nachdenklich am Bart. Doch dann nahm seine Miene wieder einen entschlossenen Ausdruck an. „Nein, es gibt keine Alternative. Nur die beiden können es mit Satan höchstpersönlich aufnehmen. Und bei Weihnachten hört der Spaß wirklich auf." Zu einem Botenengel gewandt, fuhr er fort: „Ruf bitte sofort Michael und Gabriel zu mir. Sie sollen sich auf eine Erdmission höchster Priorität vorbereiten."

5.

Wenig später erschienen zwei hünenhafte Gestalten in weißen Maßanzügen in einer leeren Seitenstraße, wo sich das makellose Weiß ihrer Kleidung – soweit irgend möglich – noch deutlicher von dem Schmutz, der sie umgab, abhob. Beide trugen silbrig verspiegelte, eng anliegende Sonnenbrillen über den kantigen Schädeln. Der größere hatte die schneeweißen Haare straff zurück gekämmt und im Nacken zu einem kurzen Pferdeschwanz zusammen gebunden, während sein Begleiter, der immer noch knapp zwei Meter maß und auch in den Schultern kaum weniger breit war, die rötlichen Haarstoppeln in einem militärisch kurzen Bürstenschnitt trug.

„Hier ist er also angekommen“, knurrte der Große, während er sichernd nach allen Seiten blickte. „Sieht ihm ähnlich, die Umgebung passt zu ihm.“

Der andere schien ihn kaum zu bemerken und brummelte ärgerlich in sich hinein. „„... und haltet euch diesmal ein bisschen zurück, gnagnagna ... – Wozu übertragen sie eigentlich gerade uns den Job, wenn wir uns dann nicht entfalten dürfen? Da könnten sie ja gleich ein paar Jungs aus dem dritten Glied oder frisch rekrutierte Wachengel schicken statt den Elite-Seraphim.“

„Klappe halten, Gabe“, fuhr ihn der Blonde an. „Mir wär’s auch lieber, sie würden uns einfach freie Hand lassen, aber Befehl ist Befehl. Und Herummaulen bringt uns nicht weiter. Hilf mir lieber, Lukes Spur zu finden.“

„Sir, yes, Sir!“, brummte Gabriel, dem das FBI-Getue Michaels heute noch mehr als sonst auf die Nerven ging. Dann blickte auch er sich um und entdeckte in einem Stapel alter Kartons schnarchende Menschen – und eine Flasche, deren Herkunft für ihn offensichtlich war. „Er ist hier nicht nur angekommen, sondern hat auch gleich seine Spuren hinterlassen“, sagte er zu Michael gewandt. „Sollen wir sie befragen?“

„Ach was“, erwiderte der Angesprochene. „Lass sie schlafen. Die sind jetzt sowieso nicht ansprechbar und sagen uns bestenfalls, dass er nach rechts oder links weggegangen ist. Wenn die jetzt zwei leibhaftigen Engeln gegenüberstehen, sind sie garantiert sofort stocknüchtern und versetzen anschließend die ganze Stadt in Aufruhr. Nimm ihnen einfach die Flasche weg, dann glauben sie morgen früh, sie hätten alles nur geträumt. Schließlich sollen wir möglichst wenig Aufsehen erregen. – Und wir wollen uns doch nicht schon wenige Minuten nach unserer Ankunft gleich über ausdrückliche Anweisungen hinwegsetzen.“

„Schon gut“, sagte Gabriel resignierend, grapschte sich im Vorbeigehen die Flasche, die einer der Schlafenden wie ein Kuscheltier im Arm hielt, und folgte Michael. Beinahe hätte er, in Gedanken versunken, einen Schluck getrunken, konnte aber gerade noch rechtzeitig die bereits angesetzte Flasche angewidert von den Lippen reißen und ließ die ölige Flüssigkeit auf die Straße schwappen. Aus dieser Flasche wollte er nicht einmal Ambrosia trinken, obwohl es nach einem sehr guten Jahrgang gerochen hatte ... Nicht ganz ohne Bedauern hielt er mit einer Hand die Flasche vor sich in die Höhe, nahm mit der anderen die Brille ab und ließ das Teufelswerk in einem sengenden violetten Blitz vergehen, der aus seinen Augen hervor zuckte.

Am Ausgang der Gasse blieb Michael stehen, klopfte sich mit den Fingern aufs rechte Ohr und lauschte angestrengt. Dann wandte er sich seinem Begleiter zu, der ihn inzwischen eingeholt hatte.

„Hey, Gabe, ich glaube, ich habe eine Spur. Im Polizeifunk melden sie gerade einen Banküberfall mit Weihnachtsmann. Der alte Schurke hat es wohl mal wieder nicht lassen können. Komm, den haben wir gleich!“

„OK, Mike – gehen wir“, sagte Gabriel, diesmal auf den Jargon seines Kollegen eingehend. Kurz darauf entmaterialisierten die beiden, nur um im selben Moment auf der Toilette einer Bank zu erscheinen, deren Kassenraum von drei Weihnachtsmännern mit Maschinenpistolen in Schach gehalten wurde.

„Mist!“, schimpfte Michael, als er vorsichtig in den Kassenraum spähte. „Drei Weihnachtsmänner, aber unser Ex-Kollege ist nicht dabei. Machen wir, dass wir weiterkommen!“

„Moment“, unterbrach ihn Gabriel. „Jetzt sind wir schon mal hier. Da können wir doch eben noch da vorn aufräumen. Also, ich für mein Teil würde mich gar nicht wohl dabei fühlen, die drei da einfach weiter machen zu lassen.“

„Du hast recht, bringen wir's hinter uns“, knurrte Michael und bewegte sich auf den Kassenraum zu. Gabriel folgte ihm.

Einer der Weihnachtsmänner, offenbar der Anführer, kreischte aufgebracht, als er der beiden gewahr wurde. „He, was soll das denn bedeuten?!“ – Und, zu einem seiner Kumpane gewandt: „Hattest Du nicht gesagt, alle Waschräume und so weiter seien ‚sauber'? Die beiden weißen Riesen hier hatten sich wohl in den Kloschüsseln versteckt, was? – Ich dachte, ich arbeite hier mit Profis!“

„Und ihr beiden“, hiermit wandte er sich an die Herren im weißen Designer-Outfit, „spielt hier besser nicht die Helden und geht brav zu den anderen dort in die Ecke.“ Mit einem Wink seiner Waffe deutete er in einen Winkel des Kassenraums, wo Kunden und Angestellte ängstlich kauerten, bewacht vom dritten der Bankräuber, der – wie die beiden anderen – ein Weihnachtsmannkostüm trug, das ihn zur vollständigen Unkenntlichkeit verbarg.

„Nun mal immer mit der Ruhe“, sagte Michael sanft, aber bestimmt, sichtlich aber wenig beeindruckt. „Meinst du nicht, mein Sohn, dass du dein Auskommen auf andere Weise besser finden könntest? Und außerdem: Schämst du dich nicht, diese armen Leute hier so zu erschrecken, noch dazu in der Weihnachtszeit?“

„Ich werd’ nicht mehr“, seufzte der Chefbankräuber in gespielt väterlichem Ton. „Zwei Wanderprediger. Aber ihr habt euch hier die falsche Gemeinde ausgesucht. Und jetzt husch husch in die Ecke, sonst trefft ihr euren obersten Boss gleich persönlich.“

„Autsch – jetzt gleich zurück, ohne unseren Auftrag erfüllt zu haben? – Ich glaube nicht, dass ihm das gefallen würde“, sagte der Stoppelhaarige grinsend zu seinem Begleiter mit dem Karl-Lagerfeld-Zopf. „Nein, ganz bestimmt nicht“, erwiderte dieser kopfschüttelnd, ohne die schwer bewaffneten Bankräuber eines Blickes zu würdigen.

„Würden die Herren wohl die Güte haben, sich auch wieder mit uns zu befassen?“, kreischte deren Anführer mit sich überschlagender Stimme.

„Ich glaube, da hat jemand Probleme mit seinem Blutdruck“, raunte Gabriel Michael zu. „Vielleicht sollten wir ein bisschen Deeskalation betreiben.“ – „Dauert zu lang“, meinte dieser lapidar. „Ich bin da mehr für aktive Abrüstung.“ Im selben Moment glitten die beiden wie weiße Schemen durch den Raum, und kurz darauf fanden sich die fassungslosen Räuber entwaffnet und mit Streifen ihrer Säcke verschnürt dort wieder, wo gerade noch die ebenso fassungslosen Kunden und Bankangestellten gekauert hatten. Diese hätten sich gern bedankt, aber bevor sie sich versahen, hatten ihre Retter die Bank bereits wieder verlassen, und als die Polizeisirenen vor dem Gebäude aufheulten, konnten sie den hereingerufenen Sicherheitsbeamten nur wirres Zeug berichten. Aber da alles schließlich gut ausgegangen war, war es auch niemandem wirklich wichtig, was genau sich in der Bank abgespielt hatte. Allerdings wunderten sich einige doch gewaltig.

Nur einer der Räuber hatte den beiden noch zornig nachrufen können: „Geht doch zum Teufel“, worauf die Angesprochenen grinsend geantwortet hatten: „Genau das haben wir vor.“ Aber vielleicht hatte er sich auch verhört.

6.

Ungefähr zur gleichen Zeit wanderte eine wohlbeleibte Gestalt mit weißem Bart, rotem Anzug und einem großen, prall gefüllten Sack über der Schulter, durch die abendliche Stadt. Von dem festlich erleuchteten

Stadtkern hatte er sich inzwischen entfernt und traf immer seltener auf Kinder und anderes Volk, das von ihm ein paar warme Worte zum nahen Fest erwartete. Zunächst hatte er es tatsächlich genossen, war es doch Bestandteil des Spiels, das er geplant und bislang erfolgreich mit diebischer Freude durchgeführt hatte. Außerdem hatte er es sich nun einmal vorgenommen, seine Rolle konsequent auszufüllen und ein echter Weihnachtsmann zu sein – so echt, dass keine Erwartung an diesen enttäuscht werden konnte. Aber auf die Dauer fühlte er sich doch bedrängt von all der Freundlichkeit, die ihm entgegenschlug – und die er nicht nur erwidern, sondern zudem jedes Mal übertreffen musste.

Das eine oder andere Mal hatte er sogar traurige Kinder mit Späßen fröhlich gestimmt, Gehetzte beruhigt, in Not geratene beschenkt und Weihnachtsmuffel in festliche Stimmung versetzt. Allmählich begann er bereits daran zu zweifeln, ob es ihm gelingen würde, nach dem Fest wieder zu seiner alten Boshaftigkeit zurück zu finden. Aber jetzt betrat er den Stadtpark, hatte die Lichter der Fußgängerzone und der festlichen Auslagen hinter sich gelassen, und eine fast heilige Ruhe kehrte ein. Er überlegte gerade, ob dies ein geeigneter Ort sei, um sein eigentliches Werk zu beginnen, als sich einige dunkle Gestalten aus dem Schatten einer nahe gelegenen Mauer schälten.

„Wen haben wir denn hier?“, tönte es mit ätzendem Unterton aus dem Dunkel. „Hast du dich verlaufen, Alter?“

„Nein,“ rief eine andere Stimme keck dazwischen. „Er hat uns Geschenke gebracht. Seht doch mal seinen Sack! Da hat er bestimmt krass viel Zeug drin, das sich zu Kohle machen lässt.“

„Jou, schlitzen wir den Sack doch einfach auf,“ grölte eine weitere Stimme, gefolgt von einem keckernden Lachen, das es offen ließ, ob der Vorschlag dem prall gefüllten Jutesack galt oder dessen Träger.

„Aber, aber,“ drang eine tiefe Stimme tadelnd durch den weißen Bart. „Jungs, ihr werdet doch nicht an so einem Tag einen alten Mann berauben wollen.“

„Aber sicher doch,“ meldete sich wieder derjenige, der zuerst gesprochen hatte und offenbar der Wortführer der Gruppe war. „Gerade heute haben wir uns doch auch ein paar Geschenke verdient – oder findest du nicht, Alter?“ Aus dem Kreis von sieben jungen Männern, der sich langsam um den rot Gewandeten schloss, meckerte zustimmendes Gelächter.

„Also ich denke eher, ihr seid gerade dabei, euch die Weihnachtsgeschenke zu verscherzen,“ sagte der Umringte wenig beeindruckt und schickte sich an, seinen Weg fortzusetzen. „Und jetzt lasst mich bitte durch, ich habe heute noch einiges zu erledigen."

„Wir haben auch was zu erledigen," krächzte der Anführer der Jugendlichen, der eine solche Reaktion nicht erwartet hatte. „Nämlich dich!" – Wieder zustimmendes Lachen, das ihm seine schon wankende Selbstsicherheit wiedergab. „Wollen doch mal sehen, ob du gleich immer noch so cool bist, wenn wir dir ein bisschen die Luft aus dem Wanst lassen."

„Ja, obercool!" Drohend blitzte ein Messer in der Hand des Anführers, während andere Mitglieder der Gruppe Fahrradketten schwangen oder Baseballschläger über die Schulter hoben. Einer zog sogar etwas aus der Hose, das wie ein Revolver aussah. – „Oder einfach kalt und steif."

„Ho ho ho", lachte der rundliche Mann mit dem immer noch freundlichen Gesicht, während das Messer vor ihm nervös hin und her zuckte. "Du willst mich doch nicht etwa mit diesem Zahnstocher beeindrucken."

Was dann geschah, dauerte nur wenige Augenblicke, obwohl diese sich den Beteiligten mit quälender Langsamkeit unauslöschlich ins Gedächtnis brannten. Das Messer zuckte vor, blieb aber in dem, wie eine gewaltige Keule geschwungenen, Sack stecken. Ohne die Bewegung zu unterbrechen, entriss der Sack dem Angreifer das Messer und schleuderte es in hohem Bogen fast senkrecht in die Luft, von wo es kurz darauf wie ein abgebrochener Eiszapfen herunter sauste und sich einem anderen Burschen, der sich dem Weißhaarigen von hinten näherte, durch den Schuh bohrte. Obwohl er wundersamer Weise unverletzt geblieben war, schrie der Getroffene vor Schreck auf, nur um gleich darauf von dem schwungvoll rotierenden Sack von den Beinen gerissen zu werden. Zu dem Zeitpunkt lagen bereits drei andere Angreifer ächzend am Boden, und die verbliebenen drei folgten kurz darauf, ohne sich wirklich bewusst zu werden, was genau ihnen zugestoßen war.

An die folgende Szene erinnerten sie sich aber alle später ganz genau: Wie ein rot-weißer Riese stand der Weihnachtsmann über den schmerz- und angstvoll am Boden zusammen gekauerten Jugendlichen. Der Sack, den er drohend über der Schulter hielt, erinnerte irgendwie an einen riesigen Felsbrocken, der jeden Moment von seinem hoch aufragenden Podest herabstürzen und alles im Tal unter sich begraben konnte. Seine heitere, immer noch freundliche Stimme, die so gar nicht zu diesem Eindruck passte, machte ihnen die Bedrohlichkeit der Lage nur noch deutlicher bewusst.

„Das war keine gute Idee, meine jungen Freunde – nein, gar keine gute Idee.“ Er schüttelte tadelnd den Kopf, und der dichte weiße Bart schabte hin und her über die rote Jacke. „Mir scheint, ihr seid eher Kandidaten für die Rute als für den Sack. Aber da ich den Knecht Ruprecht heute nicht dabei habe, muss ich doch mal wieder alles selber erledigen.“ Er wandte sich zum Gehen, ohne aber seinen durchdringenden Blick von den am Boden liegenden zu lassen. „Und übrigens empfehle ich euch dringend, künftig ganz besonders brav zu sein. Ich werde eure Namen im goldenen Buch im Auge behalten, und wenn ich da lesen muss, dass ihr unartig wart, dann sehen wir uns wieder – spätestens so in 70 bis 80 Jahren. Heute hattet ihr Glück, aber dann werde ich so richtig meinen Spaß mit euch haben – für sehr, sehr lange Zeit ...“

Mit diesen Worten wandte er sich ab, aber der Blick, den er ihnen noch einmal über die Schulter zurückwarf, ließ allen das Blut in den Adern gefrieren. Jeder von ihnen hätte schwören können, dass sich das runde, weiße Gesicht für einen winzigen Augenblick in eine rot leuchtende Fratze verwandelt hatte, die ihnen nicht mehr freundlich, sondern voller Häme nachgelacht hatte. Wie mit glühenden Eisen brannte sich der Anblick in ihre Erinnerung, und niemand wagte sich auch nur zu rühren, bevor der alte Mann im roten Gewand mit seinem wiegenden Gang hinter einer Baumgruppe verschwunden war.

*

Als wenig später zwei weiß gekleidete Herren suchend durch den Park gingen, trafen sie auf einige etwas angeschlagene, aber außerordentlich höfliche junge Männer, die bereitwillig Auskunft gaben, einem Weihnachtsmann begegnet zu sein, dessen Weg aber nicht weiter verfolgt hatten und die offensichtlich großen Wert darauf legten, jeglichem Ärger aus dem Weg zu gehen.

7.

Am Rande des Parks, in einem abgelegenen Rondell, da auf der einen Seite von einem See und auf der anderen von den ersten Häusern eines älteren Stadtviertels begrenzt wurde, setzte ein beleibter älterer Mann im roten Kostüm einen schweren Sack ab, rieb sich die Hände und richtete sich auf, den Blick gleichermaßen auf Park und Häuser gerichtet.

„Jetzt kann ich endlich tun, wozu ich eigentlich hergekommen bin," sagte er zu sich selbst.

„Da wäre ich mir nicht so sicher, alter Ziegenbock."

Luzifer wandte sich um. Am Ende der Straße hinter den Häusern standen zwei bullige Gestalten, die sich als Silhouetten, umstrahlt von der Reflexion der hinter ihnen stehenden Laternen auf ihren weißen Maßanzügen, vom dunklen Pflaster abhoben. Es wäre schwierig gewesen zu entscheiden, ob der helle oder der dunkle Eindruck überwog.

„Ah, die ‚Men in White'", ätzte Luzifer mit einer tiefen Verbeugung, bei der er die rote Zipfelmütze zog wie einen Federhut und mit galantem Schwung, der einem Musketier des französischen Sonnenkönigs Ehre gemacht hätte, der fülligen Weihnachtsmanngestalt etwas Groteskes verlieh. „Der Boss hat sich bei der Auswahl meiner ehemaligen Kollegen nicht mit der zweiten Garde begnügt."

„Was hast du erwartet?", schnauzte Michael. „Glaubst du, wir lassen uns Weihnachten so einfach kaputt machen? – Verzieh' dich schleunigst in wärmere Gefilde, solange du noch aufrecht gehen kannst, oder du beziehst Prügel wie in den letzten 3000 Jahren nicht mehr."

„Hohoho! – Ihr seid also über meine Absichten, wie immer, bestens unterrichtet, was? Aber egal – ‚wärmere Gefilde' erinnert mich an etwas." Luzifer schwang seine Mütze pfeifend durch die Luft und stülpte sie ruckartig aus. Sofort schnitt ein eisiger Wind durch die Stadt. „Die weiteren Aussichten: trüb", ahmte er einen bekannten TV-Meteorologen mit Schweizer Akzent nach, „Regen, Matsch, Schnupfen und für die Jahreszeit zu warm ... – Aber das muss nicht sein; es gibt doch Uncle Luke's Eis – dafür ein Hurra!" Nachdem er einige weitere frostige Windböen aus der Mütze geschüttelt hatte, löste der Weihnachtsmann den Verschluss seines riesigen Sacks und schleuderte den Inhalt kraftvoll in die Luft, wo er sich wie eine gigantische Konfettiwolke zu verteilen begann, bis der Himmel mit einer weiß flimmernden Schicht erfüllt schien. Einen Moment lang verharrten alle in erwartungsvollem Staunen, dann löste sich eine erste Schneeflocke und trudelte sanft auf die dicke Knollennase in dem glänzenden, von einem dichten weißen Bart eingerahmten Gesicht des Mannes in Rot.

In diesem Moment begannen die Engel sich zu regen.

„Was soll das werden?", knurrte Michael abfällig. „Immerhin bin ich traditionsgemäß für Schnee zuständig." Drohend setzte er sich in Bewegung.

„Ach ja? – und warum hast du dann keinen mitgebracht?“, kicherte Luzifer. „Sofern man davon absieht, dass du ja angeblich selbst aus Schnee gemacht bist. Aber die Schneemänner von heute sind auch nicht mehr das, was sie früher mal waren. Alles muss man heutzutage selber erledigen.“ Mit diesen Worten richtete er die behandschuhten Handflächen, aus denen plötzlich zwei lodernde Flammen stießen, auf Michael. Statt diesen zu treffen, schmolzen sie aber den inzwischen zu einem regelrechten Schneegestöber angewachsenen Niederschlag zu einem Wasserschwall, der den Engel einhüllte und sich auf eine weitere Handbewegung des Roten hin in einem klirrenden Windhauch in klares Eis verwandelte, das den überraschten Engel mitten im Lauf erstarren ließ.

„Dafür ist Feuer meine Domäne“, mischte sich nun auch Gabriel ein, hüllte seinen Kollegen in einen weiteren Feuerstrahl ein, der das Eis wieder schmolz und dem zornigen Engel seine Beweglichkeit zurückgab. „Feuer und Eis – beides vorhanden. Du siehst also, du bist hier überflüssig.“

„Dafür biete ich aber zwei zum Preis von einem, ihr Schneeengel“, lachte Luzifer und blies eine weiße Wolke in Richtung der beiden heranstürmenden Angreifer, die diese in einen lawinengleichen riesigen Schneeball hüllte und wieder an den Anfang der Straße zurück rollen ließ, während beide hilflos mit den als einziges noch herausstehenden Armen ruderten. Dann allerdings zerstob der Schneeball in einer weiß glitzernden Fontäne, als sich die beiden Engel mit einem Aufblitzen befreiten.

„Okay“, grollte Michael, und seine vereisten Brauen zogen sich drohend zusammen. „Bisher hattest du deinen Spaß, aber jetzt fahren wir mit dir Schlitten, Rudolf Rotnase!“

„Hey“, lachte Luzifer auf, „der hätte von mir sein können. Du entwickelst ja tatsächlich einen Sinn für Humor! Aber pass' auf, gleich machst du per Roundhouse-Kick mit meiner satanischen Ferse Bekanntschaft ...“ Er hatte noch zu einer weiteren Bemerkung angesetzt, aber die blieb ihm im Halse stecken, denn nun stürzten sich beide Gegner zugleich auf ihn, und das folgende Aufeinanderprallen dreier Titanen ließ das Stadtviertel erzittern. Ein gewaltiger Blitz zuckte in den wolkenverhangenen Himmel, aus dem Schnee in dicken Flocken niederfiel und die Stadt in einen weichen Teppich einhüllte. Bei jedem Aufeinandertreffen der Kontrahenten blitzte es erneut auf, die Wolken über dem weißen Vorhang weiteten sich aus und nahmen zugleich eine dunklere Schattierung an.

*

Am anderen Ende des Parks hielten ein paar Kinder inne, als sie einen Blick zum Himmel warfen. Zuerst waren sie überglücklich in die Winterjacken geschlüpft, hatten die Schlitten geschultert und sich zum winterlichen Treiben getroffen, doch als sie sahen, was sich dort am Himmel abspielte, verging ihnen die ausgelassene Freude. Von irgendwo in der Stadt zuckten pausenlos Blitze zum Himmel und setzten sich in den sich drohend aufbauenden Wolkenbergen fort. Es schien, als bereite sich dort oben eine Entladung vor, die früher oder später in einem einzigen gewaltigen Ausbruch zu ihrem Ursprung zurückkehren würde.

„Ich hatte mir Schnee zu Weihnachten gewünscht – aber nicht so etwas“, flüsterte einer der Jungen fassungslos, den Blick unablässig zum Himmel gewandt.

*

Der groteske Kampf eines Weihnachtsmannes mit zwei weiß gekleideten Riesen in der verschneiten Gasse hätte einem Kung Fu-Film aus Hongkong alle Ehre gemacht. Fäuste und Füße flogen wie ein Gewitter, die Kämpfenden wanden sich in geschmeidigen Bewegungen, die doch so schnell waren, dass ein menschliches Auge ihnen kaum hätte folgen können. Wie an unsichtbaren Fäden gezogen, schwebten sie an Wände oder sprangen auf Dächer, nur um im nächsten Moment wie ein Geschoss auf die anderen zuzustürzen. Sie tanzten auf Schneeflocken und woben ein Geflecht aus Blitzen an den Himmel.

Keiner hatte bisher einen klaren Vorteil erreicht. Nach einem der zahllosen prasselnden Aufeinandertreffen hielten die Kämpfer inne – unbeweglich, als seien sie zu Eissäulen erstarrt. Drohend funkelten sie einander an, doch keiner rührte auch nur eine Wimper.

„Diesmal wollten wir uns eigentlich zurückhalten“, grollte einer der beiden weißen Engel, die inzwischen ihre breiten Schwingen entfaltet hatten. „Aber Gott weiß, du hast es so gewollt. – Jetzt wird es ernst!“ Im selben Moment hielt er ein riesiges Schwert in beiden Händen. Die Klinge schimmerte klar und kalt wie pures Eis, doch aus der Spitze züngelten Nordlichter, die bis zum Himmel aufstiegen. Dort vereinten sie sich mit den knackenden Entladungen in der schwarzen Wolke, die inzwischen die ganze Welt zu umspannen schien. Ähnlich war es mit dem flammenden Säbel, der plötzlich aus der Faust des zweiten Engels ragte und dessen Feuerzungen empor leckten wie ein Vulkan, der kurz vor dem eigentlichen Ausbruch erste Funkenstöße zum Himmel schickt.

Auf der anderen Seite hatte sich auch die Gestalt des Weihnachtsmannes verändert. Der rote Mantel war zerrissen, und die Fetzen gaben dunkelrote, ledrige Haut über knotigen Muskelsträngen frei. Aus der Stirn über dem schmalen Gesicht mit den glutrot leuchtenden Augen und dem spitzen schwarzen Bart ragten zwei scharfe Hörner, eines davon hatte die pelzbesetzte Mütze beiseite geschoben und aufgespießt. Klauenartige Finger schlossen sich um den Schaft eines dreizackigen Speers, der aus dem Nichts materialisierte und doch zugleich Nichts zu bleiben schien, wie ein in Form gegossenes schwarzes Loch – bereit, hungrig alles aufzusaugen, was sich unvorsichtiger Weise in die Reichweite seines Ereignishorizontes begab.

Hätte jemand die Szene beobachtet, ihm wäre klar gewesen, was geschehen musste, sobald die drei Gestalten sich aus ihrer Erstarrung lösen und in einer alles vernichtenden Aktion explodieren würden.

„HALT! – Sofort aufhören. – Seid ihr denn noch zu retten?“

Die Stimme war nicht laut, aber sie durchdrang die eisige Luft wie eine Klinge, schärfer als jede der Waffen, die die Kämpfer aufeinander richteten.

Drei Köpfe fuhren herum und starrten den ungefähr 12-jährigen Jungen an, der am Ende der Häuserflucht stand und, die Hände in die Hüften gestützt, gerufen hatte.

„Ist euch eigentlich klar, dass ihr gerade im Begriff wart, den Tag des Jüngsten Gerichts vorzuverlegen? So hatte ich mir meinen Geburtstag in diesem Jahr nicht vorgestellt.“

Erst in diesem Augenblick wurde den dreien bewusst, was um sie herum vorging. Sie schielten zum Himmel, sahen die zuckenden Blitze und ließen fast im gleichen Moment ihre Waffen fallen, als wären diese plötzlich glühend heiß geworden. Fassungslos sahen die drei an sich herab und begannen kurz danach, wieder ihre vorherige Verkleidung anzunehmen.

Als die Metamorphose abgeschlossen war, zerplatzte an jedem ihrer Köpfe ein dicker Schneeball, und sie wandten sich wieder dem Jungen zu. „Der Junior-Chef ...“, murmelte einer der Engel, bevor alle drei wie auf ein Signal in schallendes Gelächter ausbrachen. Es folgte eine Schneeballschlacht, wie es sie auf Erden nie zuvor gegeben hatte und wie sie wohl auch später nie wieder zu sehen sein würde, während sich der Himmel allmählich wieder klärte.

*

In der Weihnachtszeit häufen sich regelmäßig die Beobachtungen unerklärlicher Phänomene, aber dennoch fällt auf, dass gerade in jener Nacht ungewöhnlich viele Menschen zwei Sternschnuppen beobachtet haben wollen – nicht zu reden von jenen, die Stein und Bein schwören, dass der Schatten eines Rentierschlittens vor dem Mond vorbei gehuscht sei.

Epilog

Eine Woche später wartete eine Silvestergesellschaft in einem großen Saal auf den bevorstehenden Jahreswechsel. Die Zeiger näherten sich der Zwölf, und immer häufiger wanderten die Blicke der Feiernden zu der großen Uhr an der Stirnwand des Saales, um nur ja nicht den großen Augenblick zu verpassen. Die einzige Ausnahme bildeten zwei ältere Damen, die an einem Tisch etwas abseits saßen und sich angeregt unterhielten, ohne sich um die gespannte Erwartung der übrigen Anwesenden zu kümmern.

Obwohl anscheinend ungefähr gleich alt, hätten die beiden kaum unterschiedlicher sein können. Die eine, mit schneeweißen, leicht gekräuselten Haaren, war vom gütigen, eher großmütterlichen Typ. Sie trug eine einfache Bluse und einen schlichten Rock, darüber eine helle einfarbige Strickjacke mit eingestricktem grobem Muster – wenn auch nicht ohne eine gewisse schlichte Eleganz. Ihr Gegenüber machte einen eher mondänen Eindruck in ihrem raffiniert geschnittenen roten Kleid und dem teuren Schmuck. Obgleich sie nicht versuchte, ihr Alter zu verbergen, legte sie doch ganz offenkundig großen Wert auf ihr Äußeres – und das nicht ohne Erfolg. Ihre immer noch vollen schwarzen Haare, die nur vereinzelt von grauen Strähnen durchzogen wurden, wellten sich bis über die Schultern. Sie zog an einer Zigarettenspitze und blies kleine Wolkenringe in die Luft.

„Weiße Weihnachten also – sonst nichts“, sagte die Weißhaarige, mehr zu sich selbst. „Und dafür hättet ihr beinahe mit einer apokalyptischen Rauferei das Ende der Welt eingeläutet.“ Sie schüttelte den Kopf, als könne sie es kaum glauben.

„Einen Moment“, wandte die andere ein. „Gar nichts wäre passiert, wenn Du nicht gleich das Reinigungsteam losgeschickt hättest. Ich wollte wirklich einfach nur einem kleinen Jungen seinen Weihnachtswunsch erfüllen.“

„Jaja“, murmelte die Dame im unscheinbaren Strickpullover nachdenklich. „Man sollte mehr auf seine Untergebenen achten. Da hat jemand eigenmächtig gehandelt – wenn auch in bester Absicht – und als ich von der Sache erfuhr, war es schon fast zu spät. Dass ihr euch aber auch immer prügeln müsst. – Hat das denn nie ein Ende?“

„Würdest du unsere Vereinbarung nicht so streng geheim halten und wenigstens ein paar von deinen Abteilungsleitern einweihen, dann hätten wir ja vielleicht eine Chance gehabt, das Ganze im Gespräch zu klären. Aber deine Gorillas sind nun einmal gleich auf mich losgegangen. Nicht dass es mir keinen Spaß gemacht hätte, aber ..."

„Du weißt genau", wandte die erste ein, „dass es nicht anders geht. Wüssten ein paar einzelne Engel von dem Deal – oder ahnten sie es auch nur, dann würden sich doch früher oder später Gerüchte verbreiten, und irgendwann würde sich die ganze himmlische Ordnung auflösen. Du hättest ja auch einfach bei der vereinbarten Rollenteilung bleiben können: Gut bleibt gut und böse bleibt böse – zumindest bis das große Experiment beendet ist. Immerhin hast du dafür gesorgt, dass die Menschen vor ihrer Zeit vor die freie Wahl gestellt wurden."

„Das muss ich mir wohl noch die nächsten paar Jahrtausende anhören – was?", bemerkte die andere schnippisch. „Ja, ich weiß: Du wolltest es ruhig angehen, gründlich vorbereiten und so weiter – aber was für eine Wahl hätten sie dann noch gehabt? Schließlich gibt es nur dann eine echte Entscheidung, wenn auch die Freiheit besteht, Fehler machen zu können."

„Und außerdem", fügte sie hinzu, „was heißt hier 'gut bleibt gut ...'? – Darf ich vielleicht an die Kreuzzüge erinnern, die Inquisition, die Hexenverfolgung, die Conquistadores und noch so ein paar 'heilige' Gemetzel? Übrigens hast du selbst schon vor 2000 Jahren zuerst die Regeln gebrochen: Deinen Junior zur Erde zu schicken, hat die Karten schon ein wenig zu deinen Gunsten neu verteilt."

Die Weißhaarige hob lächelnd den Zeigefinger. „Nicht vergessen – letzten Endes wollen wir doch beide, dass sie irgendwann erkennen, worauf es wirklich ankommt. Und darüber hinaus hast du selbst eben darauf hingewiesen, dass auch im Namen meines Sohnes schon bald danach einiges passiert ist, das sich kein bisschen mit dem verträgt, was er versucht hat, den Menschen klarzumachen – wie bei verschiedenen anderen auch." Sie seufzte.

„Schon gut", wehrten zwei schlanke Hände in roten Handschuhen ab. „Aber weißt du – nach gut 5000 Jahren hatte ich einfach Lust, mal wieder etwas Gutes zu tun. Der ständige Umgang mit den Sündern, die du immer wieder zu mir schickst, verdirbt auf die Dauer den Charakter. Wie soll ich sonst nach dem großen Knall wieder den Umstieg schaffen? Oder willst du mir dann nochmal ein paar tausend Jahre Resozialisierungsmaßnahmen verpassen?"

„Wir waren uns doch einig. dass du auch die Konsequenzen der Entscheidungen trägst, die du den Menschen so früh aufgehalst hast."

„Also wenn ich dich so reden höre, wünschte ich fast, ich hätte es wirklich damals geschafft, dich vom Thron zu schubsen. Aber wer weiß, ob mir dein Job wirklich besser gefallen hätte. Wahrscheinlich ist es ganz gut so. Nur ab und zu würde ich eben auch gern mal wieder bei den guten Jungs mitspielen – nur mal so zum nicht-Abgewöhnen. Und das möglichst, ohne dass ich mich gleich wieder mit deinem Sondereinsatzkommando herumschlagen muss."

„Nun, da kann man sich vielleicht schon einigen. Wenn wir uns eine gute Erklärung einfallen lassen und du mir rechtzeitig persönlich Bescheid sagst ..."

„Na, das ist doch ein Wort!" sagte die rot Gekleidete und prostete ihrem Gegenüber mit der Glühweintasse zu. „Schließlich wollen wir doch beide nur das Beste für die Leute hier. Und weißt du was – irgendwie mag ich sie eigentlich alle."

„Ich sowieso", sagte die Weißhaarige und hob ihr Champagnerglas, während die Menschen ringsherum einander in die Arme fielen und bunte Raketen den Nachthimmel erhellten.

Ende … der ersten Episode

2. Episode

Rohe Weihnachten

1.

Die Fährte war frisch und deutlich. Aldurin hatte keine Mühe, ihr zu folgen. Seine Beute hatte nicht einmal versucht, die Spur zu verwischen. Aber davon war Aldurin keineswegs überrascht. Trolle taten das nie. Und außerdem rechnete der Unhold wahrscheinlich nicht mit einem Verfolger.

Die Grenzverletzungen hatten in den vergangenen Wochen wieder zugenommen. Immer dreister drangen Aufklärer der Trolle des Nachts in den Elfenwald vor, um geeignete Ziele für ihre Raubzüge auszukundschaften. Aber diesmal war der frische Schnee dazwischengekommen. Knöcheltief hatte sich ein weißer Überzug über den gefrorenen Waldboden gelegt, in dem sich die Fußabdrücke eines Trolls nur zu deutlich abzeichneten. So hatte Aldurin bei seiner Patrouille im ersten Morgenlicht die Spuren entdeckt und sofort die Verfolgung aufgenommen.

Die Abdrücke waren recht frisch. Obwohl es immer noch schneite, konnte Aldurin die einzelnen Zehen erkennen. Selbst bei tiefstem Frost gingen Trolle immer barfuß. Kälte schien ihnen ebenso wenig zuzusetzen wie die Hitze der Vulkanberge, aus denen sie stammten.

Aldurin lächele zufrieden. Der Kundschafter schien es nicht eilig zu haben, und durch den frischen Schnee konnte man den Spuren so schnell folgen, dass er den Troll voraussichtlich stellen würde, lange bevor dieser sich wieder auf heimischem Territorium befand.

Allmählich wurden die räuberischen Trolle zu selbstsicher, dachte Aldurin grimmig. Nach einer Serie erfolgreicher Raubzüge in den Elfensiedlungen im Grenzland der nördlichen Wälder gingen sie immer unverfrorener vor. Im Schutz der Nacht kundschafteten einzelne Späher die Dörfer aus, und bald darauf fiel eine Horde schwerbewaffneter Krieger plündernd über die friedliche Siedlung her – bevorzugt dann, wenn die meisten waffenfähigen Männer auf der Jagd und Alte, Frauen und Kinder ohne Schutz waren. Zwar hielt sich der Blutzoll auf diese Weise stark in Grenzen, da es bei den Überfällen praktisch nie zu ernsthafter Gegenwehr kam, und zumal die Trolle meist nur soviel mitnahmen, dass die Dorfbewohner durch den Verlust an Nahrung und Gütern nicht ernsthaft in ihrer Existenz bedroht waren. Aber dennoch konnte und wollte man die marodierenden Trolle nicht länger gewähren lassen. So wurden Hüter in die Grenzdörfer abgestellt – erfahrene Krieger wie Aldurin.

Früher einmal hatte es zwischen Elfen und Trollen im Grenzland Handel gegeben, aber eines Tages hatten die Trolle begonnen, die Wälder abzuholzen. Das hatten die Elfen als Hüter des Waldes nicht hinnehmen können, und so war es dann zum Krieg gekommen. In mehreren großen Schlachten hatten beide Seiten schmerzhafte Verluste erlitten. Der größte Verlust aber war der Frieden selbst gewesen, denn nun hatte sich unversöhnlicher Hass in den Herzen beider Völker breitgemacht. Dennoch hatte man sich schließlich zumindest auf einen Waffenstillstand geeinigt.

Aber irgendwann war dieser Waffenstillstand mehr und mehr in Vergessenheit geraten und nun wurde die Grenze immer häufiger verletzt. Auf beiden Seiten waren zahlreiche Veteranen ohne Beschäftigung und nachdem sich die einen zu Räubern und Plünderern entwickelt hatten, wurden die anderen zu Schutztruppen berufen. Letzteres sollte sich heute auszahlen!

Ein wölfisches Lächeln umspielte Aldurins Lippen. Diesmal hatten sich die Trolle verrechnet. Ihr Kundschafter würde nicht zurückkehren.

Die Abstände zwischen den Fußabdrücken vergrößerten sich. So nahe der Grenze zum Trollterritorium hatte der Troll seine Schritte beschleunigt. Anscheinend hatte er es nun doch eilig, nach Hause zu kommen. Aldurin verzog bedauernd die Mundwinkel. Er hatte gehofft, den Troll gleich hinter dem Waldrand im offenen Gelände zu stellen, vielleicht sogar aus dem Schutz der letzten Bäume heraus ein freies Schussfeld für seinen weitreichenden Bogen nutzen zu können. Nun würde es aber wohl doch etwas länger dauern, und im freien Feld würde er selbst mehr auf Deckung achten müssen, um die Jagdbeute nicht zu früh auf sich aufmerksam zu machen.

Aldurin hob prüfend den Blick, um den Verlauf der Fährte abzuschätzen. Vielleicht konnte er den Troll auf einem Parallelweg überholen und ihn abfangen, wenn er zuvor weit genug Abstand hielte, um selbst mit vollem Tempo rennen zu können. Und dann lächelte er. Die Spuren führten auf den Heiligen Hain zu, eine uralte Kultstätte, erbaut in einer engen Schlucht auf dem kürzesten Weg zum Waldrand und damit auch zum Trollgebiet, auf beiden Seiten eingefasst von schroffen Felsen und dunklen, eng bei einander stehenden Bäumen, im Innenbereich aber offen. Der perfekte Ort für einen Hinterhalt!

Aldurin wusste, was er zu tun hatte. Wie der Wind rannte er los. Um außer Sichtweite des Trolls zu bleiben, musste er einen Umweg nehmen, aber in vollem Lauf war er um ein Vielfaches schneller als der Verfolgte. Aldurin flog förmlich dahin. Seine Filzstiefel hinterließen fast keine Abdrücke im Schnee. Seiner Spur würde weitaus schwieriger zu folgen sein als der des Trolls, dachte er belustigt. Aber er selbst musste nun keiner Spur mehr folgen. Er kannte das Ziel seines Feindes. Und selbst wenn der Troll sich beeilte, würde Aldurin vor ihm dort eintreffen. Dort würde er dann sein Opfer erwarten, im Schatten dichter Nadelbäume, mit Pfeil und Bogen im Anschlag. Sobald er die lichte Fläche im Zentrum des Hains betrat, würde der Troll ein unfehlbares Ziel sein.

Bald erreichte Aldurin die Ausläufer der Felsenge. Er verlangsamte seinen Schritt und blickte sich prüfend um, auf der Suche nach dem besten Platz, um sich auf die Lauer zu legen.

Plötzlich horchte er auf. Die Geräuschkulisse des Waldes hatte sich verändert. Hier das Rascheln von Zweigen im Geäst, wenn sich ein Vogel darauf niederließ oder davon abstieß; dort ein Knacken, wenn ein Reh oder Hase auf einen am Boden liegenden Zweig trat. Diese Geräusche waren immer noch vorhanden, aber etwas daran hatte sich geändert. Aldurin stellte die spitzen Ohren auf und lauschte. Die typischen Geräusche des Waldes waren rings um ihn, aber keines in unmittelbarer Nähe. Etwas musste alle Tiere zum Verstummen gebracht haben. Etwas wie die Anwesenheit eines Trolls.

In dem Moment erkannte Aldurin, dass er seinen Gegner gewaltig unterschätzt hatte. Irgendwann – den genauen Zeitpunkt konnte er höchstens vermuten – war er vom Jäger zum Gejagten geworden. Seine eigenen Gedanken von kurz zuvor hallten in seinem Kopf wider: Der perfekte Ort für einen Hinterhalt!

*

Gamorrok lächelte. Ein leichtes Heben der Mundwinkel war die einzige Bewegung, die er sich erlaubte. Wenn Trolle eine Tugend besaßen, dann war es Geduld. Gamorrok konnte warten. Und genau das hatte er getan, seit er die Falle gestellt hatte. Gewartet, unbeweglich wie ein Stein. Seine graue, grobporige Haut war mit der felsigen Umgebung verschmolzen, während er auf der Lauer lag und das Eintreffen seines Verfolgers erwartete. Sein löchriger Umhang wirkte wie Moos auf der rauen Haut über knotigen Muskelsträngen.

Ein Hüter! Mit dem Einsetzen von Schutztruppen glaubten die Elfen also ihre Dörfer vor Überfällen bewahren zu können. Gamorrok hatte bei seinem nächtlichen Kundschaftergang schnell bemerkt, dass das Dorf, welches er zum Ziel erkoren hatte, sich von den Orten früherer

Raubzüge unterschied. Obwohl gut getarnt, waren ihm die neu eingerichteten Befestigungsanlagen nicht entgangen.

Und als der Schneefall einsetzte und ihm klar wurde, dass er sich nicht, ohne Spuren zu hinterlassen, würde zurückziehen können, hatte sich eine Idee manifestiert, wie er die Notlage in einen Vorteil verwandeln konnte.

Rechtzeitig, um der gewiss zu erwartenden morgendlichen Patrouille eine gut sichtbare Spur zu hinterlassen, hatte er sich auf den Weg gemacht. Scheinbar gemächlich, in Wahrheit aber schnellen Schrittes, hatte er den Weg zur Felsenge eingeschlagen. Als diese schon fast in Sichtweite war, hatte er die Schritte weiter beschleunigt und war schließlich gerannt, um auch sicher früh genug vor dem erwarteten Verfolger den Hain zu erreichen.

Wie überheblich waren doch diese Elfen! Eine derartige Raffinesse würde keiner von ihnen einem Troll zutrauen. So konnte er nun in aller Ruhe auf den Verfolger warten, seine schwere, mit Metallspitzen bewehrte Keule verborgen, aber im Anschlag.

Sobald der Hüter erledigt war, würde er zu seinem Clan eilen und bald darauf würden alle gegen das nun schutzlose Dorf ziehen und es dem Elfenpack wieder einmal heimzahlen.

Gamorrok empfand keine Freude bei dem Gedanken, ein Dorf voller aufgescheuchter, kreischender Weiber und Gören zu plündern. Er war ein Krieger – kein Schlächter. Aber seit dem Krieg, der auf beiden Seiten so viele Opfer gefordert hatte, waren Brennholz und Nahrung so knapp geworden, dass Alte und Kinder verhungerten, nachdem die Elfen den Handel mit Holz und Fleisch eingestellt hatten. Im kargen Land der Trolle gab es nicht genug, und die Elfen beanspruchten den ganzen Wald für sich.

Nein – ein friedliches Dorf zu überfallen, war eine unangenehme Notwendigkeit, kein Vergnügen. Aber auf den bevorstehenden Kampf mit einem Elfenkrieger – einem ehemaligen Soldaten wie er selbst – freute er sich.

Und dann stand dieser Elfenkrieger direkt vor ihm, ohne ihn zunächst zu bemerken. Im Gegensatz zu den Tieren des Waldes verfügten Elfen zwar über scharfe Augen und ein feines Gehör, aber ihr Geruchssinn war nur schwach ausgeprägt. Es war die Stille, die ihn schließlich verriet. Alles Getier mied die Nähe eines Trolls, und vor diesen konnte er seine Ausdünstungen nicht verbergen.

Doch egal! Es war soweit. Der Elf mochte misstrauisch geworden sein, aber für ihn war es zu spät.

Wie siedendes Öl, auf das Wasser gegossen wird, explodierte Gamorrok in einem Sprung, bei dem er den Streitkolben von hinter seinem Rücken hervor schwang, während er sich nach vorn katapultierte. In weniger als einem Lidschlag war er über dem Elf und ließ die zackenbewehrte Keule niedersausen.

*

Aldurin reagierte sofort, als sich der Felsblock direkt neben ihm zu bewegen begann. Er war auf einen der ältesten Trolltricks hereingefallen: das „Versteinern". Trolle konnten für Stunden, wenn nicht Tage, unbeweglich verharren und dabei so mit ihrer Umwelt verschmelzen, dass man sie nur zu leicht für einen Felsbrocken halten konnte. Legenden berichteten sogar von Trollen, die diese List im Krieg angewandt hatten, um sich nach nächtlichen Partisanenaktionen bei Einbruch der Morgendämmerung unsichtbar zu machen. So wurden sie für trollähnliche Felsformationen gehalten: Launen der Natur – oder, wie manch ein abergläubischer Elf meinte, tatsächlich versteinerte Trolle. Vielleicht rührte daher der Irrglaube, Trolle würden vom Sonnenlicht zu Stein verwandelt.

Aber dieser hier war quicklebendig, und Aldurin hatte keine Zeit, über Legenden und Aberglauben nachzudenken. Noch während er die plötzliche Bewegung nur aus dem Augenwinkel wahrnahm, rollte er sich zusammen wie ein Igel im Angesicht eines Fressfeindes. Doch trotz seiner blitzartigen Reflexe hätte der ansatzlose Schwung des Streitkolbens ihm gewiss den Schädel zertrümmert, wäre er nicht durch das Schweigen der Tiere gewarnt gewesen. Und wiederum war es seine Erfahrung, die Aldurin davor bewahrte, dem zweiten Schlag des Trolls zum Opfer zu fallen, der die Keule in engem Bogen nach oben gezogen und so weitergeführt hatte, dass sie nun in waagerechtem Schwung über Aldurin hinweg sauste. Selbst ein Elf mit angeboren schnellen Reflexen hätte sich im Normalfall einfach geduckt und anschließend wieder aufgerichtet. Ein solches Verhalten wäre ihm jetzt allerdings zum Verhängnis geworden, denn genau darauf war die Angriffskombination des Trolls ausgelegt. Aldurin hatte jedoch die begonnene Bewegung nach dem Einknicken fortgesetzt, sich eng über den gefrorenen Boden abgerollt und so ausreichend Distanz zwischen sich und den Angreifer gebracht, um im Aufrichten das Elfenschwert mit leicht geschwungener Klinge, einseitigem Schliff und kurzer, einseitiger Parierstange aus der

Scheide zu ziehen, die mit einer Lederschlinge locker über seinen Rücken geschnallt war. Das gelang ihm gerade rechtzeitig, um einen dritten Keulenschlag beiseite zu lenken und dann endlich selbst zum Gegenangriff überzugehen.

Aldurin führte das Schwert mit der Eleganz und Präzision, die er in endlosen Übungsstunden erlangt hatte und zugleich mit der Effizienz, die nur durch echte Kampferfahrung zu erreichen war. Doch sein Gegner stand ihm nicht nach. Keine Finte konnte die Aufmerksamkeit des Trolls ablenken, dessen Meisterschaft sich darin zeigte, sich auch nicht darüber täuschen zu lassen, dass eine Finte, wenn sie auf eine Deckungslücke trifft, leicht in einen tödlichen Angriff umgewandelt werden kann. So aber wehrte er jede Attacke Aldurins gerade mit der gebotenen Ernsthaftigkeit ab.

*

Gamorrok frohlockte innerlich. Auf einen so guten Kampf hatte er nicht zu hoffen gewagt. Hier hatte er es mit einem ebenbürtigen Gegner zu tun, und der Ausgang war keineswegs gewiss. Dieser Elf schien jede seiner Aktionen voraus zu ahnen und brachte ihn mit seiner flirrenden Klinge mehr als einmal so in Bedrängnis, dass er sie gerade noch mit dem Schaft seines Streitkolbens abblocken oder mit einem heftigen Schlag die gegnerische Waffe direkt attackieren konnte.

Aber auch Gamorrok konnte hin und wieder Erfolge verzeichnen. Ohne sich eine Blöße zu geben, trieb er den Elfenkrieger mit einer Serie von Keulenschwüngen mit unvorhersehbaren Richtungswechseln vor sich her, auf die Mitte der vereisten Fläche zu, die im Sommer ein kleiner See war, jetzt aber ein kalter, glatter Spiegel.

*

Aldurin wurde zurückgedrängt. Was er auch versuchte, es wollte ihm einfach nicht gelingen, die makellose Deckung des Trolls zu durchdringen, während er selbst nicht jeden Hieb des schweren Streitkolbens parieren konnte, ohne Gefahr zu laufen, dass ihm dabei das Schwert aus der Hand geschlagen oder – schlimmer noch – die Klinge beim Aufprall zertrümmert werden könnte. Darüber hinaus machte das Gelände es unmöglich, den Gegner spielerisch zu umtänzeln, und nun wurde er auch noch über rutschiges Eis getrieben, auf dem seine Stiefel immer wieder den Halt zu verlieren drohten, während der barfüßige Troll damit keinerlei Probleme zu haben schien.

Aber auch auf dem Rückzug war Aldurin gefährlich. Mit einem wirbelnden Ausfall brachte er den Vormarsch des Trolls zum Stillstand, der sich unversehens in der Verteidigerposition wiederfand. Dann schnitt Aldurins Klinge durch zähe Haut – nicht wirklich tief, doch tief genug, dass dunkelrotes Blut aus der Wunde sickerte.

*

Dieser Elf war wirklich unglaublich schnell! Gamorroks Hochachtung wuchs. Statt seinen Kopf vom Rumpf zu trennen, hatte das elfische Schwert ihm nur einen, nicht allzu tiefen, Schnitt an der rechten Schulter beigebracht. Aber immerhin – das erste Blut durfte der Elf für sich verbuchen. Beinahe hätte Gamorrok gelacht und seinem Gegner gratuliert. Aber nicht in diesem Kampf! Hier konnte jedes geringste Nachlassen der Konzentration den Tod bedeuten.

Also keine Mätzchen! Gamorrok hegte keinen Zweifel, dass auch seinem Gegner bewusst war, dass hier ein Zweikampf auf höchstem Niveau stattfand. Bedauerlich nur, dass es keine Zuschauer gab, die dem strahlenden Sieger zujubeln konnten, wenn schließlich einer der beiden Kontrahenten sein Leben aushauchen würde. Den Schnitt hatte Gamorrok hinnehmen müssen, weil er den Streitkolben in einen weiten Schwung hinter seinen Rücken geführt und sich bei der Übergabe von der linken in die rechte Hand nach vorn gebeugt hatte. Dafür aber war nun der Zeitvorsprung auf seiner Seite, der verhinderte, dass der Elf in einem halsbrecherischen Sprung rückwärts rechtzeitig außer Reichweite der stählernen Keulenspitze kam. Noch in der Luft traf Metall auf Knochen, und obwohl der Elf bereits im Flug noch eine Drehung um die eigene Achse eingeleitet hatte, um dem unausweichlichen Treffer zumindest einen Teil der Wucht zu nehmen, traf ihn die Keule an der linken Hüfte und warf ihn trudelnd auf den Eisboden.

*

Es sah so aus, als sei es um den Elfen geschehen. Gerade eben hatte er dem Troll noch die erste Schnittwunde beigebracht, wurde aber gleich darauf heftig von dessen Streitkolben getroffen und schlitterte nun, sich überschlagend, über das Eis. Allerdings ließ er dabei sein

Schwert wie einen Propeller rotieren, so dass der ihm nachsetzende Troll keine Gelegenheit bekam, ihm einen finalen Treffer zu versetzten.

Und tatsächlich wirbelte der Elf aus einer scheinbar noch trudelnden Drehung heraus, schraubte sich aufwärts und stand wieder auf den Füßen, den Blick zornig auf den Troll gerichtet. Dieser stand ihm gegenüber, verlagerte nur leicht den Körperschwerpunkt und lockerte den beidhändigen Griff um den Schaft seines schweren Streitkolbens.

Während die beiden Kämpfer einander unbeweglich fixierten, war die Spannung zwischen ihnen förmlich greifbar. Das ganze Selbst eines Jeden von ihnen spiegelte sich in den Augen des Anderen. In diesem Moment waren sie eins. Eins mit sich selbst, eins miteinander, eins mit der Umgebung, eins mit dem Universum.

Dann geschah alles ganz schnell. Die Spannung entlud sich in einem Augenblick. Streitkolben und Schwert setzten sich gleichzeitig ansatzlos in Bewegung und sausten auf ihr jeweiliges Ziel zu. Dann verging alles in einem grellen Lichtblitz.

Fokussierte mentale Energie. Dafür war das Portal einst geschaffen worden. Und obwohl es dieses Signal schon seit Jahrhunderten nicht mehr gespürt hatte – und in dieser Intensität noch nie – reagierte es seiner Bestimmung gemäß.

*

Er schnappte nach Luft. Irgendetwas hatte ihn zu Boden geworfen. Ein Brennen in der rechten Schulter ließ ihn beim ersten Versuch, sich aufzurichten, zusammensinken. Als er versuchte, das linke Bein anzuziehen, wies ihn ein stechender Schmerz in der Hüfte auf eine weitere Verletzung hin. Schlimmer als die Schmerzen war aber die Verwirrung, die seinen unsteten Geist gefangen hielt. Wie in einem Wirbelsturm rasten Erinnerungsfetzen an seinem geistigen Auge vorbei, ohne dass er einen davon hätte festhalten oder auch nur erkennen können.

Ein ungewohnt kühler Luftzug blies über seine nackte Haut. Ungewohnt deshalb, weil es ihn zugleich überraschte, dass dieser Wind ihm überhaupt unangenehm war, und ebenso, dass er ihn nicht wirklich frieren ließ. War es nicht zuletzt klirrend kalt gewesen – aber hatte ihn das jemals gestört?!

Er schüttelte den Kopf, um sich von den wirbelnden Gedanken zu befreien, und richtete sich vorsichtig auf, bereit zur Entdeckung weiterer Schmerzquellen, die sich aber nicht einstellten. Allerdings fühlte er sich seltsam unbeholfen, als müsse er die Abmessungen seines Körperbaus neu erfahren. Nicht nur Arme und Beine fühlten sich fremdartig an; auch der Körperschwerpunkt schien sich an ungewohnter Stelle zu befinden. Langsam setzte er die Fußsohlen auf den Boden, stemmte sich mit Armen und Beinen hoch (wobei er darauf achtete, rechte Schulter und linke Hüfte nicht übermäßig zu belasten) und streckte schließlich den Rücken, bis er aufrecht, wenngleich schwankend, im Wind stand, der seine spärlichen, borstigen Haupthaare wie eine zerschlissene Fahne aufwehte. Dann hob er die Augenlider und blickte in einige Hundert Elfengesichter, die ihn mit ungläubig geöffneten Mündern anstarrten.

2.

Fildrin traute seinen Augen nicht. Den Abgesandten hatte er sich anders vorgestellt.

Natürlich hatte er kein klares Bild von ihm vor Augen gehabt; kein Elf im Einflussbereich des heiligen Hains war bisher einem Abgesandten begegnet. Zwar ging schon seit geraumer Zeit die Kunde um, dass mehrere Elfenvölker Besuch erhalten hatten, aber in dieser Welt waren die Elfen zu weit verstreut, um zwischen den verschiedenen Clans regelmäßig direkt Informationen auszutauschen. Nachrichten von bedeutenden Ereignissen wurden meist über wenige Wanderelfen verbreitet, die ruhelos zwischen den Standorten der sesshaften Elfenvölker umher streiften und überall, wohin sie kamen, das weitergaben, was sie irgendwo anders aufgeschnappt hatten. So hatte es sich herumgesprochen, dass in den vergangenen Jahren immer wieder Elfen an heiligen Orten zusammengerufen worden waren. Dort war ihnen ein Bote erschienen, der ihnen eine Mission auftrug, welche die Elfen weltweit zu einer Aufgabe von höchster Bedeutung vereinen sollte. Worum genau es sich dabei handelte, war allerdings über die zahlreichen Zwischenstationen der Nachrichtenübermittlung so unscharf geworden, dass die Spekulationen vom Übergang des Alten Volkes in die Gesellschaft der Menschen bis hin zu einem Geheimrezept für Kürbissuppe reichten. Einig waren sich alle Erzählungen allerdings darin, dass alles vor einigen Jahren mit dem Weihnachtswunsch eines Menschenkindes begonnen hatte, in dessen Folge die, menschlichen Legenden entstammende, Gestalt des „Weihnachtsmannes“ sich wahrhaftig manifestiert hatte und nun alljährlich zur Zeit der Wintersonnenwende die Erde heimsuchte.

Nun war aber im Heiligen Hain beim letzten Vollmond eine Schriftrolle gefunden worden, in der sämtliche Elfen der umliegenden Siedlungen aufgefordert wurden, sich nach Ablauf eines Mondzyklus' an eben diesem Ort zu versammeln und die Ankunft eines Abgesandten des Weihnachtsmanns zu erwarten, der ihnen Näheres über die große Mission mitteilen würde. Daraufhin hatten sich alle ihre eigenen Gedanken über die Natur dieser Mission und auch über die Person des Abgesandten gemacht. Aber niemand von ihnen hätte mit einem nackten, von Kampfverletzungen gezeichneten, Elfen gerechnet, der in seiner bulligen, grobschlächtigen Gestalt beinahe trollhafte Züge zeigte und eher einen Eindruck von Orientierungslosigkeit vermittelte als die Aura eines charismatischen Boten, der alle Elfen von einer großen gemeinsamen Mission überzeugen sollte.

Nichtsdestotrotz war der Abgesandte zweifellos eine beeindruckende Erscheinung, und die zunehmende Festigkeit in seinem Blick, während er die Umgebung aufmerksam musterte, nötigte den wartenden Elfen ebenso Respekt ab wie der athletische Körper, der sich zusehends straffte und unter dessen lederner Haut, in ihrem marmorierten Teint zwischen Elfenbein und Granit, sich scharf definierte Muskeln wanden, wie junge Schlangen, die unter ihrer Eierschale die beste Position suchen, um, sobald der geeignete Zeitpunkt gekommen ist, aus der Hülle hervor zu gleiten und sich sogleich auf die Jagd zu begeben. Bald stand an der Stelle, wo noch eben ein in sich zusammengesunkener Klumpen materialisiert hatte, ein Respekt einflößender Elf, dessen Andersartigkeit, gar Ehrfurcht gebietend, geschmeidig und irgendwie auch ein wenig bedrohlich, seine Nacktheit vergessen ließ. (Und er schien auch trotz der Kälte im eisigen Wind kaum zu frieren.)

Allerdings hatte der Abgesandte bisher noch kein Wort gesprochen und schien auch eher auf Ansprache seitens der Umstehenden zu warten. Endlich fasste sich Fildrin ein Herz und rief: „Sei gegrüßt, Abgesandter. Wie erbeten, haben wir uns alle versammelt, um dich willkommen zu heißen. Magst du uns nun an Deiner Weisheit teilhaben lassen?“

„Weis-heit?“

Der Abgesandte sprach stockend, als müsse er sich erst an eine Sprache gewöhnen, die nicht seine war. Aber er fixierte Fildrin mit durchdringendem Blick, als versuche er auf die beträchtliche Entfernung hinweg und durch alle dazwischen stehenden Elfen hindurch bis tief in seine Seele zu blicken. Fildrin erschauderte unter diesem Blick und fühlte sich in diesem Moment mindestens ebenso so nackt wie der Abgesandte.

„Weisheit“, wiederholte der Abgesandte, schon etwas flüssiger, und schob das Wort hin und her in seinem Mund, wie eine unbekannte Speise, deren Geschmack er zu ergründen versuchte, um ihre Bedeutung zu erfassen.

„Ich weiß“, fuhr er fort, „dass wir kämpfen müssen.“

Ein Raunen ging durch die versammelten Elfen. War der Abgesandte gekommen, um sie vor einer Bedrohung zu warnen? Einer Bedrohung, die so gewaltig war, dass er nach und nach alle Elfen aufsuchte und mobilisierte? Aber wie konnte es dann geschehen, dass von den anderen Stämmen so unterschiedliche Gerüchte ausgegangen waren? Hätte sich eine solche Nachricht nicht in Windeseile und unmissverständlich verbreitet?

„Der alte Feind ...“, sagte der Abgesandte bedeutungsschwanger und ließ den Satz unvollendet.

Der alte Feind! Damit konnten nur die Trolle gemeint sein. Jahrhunderte waren seit den großen Kriegen vergangen, aber die Legenden aus jener Zeit waren noch sehr lebendig. Blutige Schlachten waren es gewesen, glorreich und entsetzlich zugleich. Zahllose Gesänge kündeten von Heldentaten und Schurkereien, von Verzweiflung und Hoffnung, von verstörenden Niederlagen und stolzen Siegen. Aber die Große Leere hatten den letzten Krieg beendet. Ohne eine Spur zu hinterlassen, waren zwei Armeen einfach verschwunden, die einander zum entscheidenden Gefecht gegenübergestanden hatten – nicht weit von hier, wie die Legende sagte. Das hatte die Verbliebenen aufgerüttelt – unter den Trollen ebenso wie auch bei den Elfen. Auf beiden Seiten waren die Krieger verschollen, und die Daheimgebliebenen der Streitigkeiten müde. Das Alte Volk war auf wenige verstreute Gruppen dezimiert, und während der endlosen Kriege zwischen Licht und Dunkel hatten sich die Menschen wie eine Seuche auf dem Land ausgebreitet. Sie verstanden nichts von Magie, nichts von der Natur des allgegenwärtigen Lebens, nahmen das Alte Volk noch nicht einmal wahr. Aber irgendwie gelang es ihnen, das Land in Windeseile zu überwuchern. Und das Alte Volk zog sich zurück. Vor den Menschen und vor einander. Zwischen Elfen und Trollen gab es praktisch keinen Kontakt mehr, und solange man sich gegenseitig in Ruhe ließ, war auch niemand daran interessiert.

Aber wenn die Trolle nun nicht länger Ruhe halten wollten. Wenn sie sich heimlich zusammenrotteten, um sich überraschend wieder gegen die Elfen zu erheben.

„Ein starker Gegner.“

Der Abgesandte machte nicht viele Worte. Aber das war auch nicht nötig. Die Elfen bedurften keiner umfangreichen Erklärungen, um zu verstehen. Und die Verletzungen des Abgesandten sprachen für sich. Offenbar war er – ein Krieger, zur rechten Zeit wieder erstanden – nur mit Mühe entkommen, um die Botschaft weiterzugeben.

„Gibt es Krieg?“, rief Fildrin. „Krieg zwischen Elfen und Trollen?“

„Elfen ... Trolle … Krieg … ja“, wiederholte der Abgesandte wie abwesend, aber damit war alles gesagt. Die Elfen hatten genug gehört. Wie aufgescheuchte Hühner gackerten sie durcheinander und rannten zurück zu ihren Heimen, um die Warnung weiter zu tragen, alle waffenfähigen Elfen zusammenzutrommeln und auf die bevorstehenden Gefechte vorzubereiten. Die Trolle mochten einen Zeitvorsprung haben, aber dank dem Abgesandten würden sie die Elfen nicht unvorbereitet treffen.

*

Kurz darauf war der Platz leer. Nur eine einsame, unbekleidete Gestalt stand noch verloren herum.

Er schüttelte verwundert den Kopf. Viel hatte er nicht verstanden, aber die verwirrten Gedanken, die ihm durch den Kopf getrudelt waren und die er laut in Worte gekleidet hatte, hatten anscheinend bei der Versammlung etwas ausgelöst. Doch was immer es war, nun war er wieder allein.

Nachdenklich stapfte er davon, entgegengesetzt zu der Richtung, in der die Elfen verschwunden waren. Auf Gesellschaft war er vorerst nicht aus. Es gab da noch viel zuviel, über das er sich selbst zunächst Klarheit verschaffen musste.

Eine Weile nachdem auch der Abgesandte verschwunden war, löste sich eine weitere Gestalt aus einer Felsformation am Rande des Platzes. Krotonor hatte das seltsame Ereignis aus der Ferne beobachtet, aber genug gesehen und gehört, um sich seinen eigenen Reim darauf machen zu können. Wie gut, dass ihn der Rat der Trollsiedlung ausgewählt hatte, der Elfenversammlung heimlich beizuwohnen! Wenn sich Elfen verschiedener Dörfer zusammenfanden, einem geheimnisvollen Aufruf folgend, dann konnte das für die Trolle nichts Gutes bedeuten. Zwar hatte es schon lange keine Zusammenstöße zwischen Elfen und Trollen mehr gegeben (seit dem Großen Verschwinden waren sich beide Völker erfolgreich aus dem Weg gegangen), aber die schweren Konflikte der Vergangenheit waren nicht vergessen. Und die wenigen verbliebenen Trolle taten gut daran, auf der Hut zu bleiben. Legenden der Gemetzel, die fanatische Elfenkrieger in der Alten Zeit unter ihnen angerichtet hatten, berichteten nur zu deutlich davon, was geschehen konnte, wenn Trolle unvorbereitet den gut organisierten Attacken von Elfen ausgesetzt waren.

Was er soeben miterlebt hatte, ließ Krotonor schaudern. Dieses Wesen – der „Abgesandte“ – hatte nicht viel gesagt, aber das musste er auch nicht. Nichts anderes als eine Kriegserklärung hatte er soeben vernommen. Er war sich nur nicht darüber im Klaren, wer hier wem den Krieg erklärt hatte. Die Elfen, die dem Abgesandten (gesandt von wem?) nähergestanden hatten, waren wohl davon überzeugt, es mit einem der ihren, von Kämpfen gezeichnet, zu tun zu haben, während Krotonor aus größerer Entfernung in der Erscheinung, die da ruhig ohne wärmende Kleidung im eisigen Wind gestanden hatte, ganz klar einen – wenngleich etwas schmächtigen – Troll erkannt zu haben meinte. Und dass er nicht mit den Elfen gegangen war, sondern sich in Richtung auf die Trollsiedlung aufgemacht hatte, musste ein Signal sein, dass hier nicht eine Warnung ausgesprochen worden war, sondern ein Versprechen. Offenbar hatten Trolle und Elfen andernorts wieder den alten Kampf aufgenommen, und nun wurden Botschafter ausgesandt, um alle versprengten Gruppen beider Seiten zusammenzurufen.

Ja, so musste es sein. Trolle und Elfen waren wieder aneinandergeraten und hatten sich nach ersten vereinzelten Scharmützeln geeinigt, den alten Konflikt in einer großen Entscheidungsschlacht endgültig auszutragen. Dazu waren Parlamentäre ausgesandt worden, die überall Angehörige beider Gruppen aufrufen sollten, sich zu beteiligen. Sicher würde den dann mobilisierten Truppen bald mitgeteilt werden, wo die beiden Heere schließlich aufeinandertreffen sollten.

Er musste dem Abgesandten folgen. Als Troll selbst nicht zu ausführlichen Gesprächen neigend, konnte er die Kurzangebundenheit des Abgesandten gut nachvollziehen, hoffte aber doch, in einem Gespräch unter vier Augen frühzeitig wertvolle Zusatzinformationen zu erhalten, die den Trollen womöglich einen kriegsentscheidenden Vorteil verschaffen mochten. Sollten die überheblichen Elfen doch darauf vertrauen, auf solche Kleinigkeiten verzichten zu können! Ein Troll hätte den Abgesandten jedenfalls nicht so einfach auf dem Platz stehen lassen.

Nach kurzem Lauf hatte er den immer noch scheinbar ziellos, aber deutlich weniger unbeholfen als zuvor, voran staksenden Abgesandten fast eingeholt. Zunächst aber beschloss er, auf Abstand zu bleiben. Schließlich mochte der Abgesandte einen klaren Auftrag haben und auf Störer nicht gut zu sprechen sein. Dass er nicht ebenso wieder ins Nichts verschwunden war, wie er aus demselben plötzlich materialisiert war, ließ darauf schließen, dass seine Aufgabe hier noch nicht beendet war.

*

Er wusste schon lange, dass er verfolgt wurde. Was immer ihm zugestoßen war, das seine Erinnerung ausgelöscht hatte – der Schärfe seiner Sinne hatte es nicht geschadet. Im Gegenteil! Seit er sich unvermittelt in der Elfenversammlung wiedergefunden hatte, war er von einer Vielzahl von Eindrücken überschwemmt worden, die ihm zugleich fremd und auf seltsame Weise vertraut vorkamen. Obwohl er die Sprache der Erde und Steine wie selbstverständlich in seinen Gliedern vernahm, erschien ihm diese Art der Wahrnehmung wie etwas Neues, und ähnlich erging es ihm auch mit all den Geräuschen und Gerüchen, die einzuordnen er sich immer noch schwer tat, wie mit Erinnerungen an längst vergangene Ereignisse, urplötzlich durch einen unerwarteten Auslöser wieder an die Oberfläche des Bewusstseins gehoben, das sich nun den Weg zu den damit verbundenen Assoziationen allmählich bahnen musste.

Jedenfalls hatte er, kurz nachdem er dem verlassenen Platz selbst den Rücken gekehrt hatte, gespürt, dass ihm jemand folgte. Nicht irgendjemand, sondern ein Troll, der – anders als die Elfen, die ihn offenbar erwartet hatten – verborgen im Hintergrund gewartet und beobachtet hatte. Jetzt allerdings war er hinter ihm her, doch mit solch einer Situation wusste er umzugehen.

Hinter einer Anhöhe, wo der Weg von einem kleinen Wäldchen flankiert wurde, schlug er sich in die Büsche, kaum dass er den Blicken seines Verfolgers entschwunden sein musste, und wartete ruhig, bis dieser über den Hügelkamm geschlichen kam. Während der Verfolger sich noch zu orientieren versuchte, nach Spuren Ausschau haltend, war er mit einem gewaltigen Satz über ihm.

*

Krotonor wurde von dem Angriff vollkommen überrascht. Ehe er recht wusste, wie ihm geschah, hatte der Fremde ihn überwunden, zu

Boden gerungen und auf seinen eigenen, verbogenen Armen rücklings fixiert. Kräftige Finger krallten sich in seinen Hals – fest genug, um ihm keinerlei Bewegungsfreiheit zu lassen, zugleich aber locker genug, um ihn nicht am Sprechen zu hindern.

„Warum folgst du?“, knurrte der Fremde, der auf kurze Distanz doch nicht mehr so richtig wie ein Troll aussah.

„Ich wollte mit dir sprechen“, krächzte Krotonor, sich der Freiheit seines Sprachapparates nicht ganz sicher.

„Warum?“

„Du hast von Krieg gesprochen.“

„Ja. Krieg zwischen Elfen und Trollen. Immer schon. Warum überrascht?“

„Warum ich überrascht bin?“, fragte Krotonor irritiert. „Na, weil wir uns seit Jahrhunderten aus dem Weg gehen. Zumindest hier gibt es schon lange keinen Krieg mehr. Aber du bist ja offenbar im Begriff, das jetzt zu ändern.“

„Kein Krieg?“, fragte der Fremde ungläubig. „Unmöglich! Elfen und Trolle sind Feinde auf ewig.“

„Na, wenn du meinst. Aber was hast du überhaupt damit zu tun? Wenn man dich so anschaut, dann bist du weder Troll noch Elf.“

Verwirrt dachte er über diese Feststellung nach. Bisher hatte er noch keine Gelegenheit gehabt, sich mit sich selbst zu befassen. In der Tat wusste er nichts über sich. Troll und Elf schienen ihm gleichermaßen vertraut, und der Konflikt zwischen beiden war die einzige Erinnerung, die keine widersprüchlichen Gefühle in ihm auslöste.

„Feinde auf ewig“, wiederholte er deshalb, wie um sich an der einzigen Gewissheit festzuklammern, die ihm zur Verfügung stand.

Offenbar sah er damit die Unterhaltung als beendet an, denn seine Finger bohrten sich nun ein wenig fester in Krotonors Hals, gerade genug, um die Blutzufuhr zum Gehirn zu unterbinden. Krotonor wand sich hilflos in dem stählernen Griff, während ihm langsam die Sinne schwanden, bis ihn Schwärze einhüllte und er in gnädiger Bewusstlosigkeit versank.

*

Er war aufgewühlt. Kein Krieg – seit Jahrhunderten! Über diese neue Information musste er sich zunächst einmal klar werden. Er zog den bewusstlosen Troll weg vom Weg und ließ ihn am Rande eines Busches liegen. Nach ein paar Schritten kehrte er noch einmal zurück, riss dem

Besinnungslosen einen Streifen seiner Jacke ab und schlang sich diesen als eine Art Lendenschurz um den Leib. Etwas in ihm wunderte sich, als habe Nacktheit ihn bisher nicht sonderlich bekümmert, aber irgendwie fühlte er sich mit bedeckter Blöße doch etwas wohler, auch wenn diese spärliche Bekleidung die lästige, wenngleich nur geringfügig unangenehme Kühle nicht wirklich abhalten konnte.

3.

Am Nordpol herrschte rege Betriebsamkeit. Seit hier – einer menschlichen Überlieferung folgend und ungestört von neugierigen Augen – vor wenigen Jahren die Weihnachts-Heimstatt eingerichtet worden war, fanden sich nach dem vorletzten Mondwechsel eines jeden Jahres immer mehr Helfer zusammen, um die Aktivitäten des Weihnachtsmannes zu unterstützen. Am Anfang war er immer allein unterwegs gewesen, hatte aber dann bemerken müssen, dass selbst er in nur wenigen Wochen, die ihm zur Verfügung standen, nicht die ganze Welt beglücken konnte, und seit er sich zu diesem Schritt entschlossen hatte, wollte er seine Tätigkeit auch nicht dauerhaft auf einen kleinen Bereich beschränken. Also hatte er beschlossen, sich eine Gruppe von Helfern heranzuziehen, und dabei war ihm – inspiriert von den Vorstellungen vieler Menschen – das Alte Volk eingefallen, das nach den letzten großen Albenkriegen auf der Erde nur noch ein Schattendasein führte. Beginnend mit einigen wenigen, handverlesenen Elfen, hatte er inzwischen einen erklecklichen Stab aufgebaut, dem zunehmend auch eigene Projekte überlassen werden konnten.

Anders als die meisten Menschen es sich vorstellten, ging es in der Weihnachtsburg nicht nur um die Herstellung von Spielsachen und Süßigkeiten (obwohl damit alles begonnen hatte), sondern mehr noch inzwischen um die Koordination weltweit verteilter kleiner Friedensinitiativen. Keine großen diplomatischen Missionen – das müssten die Menschen schon selber schaffen, wenn ihnen denn wirklich daran gelegen sein sollte. Außerdem, so rief sich der Weihnachtsmann im saisonalen Teilzeiteinsatz ins Bewusstsein, hätte das auch im krassen Gegensatz zu seiner hauptamtlichen Tätigkeit gestanden. Aber hie und da ein kleines Weihnachtswunder, ein bisschen Frieden in überschaubarem Rahmen. Das war das selbst erklärte Ziel des neuen Weihnachtsmannes.

Um dies aber weltweit gewährleisten zu können, mussten die Helfer nicht nur ausgewählt, sondern auch gezielt rekrutiert und ausgebildet werden. Um dieses Ziel zu erreichen, hatte der Weihnachtsmann einige Gefolgselfen auserkoren, seine Botschaft in ihrem Volk zu verbreiten und für die Beteiligung am Weihnachtsbetrieb zu werben. In alter Weihnachtstradition und mit kindlicher Freude hatte er einen Aufruf an die Elfen der Welt gedichtet, mit dem seine Herolde überall die Versammlungen eröffnen sollten:

Ein Ruf ergeht an alle Elfen,
beim großen Weihnachtsfest zu helfen.
Das Alte Volk bringt seine Gaben
den Menschen, die d'ran Freude haben
und erneuert so zur Stund'
den immerwähr'nden Friedensbund.
Der Elfen große und die kleinen
mögen sich hierzu vereinen.
Auch Kobold, Wichtel, Gnom und Zwerg
macht fröhlich euch geschwind ans Werk!
Gen Norden eilt, bis ihr uns findet,
das Weihnachtsrätsel dort ergründet:
Uns alle eint in trautem Streben,
den Menschenkindern Freud' zu geben.
So macht Euch alle auf die Reise
und traget bei, auf diese Weise,
zum Frieden zwischen Alt und Jung
durch Schenken und Erneuerung.

Aber einer der Abgesandten – genau genommen die erste weibliche Abgesandte – war von ihrer letzten Mission nicht zurückgekehrt. Elijanda, eine junge, zielstrebige Elfe, die den Weihnachtsmann trotz anfänglicher Bedenken, ob sie nicht ein wenig zu unbedarft für diese Aufgabe sei, mit ihrer entwaffnenden Offenheit und Begeisterung schließlich hatte überzeugen können, sie probehalber auf eine Werbemission zu schicken, war seit mehr als einem Tag überfällig. Als sie das Tor durchschritten hatte, das sie zum angekündigten Treffpunkt mit einigen Elfengemeinden transportieren sollte, hatte es etwas heller als üblich geblitzt, aber sonst war alles normal verlaufen. Nur war sie nicht, wie erwartet, nach wenigen Stunden zurückgekehrt und blieb auch weiterhin verschollen. Zunächst hatte man sich nichts dabei gedacht und wollte ihr auch nicht gleich bei der ersten Mission zu genau auf die Finger sehen, aber als sie nach 24 Stunden immer noch abgängig war, waren die Verantwortlichen doch unruhig geworden. Blandur, ein älterer, erfahrenerer Elf, der inzwischen hinter ihr her geschickt worden war, kehrte soeben ohne einen Hinweis auf den Verbleib von Elijanda, dafür aber mit äußerst beunruhigenden Nachrichten, zurück.

„Was willst du damit andeuten: 'Elfen und Trolle rüsten zum Krieg'?!“, entfuhr es dem Weihnachtsmann ungläubig.

„Wie gesagt“, wiederholte Blandur ruhig. „Ich hatte nicht viel Zeit und sollte ja auch zunächst einmal möglichst kein Aufsehen erregen. Deshalb sind die Informationen natürlich unvollständig und nicht belegt, aber allem Anschein nach hat Elijandas Auftritt die Elfen und Trolle in der Region davon überzeugt, dass der alte Konflikt neu aufgeflammt sei. Und jetzt bereiten sich beide Seiten auf ein Gefecht vor. Von Elijanda selbst fehlt jede Spur, und die Beschreibungen, die über den Abgesandten im Umlauf sind, stellen sich zwar äußerst widersprüchlich dar, aber keine davon passt auch nur annähernd zu ihr.“

„Mann, Mann, Mann!“, sagte der Weihnachtsmann, mehr zu sich selbst als zu Blandur. „Da will man mal ein bisschen für Frieden auf Erden sorgen, und schon geht alles schief. Wenn ich es nicht besser wüsste, könnte man meinen, das ginge mit dem Teufel zu.“

Blandur starrte den Weihnachtsmann verständnislos an, wartete aber geduldig darauf, dass dieser wieder das Wort an ihn richtete.

„Wir müssen etwas unternehmen“, grummelte der untersetzte Mann in Rot schließlich und kratzte sich nachdenklich durch den dichten, weißen Bart am Kinn. „Aber der gesamte Betrieb darf nicht gestört werden. So langsam verstehe ich, wie ärgerlich das sein kann, wenn einem an Weihnachten jemand in die Suppe spuckt.“ Wieder an Blandur gewandt, fuhr er fort: „Du machst dich am besten gleich wieder auf den Weg in Elijandas Revier. Bleib unauffällig und misch dich nicht ein, bis wir eine klare Vorstellung davon haben, was dort vorgeht, aber finde genau das heraus. Unternimm nichts auf eigene Faust, aber erstatte sofort Bericht, wenn du etwas Interessantes entdeckt hast. Ich muss wissen, was da passiert ist.“

Mit diesen Worten und einer ungeduldig winkenden Geste entließ er Blandur, der sich sofort auf den Weg zum Tor machte, um die seltsamen Vorkommnisse weiter vor Ort zu untersuchen.

*

Die Nachricht verbreitete sich wie ein Lauffeuer: Der Krieg zwischen Elfen und Trollen war erneut ausgebrochen. Niemand wusste, wo der Konflikt seinen Ursprung hatte, aber die Erzählungen von einem geheimnisvollen Abgesandten, der aus dem Nichts erschienen und in dieses wieder zurückgekehrt war, nur um Elfen und Trolle zu den Waffen zu rufen, breiteten sich aus wie ein Flächenbrand.

Bisher hielten die Konfliktparteien Abstand, aber es war nur eine Frage der Zeit, bis es zu ersten Scharmützeln kommen würde. Bereits im ersten Elfendorf, das Blandur nach seiner Rückkehr zum Heiligen Hain aufsuchte, war alles auf den Beinen und mit Kriegsvorbereitungen beschäftigt, als habe man immer schon gewusst, dass ein dauerhafter Friede zwischen Troll und Elf nur Illusion sein könne. Beinahe schien es, als seien zumindest einige geradezu erleichtert, dass die Entscheidung nun bald bevorstand. Erst wenn der uralte Konflikt ein für allemal geklärt sein würde, könnte man wirklich auf Frieden hoffen.

Entsetzt musste Blandur feststellen, dass die Worte des Abgesandten mehr und mehr als flammende Rede kolportiert wurden, je weiter er sich bei seinen Nachforschungen vom Heiligen Hain entfernte. Und stellenweise wurden auch schon erste Gruppen bewaffneter Trolle gesehen. Bislang hielten sich beide Parteien in abgelegenen Gegenden auf, aber es war absehbar, dass über kurz oder lang auch von Menschen bewohnte Gebiete betroffen sein würden.

Bei alledem wurde Elijandas Verschwinden immer mysteriöser. Auf sie gab es nicht den leisesten Hinweis. Selbst wenn man sämtliche Ausschmückungen und Verzerrungen aus den Schilderungen über den Abgesandten entfernte, blieb nichts übrig, das auch nur im Entferntesten an eine junge Elfe erinnerte, die voller Begeisterung über die Weihnachtsidee ausgezogen war, um andere Elfen für eine Friedensmission zu gewinnen.

Nach einigen Tagen, in denen sich die Lage nur immer mehr zuzuspitzen schien, während sämtliche Fakten über das auslösende Ereignis immer weiter in den Hintergrund traten, beschloss Blandur, zum Nordpol zurückzukehren, um neue Instruktionen einzuholen. Wenn man nicht bald intervenierte, würde die schwelende Feindseligkeit in Kampfhandlungen umschlagen und eine weitere Eskalation kaum mehr aufzuhalten sein. Zügig machte er sich auf den Weg zum Portal im Heiligen Hain.

*

Er hatte lange gewartet.

Nach der Begegnung mit dem Troll war er eine Weile ziellos umher geirrt und hatte sich dann zum Nachdenken an einen ruhigen Ort zurückgezogen, aber inzwischen konnte er sich die Situation einigermaßen zusammenreimen.

Irgendwie musste er an einen Ort gelangt sein, an dem Elfen und Trolle noch – wenn auch wohl nicht unbedingt harmonisch – miteinander zumindest in einem dauerhaften Waffenstillstand lebten. Man hatte allerdings anscheinend davon erfahren, dass der Konflikt anderswo offen ausgetragen wurde und war nun begierig darauf, sich an den Feindseligkeiten zu beteiligen. Sein Eintreffen, obwohl ihm selbst nach wie vor unverständlich, hatte sowohl bei den versammelten Elfen als auch über die Berichte des Trolls bei den Seinen dazu geführt, dass man sich jetzt bereit machte, Elfen und Trolle weltweit in zwei gigantischen Armeen zu sammeln und den Kampf ein für allemal bis zum bitteren Ende auszutragen.

Irgendwie fühlte sich das Ganze nicht richtig an, und obwohl er sich als elementarer Bestandteil des Konflikts verstand, wollte er gern die Dinge zurechtrücken. Ihm war klar, dass er dazu an den Ort zurückkehren musste, wo alles begonnen hatte. So hatte er sich wieder zum Heiligen Hain begeben und wartete nun darauf, dass hier etwas geschehen würde, das ihm den Weg wies.

Dort angekommen, verbarg er sich zwischen Büschen und Felsbrocken und wartete. Dabei gingen ihm die Worte des Trolls nicht aus dem Sinn. Worin bestand seine Rolle in den Ereignissen, die sich um ihn herum abspielten, und was war seine Natur? Unermüdlich wälzte er immer wieder die Worte Troll und Elf in seinem Geist um und um, ohne zu einer Erleuchtung zu kommen. Irgendwann trudelten die Gedanken- und Wortfetzen nur noch ziel- und sinnlos umher, bis sie sich schließlich zu einem neuen Begriff verbanden: Trelf!

Ja, das sollte es sein, als was er sich selbst fortan betrachten wollte. Er hatte keinen Namen, keine Erinnerung, keine Vergangenheit. So würde er sich neu definieren. Er war nun der Trelf. Der neue Name gab ihm einen Anker, etwas Eigenes, das ihn charakterisierte. Ein Selbst, zu dem er zurückkehren, in dem er Halt finden konnte, wann immer sich seine Gedanken verirrten.

Wie schon so oft, wartete er mit unermesslicher Geduld in seinem Versteck, und tatsächlich wurde diese belohnt, als ein älterer Elf allein den Heiligen Hain betrat. Zielstrebig ging er auf dessen Zentrum zu, zog ein Amulett hervor, das an einer Kette um seinen Hals hing, hielt dieses weit vor sich und sprach einige Worte, die der heimliche Beobachter nicht verstand. Als aber die Luft um den Elf herum zu flimmern begann, wusste der Trelf, dass seine Zeit gekommen war. Wie von einer Bogensehne abgeschossen, sprang er auf und rannte auf den Elf zu, der so mit seiner Beschwörung beschäftigt war, dass er ihn erst wahrnahm, als er ihn schon fast erreicht hatte. Ohne seinen Lauf zu unterbrechen, stieß er den Elf beiseite, während er ihm zugleich das Amulett entriss, und tauchte ein in den voller bunter Farben trudelnden Wirbel, der ihn sofort erfasste, ihn einsog und durch das Dimensionstor trug.

Auf der Erde blieb ein verwirrter Elf zurück, der ungläubig auf den Platz starrte, an dem soeben eine Gestalt im Wirbel des Dimensionstors verschwunden war, die er nur unscharf aus dem Augenwinkel wahrgenommen hatte. Eine Gestalt, die ihm überfallartig das Amulett aus der Hand und vom Hals gerissen hatte, mit dem das Tor gesteuert werden konnte, das sich hinter dem Angreifer sofort wieder geschlossen hatte. Nur langsam wurde Blandur bewusst, dass er nun hier gestrandet war, ohne eine Möglichkeit zur Rückkehr oder auch nur zum Versenden einer Nachricht. Ihm würde wohl nichts anderes übrigbleiben, als darauf zu warten, dass man sein Ausbleiben bemerken und erneut jemanden auf die Suche nach den – inzwischen zwei – verschwundenen Elfen schicken würde. Bis dahin musste er hier irgendwie (möglichst unauffällig) überleben, durfte sich aber nicht zu weit vom Tor entfernen, um einen Suchtrupp – sobald dieser denn erschien – sogleich abfangen zu können.

*

Der Trelf materialisierte in einem großen, leeren Raum unter einer geschwungenen Glaskuppel. Als sich sein Blick nach mehrmaligem Blinzeln geschärft hatte, konnte er erkennen, dass er sich an der Spitze eines gewaltigen Bauwerks befand, das inmitten einer eisigen Landschaft stand. Wohin man blickte, nichts als Eis und Schnee.

Das war nicht der Ort, von dem er gekommen war. Wahrscheinlich war es aber der Ort, den der Elf hatte aufsuchen wollen, dessen von der Kette gerissenes Amulett er, fest umschlossen, in seiner Faust hielt. Der Größe des Gebäudes nach zu urteilen, würde es hier vermutlich bald von Elfen wimmeln, die den ungebetenen Gast gefangen setzen und verhören würden. Eine Prozedur, der er mit wenig Begeisterung entgegensah, zumal er selbst von seiner Situation noch immer viel zu wenig verstand, um in einem Verhör befriedigende Antworten liefern zu können. So galt es, zunächst einmal jeglichen Kontakt mit den Bewohnern dieser eisigen Festung zu vermeiden und den glücklichen Umstand zu nutzen, dass er hier in einem unbewachten Moment angekommen war.

Der Trelf musterte seine Umgebung gründlich auf der Suche nach Aus- und Eingängen. Offenbar gab es keinen direkten Weg nach draußen, aber er hatte auch wenig Lust, in die eisige Ödnis herauszutreten, unbekleidet, wie er immer noch war. Außerdem suchte er nach Antworten, und die würde er nicht in der Einsamkeit finden. Also galt es, die weitläufige Festung zu erkunden, in der er materialisiert war. Nur durfte er sich dabei nicht erwischen lassen.

Der Raum bestand aus einem riesigen Plateau mit rundem Querschnitt, und die Glaskuppel, die das Rondell überzog, reichte überall vom Boden bis zur anderen Seite, unterbrochen nur von fünf Trägern, die das Gewölbe abstützten und zusammenhielten. Als der Trelf an den Rand der Plattform trat und die senkrechten Turmwände herabsah, die tief in die Eiswüste abfielen, beschlich ihn ein Gefühl, als stehe er am Gipfel der Welt und blicke hinab in die Niederungen des Daseins. Doch weit und breit gab es nur totes Eis, in der Polarnacht flackernd beleuchtet vom bunten Schleiertanz der Nordlichter. Aber nur auf einer Seite reichte der Turm, in dem er sich befand, bis hinunter zum Fuß des gesamten Gebäudes. Gegenüber ging der Turm eine Etage tiefer in den Hauptbauteil über, der sich weit über eine eisige Ebene erstreckte.

Dabei behielt der Trelf immer den einzigen Zugang zur Plattform im Blick, den er hatte entdecken können: einen gewundenen Treppenaufgang, azentrisch gelegen und von einem filigranen Geländer gesäumt.

Er hielt sich nicht lang mit der Untersuchung des Raumes auf, der für ihn nur zur Falle werden konnte, falls die Bewohner der Burg im ewigen Eis heraufkommen würden. Sobald er sicher war, dass er hier nichts Nützliches mehr würde finden können, blickte er vorsichtig über den Rand des gewundenen Treppenaufgangs und schwang sich dann elegant am Geländer herab – eine Angelegenheit von wenigen Augenblicken. Am Boden der Treppe landete er geräuschlos und sah sich erneut um. Nur noch an der Turmseite hatte der Raum abgerundete Wände. Gegenüber befanden sich mehrere kleine Türen und ein großes, zweiflügeliges Tor. Die erste Tür rechts führte zu einer Kleiderkammer. Die meisten hier in mehreren Reihen auf Bügeln hängenden Kleidungsstücke waren für Elfen gefertigt – viel zu klein und schmal für die bullige Statur des, immer noch fast nackten, Trelfs. Doch dann entdeckte er, dicht an der Wand, eine auffällige Kombination, die in der Größe eher zu ihm passte.

Im Augenblick konnte er wenig wählerisch sein. Also schlüpfte er in die weiten roten Hosen, die er mit einer eingearbeiteten Kordel um seine Taille schnürte. Dann streifte er eine dicke, ebenfalls rote Jacke über, deren pelzbesetzte Manschetten und Revers dabei sanft über seine Haut streichelten. Das Ganze hielt er noch einmal mit einem breiten, schwarzen Ledergürtel zusammen. Über die Füße zog er schwarze Lederstiefel mit wiederum pelzbezogenen Stulpen. Schließlich zog er auch noch eine rote Mütze mit weißem Pelzrand und ebenso weißem Bommel über den Kopf. Zwar musste er damit entsetzlich albern aussehen, hatte aber zumindest die Hoffnung, dass er mit Kleidungsstücken, die offenbar wenigstens einer der Bewohner dieser Festung häufiger trug (denn es gab mehrere gleichartige Garnituren) und die einen möglichst großen Teil seines Körpers (und selbst seines Kopfes) bedeckten, vielleicht selbst dann kein Aufsehen erregen würde, wenn ihn doch einmal flüchtig jemand erblickte.

Vorsichtig lugte er aus der Kleiderkammer heraus und stellte zufrieden fest, dass sich immer noch niemand in diesem Gebäudeteil aufhielt. Leise schloss er die Tür wieder und fand hinter einer der anderen Türen einen weiteren Treppengang, über den er tiefer in das Gebäude eindringen konnte.

4.

„Jetzt ist auch noch Blandur verschollen! Allmählich reicht es!"

Santas Faust schlug krachend auf den Tisch. Die Elfen, die ihm gegenüber saßen, duckten sich unwillkürlich. So hatten sie ihren Chef noch nie erlebt. Offenbar war er dicht davor, die Beherrschung zu verlieren.

Unter dem weißen Bart hatte Santas Gesicht eine tiefrote Färbung angenommen, die auch mit Zornesröte kaum mehr zu erklären war. Kleine schwarze Rauchwölkchen quollen aus den Nasenlöchern, zerfaserten und legten einen dunklen Schleier um sein Gesicht. Als es dann auch noch brenzlig zu riechen begann, fürchteten seine Untergebenen ernstlich um Santas Gesundheit.

Der Mann in Rot atmete schwer. Wenn er sich jetzt nicht wieder fing, würde die ganze Tarnung auffliegen, und das wäre es dann gewesen mit dem Weihnachtsmann Spielen, das ihm in den vergangenen Jahren so viel Freude bereitet und regelmäßig einen gesunden Ausgleich zu seiner üblichen Tätigkeit verschafft hatte. Er vergrub das Gesicht in einer klobigen Hand und massierte mit Daumen und Zeigefinger die Augäpfel. Die zugespitzten Fingernägel zwickten selbst durch den Handschuh, aber bevor sie sich wie scharfe Klauen durch das Leder bohren konnten, zogen sie sich wieder zurück.

„Ruhig, Brauner", beschwichtigte er sich selbst. „In der Ruhe liegt die Kraft."

Nach einer kurzen Weile düsteren Schweigens verblasste Santas Hautfarbe wieder zu dem gewohnt rosigen Teint. Er seufzte tief und ließ sich aus seiner halb aufgerichteten Stellung wieder zurück in den rot gepolsterten Sessel sinken. Auch die zusammen gekauerten Elfen am anderen Ende des Tisches atmeten erleichtert auf.

„Schickt einen Zaubertechniker in den Transporterraum", ordnete Santa an, nun wieder in gewohnt freundlichem, aber ebenso bestimmtem Tonfall. „Er soll das Portal gründlich überprüfen. Vielleicht hat es ja einen Defekt."

Diensteifrig machten sich die Elfen auf den Weg, seinem Befehl Folge zu leisten. Die unmittelbare Gefahr schien gebannt, aber nichtsdestotrotz hatte der ungewohnte Zornesausbruch des sonst stets fröhliche Gelassenheit ausstrahlenden Weihnachtsmanns ihnen einen gehörigen Schrecken eingejagt, und sie waren froh, seiner Gegenwart zumindest erst einmal entfliehen zu können.

*

Inzwischen hatte der Trelf begonnen, vorsichtig das Gebäude zu erkunden. Aber je mehr er erspähte, desto weniger konnte er sich einen Reim auf alles machen, was hier geschah.

Die meisten Bewohner waren offenbar Elfen, aber sie schienen hier nicht in Familien zu leben und auch keinen normalen dörflichen Tätigkeiten nachzugehen. Er war wohl während einer Ruheperiode angekommen, aber trotzdem kreuzten immer wieder vereinzelte Elfen seinen Weg oder kleine Trupps transportierten etwas in großen, bunten Verpackungen durch die Festung inmitten der eisigen Ödnis. Geschäftig wuselten sie umher. Er bemerkte das mit einer gewissen Befriedigung, erleichterte es ihm doch, sich unerkannt im Schatten zu halten. Und wenn ihn doch einmal jemand im Vorbeigehen aus dem Augenwinkel bemerkte, lächelte dieser nur abwesend und hob die Hand zu einem flüchtigen Gruß, ohne seine Schritte zu verlangsamen. Die Verkleidung schien ihren Zweck zu erfüllen.

Seine feine Nase bemerkte einen süßlich-würzigen Geruch, der an einer der zahlreichen Verzweigungen aus einem benachbarten Gang herüberzog. Augenblicklich wurde er von quälendem Hunger übermannt, und ein drohendes Grollen in seinem Magen erinnerte ihn daran, dass er nichts mehr gegessen hatte, seit … Ja, seit wann eigentlich? Mindestens jedenfalls seit er auf dem Versammlungsplatz der Elfen materialisiert war, und weiter reichte seine Erinnerung auch nicht zurück.

Er beschloss, dem verführerischen Duft zu folgen.

Immer mehr olfaktorische Komponenten mischten sich in die Duftspur, je näher er ihrem Ursprung kam. In immer kürzeren Abständen musste er stehenbleiben und seinen knurrenden Magen beruhigen, damit dieser ihn nicht verriet. Das Aroma von Zitrusfrüchten durchzog die nussige Wolke, angereichert mit Anis, Vanille, Kardamom und Zimt.

Endlich stand er vor einer Tür, hinter der sich die Quelle all dieser Gerüche verbergen musste, die durch jede Ritze drangen. Lautlos drückte er die Klinke herunter und hielt den Zug dabei aufrecht, damit die Tür nicht plötzlich unkontrolliert aufsprang, sobald der Schnapper sie nicht mehr im Schloss hielt. Dann schob er sie ganz sachte auf und wurde von einem Duftschwall überwältigt, der sich durch die schmale Öffnung drängte.

Vorsichtig lugte er durch den Spalt und blickte in einen weiten Saal, gefüllt mit Tischen, Feuerstellen, Töpfen, Öfen – und einer Horde emsig durcheinander laufender Elfen mit hohen, weißen Mützen, die dennoch alle genau zu wissen schienen, was sie taten. Wie in einem Bienenstock gingen sie konzentriert und ständig in Bewegung ihren Aufgaben nach, rührten, schmeckten ab, gossen, setzen um.

Alle schienen derart in ihre Arbeit vertieft zu sein, dass der Trelf es wagte, die Tür etwas weiter zu öffnen und schnell hindurch zu schlüpfen. Sofort drückte er sich in eine Nische, aber anscheinend hatte niemand etwas bemerkt.

Beinahe betäubt von der überwältigenden Intensität der Düfte im Inneren der riesigen Koch- und Backstube, beobachtete er für eine Weile das geschäftige Treiben und überlegte, wie es ihm wohl gelingen könnte, Zugriff auf irgendetwas Essbares zu bekommen, ohne sofort aufzufallen. Aber auch nach längerem Grübeln wollte sich nicht einmal ansatzweise eine Idee einstellen, wie er inmitten der überall herum wimmelnden Elfen an den Töpfen, Schüsseln und Öfen auch nur für einen Moment würde unbemerkt bleiben können.

Er schwankte bereits zwischen der Aufgabe seines Vorhabens unter einem unauffälligen Rückzug und einem gewaltsamen Überfall, da kam ihm der Zufall zu Hilfe.

Ein Glöckchen ertönte, gar nicht einmal besonders laut, aber klar und hell und von allen Seiten.

Augenblicklich verlangsamten die Elfen ihre Handlungen. Einige hielten kurz inne, um sich einen Überblick über die Lage an ihren Tischen zu verschaffen. Dann beendeten sie schnell ihre begonnene Arbeit, legten Schürzen und Schutzbrillen ab und sammelten sich an der Tür, von welcher der Trelf mittlerweile weit genug entfernt war, dass niemand ihm zu nahe kam. Lachend und scherzend verließen die Elfen im Pulk die Backstube, die kurz darauf leer und verwaist vor ihm lag.

Eine deutlichere Einladung brauchte er nicht. Er löste sich aus dem Schatten seiner Nische und trat ins flackernde Licht der unzähligen Kerzenleuchter, die den Raum von allen Wänden und von in regelmäßigen Abständen herabhängenden Lüstern aus mit ihren warmen Strahlen beleuchteten.

Der Trelf blieb für einen Moment stehen, um sich zu orientieren. Von überall her duftete es verlockend nach den unterschiedlichsten Köstlichkeiten. Hier würde er sich problemlos stundenlang den Wanst vollschlagen können, ohne dann auch nur die Hälfte von alledem probiert zu haben, was die Küche hergab. Er war aber Krieger genug, sich bewusst zu halten, dass es für ihn in erster Linie darauf ankam, möglichst schnell seinen Hunger zu stillen, bevor die Zuckerbäcker wieder an ihre Arbeit zurückkehrten. Und er hatte keine Ahnung, wie lang die Pause dauern würde.

So stopfte er zunächst einmal einige der am nahrhaftesten wirkenden Kekse, Lebkuchen und Zuckerstangen in sich hinein, bevor er von einem der zahlreichen Stapel von Säcken verschiedener Größen einen aufnahm und mit Proviant zu füllen begann.

*

„Na, habt ihr etwas herausbekommen?“, fragte Santa neugierig.

„Jein“, antwortete Glubin und kratzte sich verlegen am Kopf. Nachdem er sich die verschobene Zipfelmütze wieder zurechtgerückt hatte, fuhr er fort, Santas forderndem Blick ausweichend. „Ich bin jetzt schon ziemlich lange Zaubertechniker, aber so etwas habe ich noch nicht erlebt. Wir haben das Portal auf Herz und Nieren geprüft, und ich kann voller Überzeugung sagen: Es funktioniert einwandfrei."

„Aber ..." drängte Santa ungeduldig.

„Aber nicht nur das. Es ist auch vor kurzem aktiviert worden. Heute Morgen in aller Frühe ist etwas oder jemand hier angekommen. Aber Blandur war es nicht, wenn man den Transporterkontrolldaten trauen darf – und es besteht keine Veranlassung, das nicht zu tun, denn – wie gesagt – alles funktioniert einwandfrei."

„Und was war es dann?"

„Das ist das Seltsame: die Transportersignatur ergibt keinen Sinn. Es sieht so aus, als seien zwei Personen durch das Portal gekommen, aber irgendwie doch auch wieder nur eine."

„Nanu", sagte Santa verwundert. „Das ist in der Tat seltsam. Zeig mal her."

Er streckte seine Hand aus und Glubin reichte ihm ein langes Stück Papier, auf dem sich endlose Zahlenkolonnen befanden. Der Weihnachtsmann studierte die Kontrollliste eine Weile und gab sie dann dem Elfen zurück.

„Ehrlich gesagt, verstehe ich davon absolut nichts", gab er zu. „Kannst du mir erklären, woraus du welche Schlüsse ziehst?"

„Aber sicher", bekräftigte Glubin eilfertig. „Sieh her." Er baute sich an Santas Seite auf und hielt die Liste mit der einen Hand so, dass beide sie sehen konnten. Mit der anderen zeigte er auf einen etwas abgesetzten Zahlenblock am oberen Ende.

„Das hier ist das Prüfprotokoll. Daran kann man erkennen, dass alle Funktionen intakt sind. Das Portal ..."

„...funktioniert einwandfrei", ergänzte Santa gelangweilt. „Geschenkt! Zeig mir lieber das, was ungewöhnlich ist."

„Natürlich, natürlich!" Glubin rollte die Liste ein Stück weit auf. „Hier" – er deutete auf einen Zahlenblock – „siehst du Blandurs Aufbruch. Das ist eindeutig seine Signatur. Schließlich war er ja schon oft in deinem Auftrag unterwegs. Und hier" – jetzt zeigte er auf einen weiteren Block am unteren Ende der Liste – „ist das Protokoll von heute Morgen. Die oberen zwei Zeilen zeigen an, dass etwas auf unserer Seite angekommen ist und anschließend das Portal verlassen hat, und dahinter sollte eigentlich wieder Blandurs Signatur erscheinen, aber was hier steht, weist zwar ganz klar auf einen Elf hin, nur stimmen die individuellen Parameter weder mit Blandur überein noch mit sonst irgendjemandem, der jemals durch dieses Portal geschritten ist. Und außerdem

...“ Glubins Stimme überschlug sich fast vor Aufregung. Er war ganz in seinem Element. „... außerdem ist hier auch noch eine komplette Trollsignatur. Aber nicht separat, wie es bei einem zwei-Personen-Transport eigentlich sein müsste, sondern total durchmischt mit den Elfenwerten. Wie ich schon sagte: eigentlich zwei Personen, aber doch nur eine. Und das, obwohl das Portal ...“

„... einwandfrei funktioniert. Ich weiß“, seufzte Santa. „Wir müssen also wohl davon ausgehen, dass hier irgendwo anstelle von Blandur ein ungebetener Gast herumspaziert, der gleichzeitig Elf und Troll ist.“

*

„Hallo, Santa! Was machst du denn hier?“

Der Trelf fuhr erschrocken zusammen. Normalerweise wäre ihm niemand so nahe gekommen, ohne dass er es bemerkt hätte, aber diese seltsame Umgebung hatte seine Sinne offenbar umnebelt, und immerhin schien von demjenigen, der ihn gerade von hinten angesprochen hatte, keine Gefahr auszugehen. Andernfalls hätten seine Warnreflexe sicherlich trotz der Aufmerksamkeitslücke Alarm geschlagen.

Dennoch war er so erschrocken, dass er in einem ersten Impuls, blitzartig auszuweichen, den Kopf ein wenig tiefer in die Schüssel absenkte, die er gerade interessiert betrachtet hatte, weil hier eine weißliche, intensiv nach Zucker riechende Masse wie ein süßer Nebel von einer zentralen, rotierenden Düse an die Kesselwände gesprüht wurde. Nun blieben die hauchfeinen klebrigen Fäden wie Spinnweben an seinem Gesicht hängen. Als er sich umdrehte, wucherte die zuckrige Watte wie ein dichter Rauschebart über seine kantigen Züge.

*

Talpin war von der Pausenglocke im Waschraum überrascht worden, wo er sich wieder einmal von den klebrigen Resten seiner Arbeit zu befreien versucht hatte. So war das nun einmal, wenn ein etwas älterer Elf mit zittrigen Händen und eingeschränkter Sicht mit Zucker arbeitete. Nach einer Weile war meist alles verklebt. Hände, Ärmel, Mütze und auch die dicke Brille, ohne die er nicht einmal mehr erkennen konnte, was er in den Händen hielt. Zumindest erlaubten ihm die lupenartigen Gläser aber, weiter seiner Arbeit nachzugehen – bis sie jeweils von dicken Schlieren überzogen waren. Dann war es an der Zeit für eine Reinigung.

Als das Bimmeln ertönte, hatte er kurz überlegt, ob er die Wäsche abbrechen und sich schnell den anderen anschließen solle, sich aber doch dagegen entschieden und lieber die Reinigungsprozedur in Ruhe zu Ende geführt. Wie er dann zu seinem Arbeitsplatz zurückgekehrt war, hatte er nicht wenig gestaunt, dort einen Besucher vorzufinden, interessiert über den Kessel mit Zuckerwatte gebeugt, den Talpin wohl auszuschalten vergessen hatte. Noch überraschter war er, als er in dem Besucher den Weihnachtsmann erkannte, eine unverwechselbare massige Gestalt im weiß-roten Kostüm. Überrascht und auch ein wenig beeindruckt. Santa ließ sich nur äußerst selten an den Produktionsstätten blicken, und in der Weihnachtsbäckerei hatte man ihn schon seit Ewigkeiten nicht mehr angetroffen. Schon gar nicht in der Pause! Wenn Santa denn einmal den arbeitenden Elfen einen Besuch abstattete, so tat er das in der Regel dann, wenn alle an ihrem Platz waren, damit auch niemandem dieses Signal der Wertschätzung entging.

Zunächst fühlte Talpin sich geehrt, dass der Weihnachtsmann ausgerechnet ihn aufgesucht hatte, den ältesten Elf in der Küche. Doch dann kam ihm der Gedanke, dass vielleicht nicht eine Belobigung zu erwarten sein mochte, sondern eher Tadel. Was sonst mochte Santa veranlasst haben, die Zuckerwatte zu inspizieren, wenn alle übrigen in der Mittagspause waren. Immerhin würde ihm dann die Demütigung erspart bleiben, vor aller Augen zurechtgewiesen zu werden, welche Kritik auch immer an dem Produkt in seiner Verantwortung aufgekommen sein mochte.

Auch wenn er alles außerhalb der Reichweite seiner Arbeitsbrille nur sehr unscharf wahrnehmen konnte, entging Talpin nicht die Aggression in der Haltung seines Chefs, als dieser sich zu ihm umdrehte.

„Ist etwas mit der Zuckerwatte nicht in Ordnung?“, fragte er demütig, in Erwartung einer Standpauke.

*

Der Trelf erfasste augenblicklich die Situation. Dieser alte Elf war blind wie ein Maulwurf und darüber hinaus auch etwas tatterig. Und er hielt ihn offenbar für seinen Vorgesetzten.

Noch während er sich umwandte, hatte er sich darauf vorbereitet, denjenigen, der ihn entdeckt hatte, effizient auszuschalten und notfalls nachhaltig zu beseitigen. Immerhin gab es hier genügend Feuerstellen in hinreichender Größe, um einen Elf verschwinden zu lassen. Aber er tat so etwas nicht gern – glaubte er sich zu erinnern – und war froh, dass sich eine Chance bot, die Großbackstube unerkannt zu verlassen. Wenn es ihm gelang, nicht doch noch aufzufliegen.

„Alles gut“, grummelte er hinter seinem klebrigen Bart „Routineinspektion. Weitermachen.“

„Ach so.“ Der greise Elf atmete erleichtert auf. „Ich hoffe, du hast keine Zuckerwatte in deinen Bart bekommen“, rief der Alte ihm noch nach, als er sich zügig, aber ohne auffällige Hast, mit seinem Proviantsack auf den Weg machte. „Man kriegt dieses Zeug nur sehr schwer wieder ab.“ Gedankenverloren wischte er sich durch den eigenen, schütteren Bart, als wisse er, wovon er rede.

Der Trelf winkte ihm noch einmal zu, dankbar, nicht gezwungen gewesen zu sein, ihm etwas anzutun. Was hatte er nur für ein Glück gehabt, ausgerechnet auf diesen kurzsichtigen Alten zu treffen und auch wieder unerkannt im Gewirr der Gänge abtauchen zu können, bevor die anderen zurückkehrten. Mindestens ebenso viel Glück hatte aber auch dieser Elf, dachte er grimmig.

Jedenfalls hatte er so noch einiges erfahren, das wichtig für ihn werden konnte, wenn er einen Ausweg aus diesem seltsamen Palast finden wollte: „Santa“ war offenbar der Name oder die Amtsbezeichnung der Person, deren Anzug er gestohlen hatte und die eine führende Position (zumindest in Bezug auf die Küchenmannschaft) zu bekleiden schien. Offenbar hatte er genug Ähnlichkeit mit diesem „Santa“, um auf den ersten Blick und größere Entfernung für ihn durchzugehen – vorausgesetzt er trug einen dichten weißen Bart. Doppeltes Glück! Eigentlich wollte er den klebrig süßen Puschel in seinem Gesicht schleunigst wieder loswerden, aber solange dieser seine Verkleidung vervollständigte, war er bereit, die Unannehmlichkeit weiter in Kauf zu nehmen. Um auf einer Aufklärungsmission nicht entdeckt zu werden, hatte er schon weitaus Schlimmeres erduldet, wie er sich dunkel erinnerte.

5.

Santa saß grübelnd in dem weichen Ohrensessel in seinem Studierzimmer. Neben ihm flackerte knisternd ein Kaminfeuer.

Er konnte sich immer noch keinen Reim auf die seltsamen Transmitterdaten machen. Mehr als die Natur des Eindringlings machte ihm aber die Erkenntnis zu schaffen, dass er auf das Fangen eines Einbrechers absolut nicht vorbereitet war. Dass bisher noch niemand von einer Begegnung mit dem Unbekannten berichtet hatte, ließ darauf schließen, dass sich das seltsame Wesen gezielt verborgen hielt. Und wer es vermied, sich in fremder, aber durch und durch freundlicher Umgebung zu erkennen zu geben, konnte nichts Gutes im Schilde führen.

Leider gab es hier aber keinerlei Wächter, Polizei oder gar Soldaten. Zur Vorbereitung des Weihnachtsfestes hatte er die gutmütigsten und friedfertigsten Elfen aller Welten um sich versammelt. Perfekt für die Herstellung von Spielzeug und Festtagsleckereien oder auch für die Logistik der Verteilung von Geschenken in der Welt der Menschen. Aber als Wach- und Schließmannschaft war mit denen kein Staat zu machen.

Wenn er alle Elfen im Schloss nur dazu anhalten würde, Augen und Ohren offen zu halten und auf ungewöhnliche Vorkommnisse zu achten, würde das zudem den Betrieb nachhaltig stören und den geordneten Ablauf der Weihnachtslieferungen gefährden. Und das konnte ihn den Job kosten! Einen Job, den er liebgewonnen hatte, nachdem er sich vor einigen Jahren dazu hatte hinreißen lassen, sich als Personifikation des Weihnachtsmannes zu etablieren. Er dachte kurz zurück an den Auslöser, den irre geleiteten Brief mit dem Wunschzettel eines kleinen Jungen, dessen Wunsch nach „Weißen Weihnachten“ aufgrund eines Tippfehlers anstelle von „Santa“ bei „Satan“ gelandet war. Und so genoss dieser nun seitdem regelmäßig eine Auszeit von seinen üblichen Bosheiten und widmete sich stattdessen jeweils vier Wochen lang friedlich und liebevoll den Vorbereitungen auf das Weihnachtsfest in aller Welt. Das wollte er sich auf keinen Fall wieder nehmen lassen.

Ja, wenn ihm seine Elitetruppe von zu Hause zur Verfügung gestanden hätte … Aber die höllische Garde hatte leider mit Weihnachten nicht das Geringste am Hut! Zweifellos würden sie den seltsamen Fremden in Windeseile erwischen und kurzen Prozess mit ihm machen – und dabei ganz nebenbei Weihnachten torpedieren! An einen Anruf in der Unterwelt war also nicht zu denken.

Folglich blieb ihm nichts anderes übrig, als sich selbst auf die Suche zu machen – nach einem Wesen, von dem er praktisch nichts wusste, außer dass es eigentlich nicht hier sein und im Grunde nicht einmal existieren durfte. Und dass es nicht gefunden werden wollte.

*

Der Trelf huschte derweil weiter durch die Gänge, auf der Suche nach einer Fluchtmöglichkeit aus dieser seltsamen Festung im ewigen Eis. Er achtete darauf, möglichst wenigen Personen zu begegnen und ihnen, wenn es sich nicht ganz vermeiden ließ, möglichst nicht zu nahe zu kommen. Glücklicherweise waren alle so beschäftigt, dass ihm das nicht schwer fiel. Auch der prall gefüllte Sack auf seiner Schulter schien nicht weiter aufzufallen und bot ihm im Gegenteil sogar eine gute Gelegenheit, sein Gesicht weitgehend vor neugierigen Blicken zu verbergen.

Auf seinem Weg hatte er einen Blick in einige der Werkstätten werfen können, die allesamt der Herstellung nutzlosen Krams dienten, vornehmlich Kinderspielzeug. Aber ihm war auch die heitere Grundstimmung aufgefallen, die überall herrschte. So viel ungezwungene Fröhlichkeit auf einmal hatte er noch niemals erlebt, dessen war er sicher. Fast fühlte er sich davon angesteckt, aber angesichts seiner prekären Lage auf fremdem Territorium ließ er solch eine Schwäche nicht zu.

Als wieder ein helles Bimmeln durch die Gänge schallte, wusste er Bescheid. Die Elfen würden erneut eine Pause einlegen und ihre Arbeitsplätze verlassen. Eine gute Gelegenheit, sich in einer der Hallen umzusehen.

Schnell suchte er eine dunkle Ecke auf und kauerte sich reglos darin zusammen. Dort wartete er unbeweglich, aber bereit, sich, sollte er entdeckt werden, jederzeit aufzurichten und den Eindruck zu vermitteln, er habe nur den schweren Sack auf seiner Schulter zurechtgerückt.

Doch niemand nahm von ihm Notiz. So verharrte er in seiner Nische, bis die Ströme lachender Elfen an ihm vorbeigezogen waren. Währenddessen hatte er aber aufmerksam gelauscht und tatsächlich die eine oder andere nützliche Information aufgeschnappt. So zum Beispiel, dass dieser „Santa“, für den man ihn hielt, offenbar tatsächlich der Schlossherr persönlich war, die absolute Autoritätsperson in dieser geschäftigen Oase inmitten einer winterlichen Einöde. Und dass man nur noch wenige Tage entfernt war von einem großen Ereignis, auf das alle hier sich ein ganzes Jahr lang vorbereitet hatten. Deswegen waren auch alle Elfen unter Zeitdruck. Sie mussten die Arbeiten unbedingt auf den Punkt rechtzeitig abschließen. Trotzdem waren sie guter Dinge, anscheinend in dem Bewusstsein, diese große Herausforderung allen Widrigkeiten zum Trotz in den vergangenen Jahren regelmäßig gemeistert zu haben und deshalb zuversichtlich, dass es auch diesmal nicht anders sein werde.

Irgendwie bewunderte er die emsigen Arbeiter an diesem seltsamen Ort, die konzentriert und unermüdlich ihre Aufgaben erledigten und bei alledem nie ihre gute Laune verloren. Zugleich beneidete er sie auch um den Frieden, der sie umgab. Ein Zustand, den er selbst nie gekannt hatte – zweifellos auch nicht in der Zeit, bevor seine aktive Erinnerung einsetzte.

Aber den Luxus des Friedens konnte er sich nicht erlauben. Er wusste, dass seine Aufgabe eine andere war und dass er sie hier nicht finden würde. Also musste er diesen Ort so schnell wie möglich wieder verlassen, koste es was es wolle. Vielleicht konnte es ihm dazu nützlich sein, dass man in ihm den Herrn dieser Anlage sah. Allerdings war ihm auch bewusst, dass er diese Verwechslung auf keinen Fall lange genug würde aufrechterhalten können, um von irgendeinem Elfen wirklich wertvolle Informationen zu erhalten, zum Beispiel wie er diesen Ort wieder würde verlassen und zu seinem Ausgangspunkt – wo immer das sein mochte – zurückkehren können. Es zeugte schon von geradezu unglaublichem Glück, dass der einzige Elf, der ihn lange genug aus der Nähe gesehen hatte, um seine Tarnung auffliegen zu lassen, nahezu blind und hochgradig unbedarft gewesen war. Noch einmal durfte er sicher nicht auf so einen glücklichen Zufall hoffen. Aber vielleicht würde die Verkleidung doch dazu beitragen, dass er sich einem einzelnen Elf weit genug würde nähern können, um ihn unbemerkt in eine dunkle Ecke zu zerren und dort gründlich zu befragen.

Verblüfft bemerkte er, dass ihn angesichts des Plans, die Arglosigkeit dieser durch und durch friedfertigen Elfen auszunutzen, unvermittelt ein seltsames Schuldgefühl beschlich. Doch sofort verdrängte er die störenden Gedanken wieder. Immerhin hatte er jetzt einen Plan und musste nicht mehr ziellos umherirren, in der unrealistischen Hoffnung, in dem gigantischen Gebäudekomplex rein zufällig auf eine Fluchtmöglichkeit zu stoßen.

Die Erkenntnis, dass die Elfen in Kürze die Auslieferung unzähliger Güter wohin auch immer planten, bestärkte ihn in der Annahme, die Burg müsse über erhebliche Transportkapazitäten verfügen, die er sich, sollte er sie denn finden, gewiss würde zunutze machen können. Einen Moment lang spielte er mit dem Gedanken, noch ein paar Tage zu warten, bis sich alle mit ihren auszuliefernden Gütern auf den Weg machen würden, um sich dann dazwischen zu mischen und in dem zu erwartenden Reisegewimmel unbemerkt zu entwischen. Diesen Gedanken verwarf er aber schnell wieder. Erstens hatte er es eilig und zweitens würde es ihm inmitten der aufbrechenden Elfen nicht gelingen, seine Tarnung zu wahren. Außerdem wollte er diesen Ort nicht einfach irgendwohin verlassen, sondern dorthin zurückkehren, wo seine Erinnerungen begannen. Nein, es gab wohl keine Alternative zu dem Plan, einen Elfen zu fangen und irgendwo in Ruhe auszufragen.

Während er all diese Überlegungen angestellt hatte, war nicht viel Zeit vergangen. Er lugte vorsichtig nach allen Seiten aus seiner Nische, aber kein Elf war weit und breit zu sehen. So schulterte er den Sack und machte sich auf die Suche nach einer Werkhalle, die ihm ein Versteck bot, aus dem heraus er einen ersten – hoffentlich einsamen – Rückkehrer abfangen und bis zur nächsten Pause ruhigstellen konnte.

Keiner der zunächst schnell inspizierten Räume schien für seine Zwecke geeignet, doch als er die sechste Tür öffnete, blieb er abrupt stehen und blies überrascht die Luft aus, nachdem er einige Augenblicke lang den Atem angehalten hatte. Möglicherweise hatte er die scheinbar friedfertige Stimmung doch falsch eingeschätzt und die Festung barg ein dunkles Geheimnis.

Er stand im Eingang zu einer gigantischen Waffenkammer.

Ein Schritt durch die Tür führte ihn auf einen umlaufenden Gitterrost über einer weitläufigen Halle, die am Boden mit nach oben offenen Stellwänden in mehrere Abteilungen gegliedert war. Das Gittergerüst, auf dem er stand, durchzog ebenfalls die Halle und führte in zahlreichen abzweigenden Treppen in die unterschiedlichen Bereiche der Produktions- und Lagerstätten für Waffen der verschiedensten Art.

Der Trelf erkannte Rüstungen, Bögen, Äxte sowie eine Vielzahl von Schwertern und Dolchen. Andere Waffensysteme dagegen waren ihm gänzlich unbekannt, wirkten aber mindestens ebenso bedrohlich. Vermutlich handelte es sich um Fernkampfwaffen mit im Inneren verborgenen Abschussmechanismen.

Interessanterweise fanden sich auch einige Abteilungen mit verkleinerten Modellen. Nachdem er sich vergewissert hatte, dass die Halle wirklich leer war, so dass er diesmal wirklich niemandem begegnen würde, lief er zu einem zentralen Verteilerpunkt und stieg dort die Treppe hinab.

Nun konnte er die Objekte aus größerer Nähe betrachten und stellte verwundert fest, dass die meisten der Waffen in allen überschaubaren Bereichen für kleine Hände bemessen waren. Sollte hier eine Zwergenarmee ausgerüstet werden?

Als er noch näher kam, verwarf er diesen Gedanken wieder. Zwerge waren klein, aber stark. Und sie hatten im Allgemeinen keinen Sinn für halbe Sachen. Bei den Gegenständen in dieser Halle schien es sich jedoch samt und sonders um Übungswaffen zu handeln. Einige bestanden aus Holz, die meisten aber aus einem seltsamen, völlig unbekannten Material – jedenfalls aber nicht aus Metall. Aus unmittelbarer Nähe musste er allerdings auch diese Einschätzung noch einmal korrigieren:

Die Schwerter, Äxte, Schilde, Helme und Brustpanzer waren nicht nur extrem leicht; sie würden nicht einmal einem halbherzig geführten Hieb standhalten, selbst wenn dieser mit einer gleichartigen Waffe erfolgte. Das waren keine Übungswaffen, sondern bestenfalls Attrappen. Oder … Kinderspielzeug!

Er durchsuchte noch weitere Abteilungen der riesigen Halle, doch alles, was er fand, bestätigte die Erkenntnis, dass hier keine auch nur annähernd gebrauchstauglichen Waffen produziert und gelagert wurden, sondern ausschließlich Spielsachen für Kinderhände.

Ein letztes Mal ließ er die Augen von oben über die verschiedenen Sektoren schweifen, nachdem er den Gitter-Umlauf wieder erklommen hatte. Plötzlich blieb sein Blick an einer abgeteilten Ecke hängen, die sich von den übrigen deutlich unterschied. Dort fanden sich in Gestellen tatsächlich Waffen und Rüstungen in realistischer Größe und im Erscheinungsbild nicht einmal unähnlich denjenigen, die ihm in Erinnerungsfetzen irgendwie bekannt erschienen. Selbst manche der Rüstungen riefen in ihm alte Erinnerungen wach. So etwas kannte er aus Gefechten zwischen Elfen und Trollen.

Schnell sah er sich um und horchte nach draußen, aber nichts deutete darauf hin, dass sich die Halle kurzfristig wieder füllen würde. Anscheinend hatte er eine längere Pause erwischt, die ihm Gelegenheit gab, auch diese besondere Abteilung der ungewöhnlichen Waffenkammer zu inspizieren.

Schnell und lautlos näherte er sich der abgelegenen Abteilung. Immer wieder sah er sich um, aber da war niemand, der ihn hätte bemerken oder gar aufhalten können. Als er jedoch inmitten der scheinbar brauchbaren Waffen und Rüstungen stand, traf ihn die Enttäuschung wie ein körperlicher Schlag.

Nichts von alledem war echt!

Die Klingen der Schwerter, Säbel, Hellebarden, Äxte und auch die Brustpanzer, Arm- und Beinschienen – das alles enthielt nicht den geringsten Anteil Metall. Bis auf mittlere Entfernung sah es zwar noch danach aus, aber schnell hatte er mit geübtem Blick erkannt, dass sämtliche Klingen viel zu voluminös waren, um scharf sein zu können. Bei dem Versuch, eines der unhandlichen, überdimensionierten Breitschwerter anzuheben, hätte er beinahe eine ganze Reihe Schilde umgehauen, denn es ließ sich viel zu leicht bewegen. Eigentlich hätte das Schwert selbst für einen durchtrainierten Trollsoldaten viel zu schwer sein sollen, um schnell und kontrolliert geführt zu werden, aber es wog nicht einmal so viel wie ein gewöhnlicher Degen. Im ersten Moment hatte er noch gehofft, das liege vielleicht nur daran, dass diese Waffen aus einem ihm unbekannten, federleichten Material gefertigt waren, so dass sie trotz ihrer Größe mit umso tödlicherer Präzision zu führen waren. Doch außer einem einigermaßen stabilen, flexiblen Kern war nichts an ihnen hart oder zum Schärfen geeignet. Bestenfalls hätten sie sich für Übungskämpfe eignen mögen. Aber wozu dann der Aufwand, sie auf Entfernung wie echt erscheinen zu lassen?!

Es gab keinen Zweifel: Auch in dieser Ecke gab es – ebenso wie in der ganzen übrigen Halle und womöglich der gesamten Festung – nichts anderes als Spielzeug.

Angewidert stellte der Trelf das mannsgroße Schwert zurück. Als in zahllosen Schlachten erprobter Krieger (er wusste, dass er das war, auch wenn er sich an keine Einzelheiten erinnern konnte) hatte er die Ernsthaftigkeit des Krieges nie infrage gestellt. Er kannte den Schmerz, die Angst und den Triumph, aber so etwas wie Spaß hatte er beim Gedanken an kriegerische Auseinandersetzungen nie empfunden. Durch derartiges Spielzeug fühlte er sich verhöhnt und fühlte nichts als Verachtung für jene, denen es Freude bereiten sollte, in harmlosen Spielereien Schlachten zu schlagen, bei denen niemand auch nur verletzt werden konnte.

Dennoch überlegte er sich, dass das hier entdeckte Arsenal das Beste sein mochte, was er in dieser Umgebung finden konnte, um sich mit einer zumindest defensiv wirkungsvollen Bewaffnung auszustatten. Immerhin waren diese Objekte stabil genug, um dem Aufeinanderprallen in einer spielerischen Auseinandersetzung standzuhalten. So mochte ein Stab im Notfall auch zum Ablenken gegen einen ernsthaften Angriff durchaus tauglich sein und einen Gegner immerhin auf Abstand halten.

Nachdem er sich noch einmal kurz umgesehen hatte, wählte er einen Kampfstab mit kurzer, leicht geschwungener Klinge am Ende eines armlangen Schaftes und zog sich schnell wieder aus der seltsamen Waffenkammer in die Schatten der Gänge durch die Festung zurück.

6.

„Gottfried – Tür zu!“

Der 16jährige Junge verzog angesäuert das Gesicht. Seine Stimmung entsprach dem Tonfall seiner Mutter. Er lag auf dem Bett und hatte gerade per Fernbedienung seine Stereoanlage angeschaltet. Zugegeben, Death Metal war nicht jedermanns Sache – schon gar nicht die seiner

Eltern und erst recht nicht kurz vor Weihnachten. Aber er hatte gerade überhaupt keine Lust aufzustehen, um die Tür zu seinem Zimmer zu schließen. Also griff er nach einem Kissen und warf es mit Wucht gegen die Türkante. Allerdings hatte er den Winkel falsch eingeschätzt, so dass das Kissen die Tür knapp verfehlte und stattdessen das Regal traf, in dem er seine CD-Sammlung aufbewahrte. Die erste CD kippte, traf die ihr benachbarte und setzte eine Kettenreaktion in Gang.

Wie beim Domino-Day, dachte Gottfried einen Moment lang fasziniert, dann wurde ihm klar, was am Ende der Kette stehen würde: nämlich der Absturz etlicher wertvoller CDs, den zumindest deren Plastikhüllen kaum unbeschadet überstehen würden. Wie von einer Tarantel gestochen, sprang er auf und hechtete zum anderen Ende des Regals, prallte mit der Schulter gegen die Wand, rutschte daran herab und bemühte sich gleichzeitig, die herunter purzelnden CDs aufzufangen und so das Schlimmste zu verhindern. Die Schmerzen, als harte Plastikkanten ihm gegen Rippen und Schlüsselbein schlugen, nahm er gern in Kauf, wenn es ihm dadurch gelang, deren Sturz abzumildern. Und tatsächlich schien nichts zu Bruch gegangen zu sein, wie er, halb aufgerichtet liegend unter einem Berg von CDs schließlich feststellte.

„Gottfried?!“

„Jaaa – alles gut!“, rief er hinab, in der Hoffnung, dass niemand zu ihm heraufkommen würde, um nachzusehen, was das Gepolter zu bedeuten hatte. In dieser unwürdigen Position wollte er sich seinen Eltern keinesfalls präsentieren. Früher hätte es ihm nichts ausgemacht, aber in letzter Zeit hatte sich das unbeschwerte Verhältnis, das er bis dahin zu Mutter und Vater gehabt hatte, zunehmend angespannt. „Pubertät ist, wenn die Eltern plötzlich schwierig werden“, hatte er einmal gelesen und fand, dass das stimmte. Irgendwie kam es ihm so vor, als trauten ihm die Eltern, während er immer reifer und verständiger wurde, paradoxerweise immer weniger zu.

Mit dem Fuß stieß er die Tür zu und stand vorsichtig auf, darauf bedacht, nicht im Nachhinein durch Unachtsamkeit den mühe- und schmerzvoll verhinderten Schaden doch noch selbst zu verursachen.

Plötzlich erschien ihm die laute, wummernde Musik doch nicht mehr angemessen. Genau genommen hatte sich in den letzten Tagen allgemein eine vollkommen unweihnachtliche Aggressivität breit gemacht. Mit den Eltern hatte er kaum mehr ein ruhiges Wort gewechselt, in der Schule hatte sich auch trotz – im Rückblick eher halbherziger – Bemühungen des Lehrpersonals keine vorweihnachtliche Stimmung eingestellt und selbst mit seinen Freunden hatte er sich gestern ohne nachvollziehbaren Anlass gezofft. Nicht einmal auf dem Weihnachtsmarkt, an dem er heute Nachmittag entlang geschlendert war, waren ihm die freundlichen Gesichter begegnet, an denen er sich sonst in jedem Jahr erfreute. Statt besinnlicher Adventsstimmung gab es überall nur Stress, und das in einem Ausmaß, das sich nicht mehr durch die Hektik letzter eiliger Geschenkeinkäufe vor dem Fest erklären ließ.

Gottfried trauerte der unbeschwerten Vorfreude nach, die ihn in Kindertagen stets ergriffen hatte, wenn sich die Feiertage näherten. Ganz besonders erinnerte er sich des Wunschzettels, den er vor nun schon sieben Jahren an den Weihnachtsmann geschrieben hatte. Nichts anderes als „Weiße Weihnachten“ hatte er sich damals gewünscht, und tatsächlich war sein Wunsch erfüllt worden. Kurzzeitig hatte es am Heiligen Abend so ausgesehen, als stehe der Weltuntergang unmittelbar bevor, doch dann war die Stadt in einem fröhlichen Schneegestöber versunken, das alle trüben Gedanken vertrieben hatte. Und entgegen allen Wetterprognosen und regionalen Erfahrungen war seitdem seine Heimatstadt in jedem Jahr während der Weihnachtstage der einzig schneesichere Ort im ganzen Land.

Wie sehr wünschte er nun auch schon die weiße Pracht herbei, in der Hoffnung, sie werde endlich das Licht von Frieden und Freude zurückbringen. Aber irgendwie zweifelte er daran, dass sich der Weihnachtszauber auch diesmal wiederholen würde.

Er schaltete die Musik ab und wechselte auf einen Radiosender, wo die Stimme eines Moderators, schwankend zwischen Zweifel und Zynismus, einen Beitrag zur allgemeinen politischen Lage ankündigte:

„... will in diesem Jahr so gar keine Weihnachtsstimmung aufkommen. Weltweit ist die Atmosphäre geprägt von unterschwelliger Feindseligkeit. Eine ungewöhnliche Erklärung für dieses Phänomen hat die isländische Elfenbeauftragte ins Gespräch gebracht, die normalerweise dafür zuständig ist, dass beim Bau von Straßen und Häusern keine von Elfen, Feen und anderen Zauberwesen bewohnten Orte entweiht werden. Das mag seltsam klingen, aber das isländische Straßenbauamt nimmt tatsächlich regelmäßig ihre Dienste in Anspruch, und manche Straßenführung um heilige Hügel oder Haine herum geht auf ihre Beratung zurück. Aber nicht nur auf Island wird das 'Verborgene Volk' ernst genommen. Auch die niedersächsische Straßenbaubehörde hat schon auf eine eigene Elfenbeauftragte zurückgegriffen, um einen besonders unfallträchtigen Autobahnabschnitt zu 'entschärfen'. Jedenfalls hat jetzt das isländische Medium die ihr sonst eigene Zurückhaltung abgelegt und sich mit einem Aufruf an die Öffentlichkeit gewandt, sich in diesen Tagen ganz bewusst zur Ruhe zu zwingen und nicht auf aggressive Stimmungen einzulassen. Elfen und Trolle, sagt sie, rüsten zum Krieg; und das nicht nur in Island, sondern auf der ganzen Welt. Weil diese Wesen in einer 'feinstofflichen' Welt existieren, so ihre Erklärung, nehmen wir sie normalerweise nicht wahr, obwohl sie oft mitten unter uns leben, aber wie in einem sogenannten 'morphogenetischen Feld' soll die Konzentration ihrer derzeit hasserfüllten Gedanken sich auf uns übertragen. Auch die isländische Expertin kennt den Grund für diese Entwicklung nicht, ruft aber dazu auf, diesem Problem mit eigener, bewusster Friedfertigkeit zu begegnen, weil die Beeinflussung auf Gegenseitigkeit beruhe. Sie appelliert an ..."

Gottfried drückte den Aus-Knopf. Er schüttelte den Kopf. Solch ein haarsträubender Unsinn, dachte er. Aber andererseits wäre das ja vielleicht tatsächlich eine Erklärung für die kleinen und großen Streitigkeiten, die sich gegenwärtig überall ausbreiteten. Und wenn er an seinen Wunschzettel dachte ... Womöglich gab es ja wirklich mehr Dinge im Himmel und auf Erden, als die Schulweisheit sich träumen ließ.

Immerhin konnte es nicht schaden, wenn er sich auch auf eigene Initiative um eine friedliche Gesinnung bemühte. Er legte eine andere CD ein, die er soeben vor dem Absturz gerettet hatte. Die Hülle war schon ein wenig eingestaubt. Aber jetzt war das genau die richtige Musik. Gottfried lehnte sich zurück und lauschte dem Klang der Weihnachtsklassiker wie „Stille Nacht", „Oh du fröhliche ..." und „Gloria in excelsis Deo". Bei „White Christmas" geriet er ins Träumen und gewann mit „Leise rieselt der Schnee" neue Zuversicht, dass sich womöglich doch auch in diesem Jahr das reine Weiß einer weihnachtlichen Schneedecke über die Stadt legen und Frieden bringen würde.

7.

Vorsichtig schlich der Trelf durch den langen, schmalen Gang, der zur Kuppel am höchsten Punkt der Festung führte. Eine Kuppel am anderen Ende des Gebäudes als dem, wo er angekommen war. Durch mehrere Fenster hatte er sie auf seinem Weg durch das gigantische Bauwerk im ewigen Eis sehen können. Fast eine Spiegelung der Transporterkuppel, erhob sie sich gegenüber dem zugehörigen Turm. Doch im Gegensatz zu jenem, lief die Spitze dieses Turms in eine langgezogene, geschwungene Rampe aus, die im Nichts endete, wie ein Sprungbrett in die Weiten der eisigen Ödnis – oder in den klaren Sternenhimmel der polaren Nacht, die seit seiner Ankunft nur zweimal von einem blassen Anflug von Dämmerung angekratzt worden war, ohne dass sich die Sonne je selbst gezeigt hätte. Nur die Polarlichter waberten wie bunt leuchtende, transparente Vorhänge am Himmel, bereit, ihre Schleier zum Beginn des nächsten Aktes im Drama seiner Flucht ins Ungewisse zu lüften.

Schließlich erreichte er die Tür zur Kuppel. Misstrauisch blickte er sich noch einmal um. Aber niemand war zu sehen. Bis zu diesem Moment hatte er daran gezweifelt, dass sich die Flucht tatsächlich so problemlos gestalten würde, wie es nach den belauschten Gesprächen den Anschein hatte. Aber er war ohne Schwierigkeiten bis hierhin gekommen. Und auch jetzt war weit und breit niemand zu sehen.

Inzwischen hatte er den Plan wieder aufgegeben, sich die zur Flucht erforderlichen Informationen gewaltsam zu verschaffen. Kaum hatte er seinen spitzen Ohren getraut, als er während seiner verzweifelten Suche nach einem Ausweg aus der einsamen Festung im ewigen Eis Gespräche vorbei schlendernder Elfen mitangehört hatte, die ihm die nahezu perfekte Fluchtmöglichkeit auf einem silbernen Tablett zu präsentieren schienen.

„Zur nächsten Dämmerung will Santa also den Schlitten ausprobieren“, hatte eine Elfe verständnislos zur anderen gesagt. „Das hat er doch noch nie gemacht. Ich kann mich auch nicht erinnern, dass es damit jemals Probleme gegeben hätte. Es heißt, er hätte den Schlitten selbst gebaut. Ist schon ein Wunderwerk, das es ihm ermöglicht, in nur einer Nacht an jeden Ort der Welt zu kommen und dort auch noch Geschenke abzuwerfen. Traut er seiner eigenen Konstruktion plötzlich nicht mehr?“

„Doch, sicher“, hatte die andere geantwortet. „Aber man munkelt von seltsamen Geschehnissen hier vor Ort. Angeblich soll mit dem Transporter etwas nicht in Ordnung sein. Und da will er sich eben vergewissern, dass zumindest der Schlitten einwandfrei funktioniert. Schließlich ist schon in ein paar Tagen Weihnachten, und da darf nichts schiefgehen.“

„Aber warum macht er dann davon so viel Aufhebens?“, wunderte sich die erste wieder. „Verunsichert er so nicht überhaupt erst alle?“

„Das könnte man sich tatsächlich fragen“, dozierte die andere. „Aber angesichts dieser Gerüchte – du weißt schon: ein Eindringling oder was auch immer – möchte er uns vielleicht eher damit beruhigen, dass er nach wie vor alles im Griff hat. Deshalb hat er das wohl allgemein verlauten lassen. Und wenn sich irgendwie herumspricht, dass er die Festung verlässt, soll es nicht wie eine Flucht aussehen."

„Flucht? Santa?" Die Elfe, die das Gespräch begonnen hatte, lachte. „Ich hatte bisher nicht den Eindruck, dass er jemals vor irgendetwas Angst gehabt hätte!"

„Außerdem ist er so ein liebenswürdiger alter Mann", fügte die andere hinzu. „Wer sollte ihm schon etwas antun wollen?"

„Aber manchmal auch tough", sagte die erste.

„Manchmal auch tough", bestätigte die zweite. Beide lachten.

Dann waren sie vorbei. Aber der Trelf hatte für's Erste genug gehört. Es gab also hier irgendwo ein Gefährt, mit dem man in kürzester Zeit jeden beliebigen Ort erreichen konnte. Perfekt dazu geeignet, ihn wieder in bekannte Gefilde zu transportieren. Allerdings würde er dieses Objekt noch finden und sich mit seiner Bedienung vertraut machen müssen, um davon profitieren zu können. Aber auch dieses Problem schien lösbar zu sein, wenn er dem glauben konnte, was er weiteren Unterhaltungen zwischen den Elfen entnahm, bei denen der außerordentliche Schlittentest das Gesprächsthema Nummer Eins zu sein schien. Demnach wurde der Zauberschlitten von acht besonderen Rentieren gezogen, die ihn, einmal angeschirrt, auf einfachen Zuruf in Windeseile an den Bestimmungsort bringen konnten. Allerdings behielt sich Santa, der geheimnisvolle Leiter der Einrichtung, vor, als Einziger das Privileg des Schlittenführers zu genießen. Aber die Elfen spekulierten gern darüber, ob nicht jeder, der im Schlitten saß, den Rentieren ihr Ziel nennen könne, und einige behaupteten, davon gehört zu haben, dass Santa in großzügigen Momenten doch auch schon hin und wieder besonders verdiente Elfen hatte „mal eine Runde drehen" lassen.

Diesmal hatte Santa aber klare Instruktionen gegeben: Die Rentiere sollten bereits am Abend vor der Testfahrt im Vorraum der Startrampe an den Schlitten geschirrt werden, wo er, Santa, in Ruhe alles inspizieren und dabei unter keinen Umständen gestört werden wollte. Erst nach seiner Rückkehr, die gegen Mittag erwartet wurde (soweit diese Zeitangabe in der dauerhaften Polarnacht irgendeinen Sinn ergab), würde er wieder für Anliegen der Elfen zur Verfügung stehen.

Der Trelf rieb sich die Hände. Besser konnten die Voraussetzungen für seine Flucht nicht sein. Nur eine Tür trennte ihn noch von der perfekten Möglichkeit, diesem seltsamen Ort ein für alle Mal den Rücken zu kehren. Eine Tür und ein harmloser, gutmütiger alter Mann.

*

Als sich die Klinke langsam senkte und die Tür vorsichtig aufgeschoben wurde, stahl sich unter dem dicken, weißen Bart ein zufriedenes Lächeln auf die Züge der fülligen Gestalt im rot-weißen Kostüm, die unter der weiten Glaskuppel auf einem gemütlichen Sessel neben der Startbox mit dem Schlitten und den davor gespannten Rentieren geduldig gewartet hatte. Gleich würde die sorgsam gelegte Falle zuschnappen.

Keinen Moment hatte er daran gezweifelt, dass der Eindringling sich die Gelegenheit, der weihnachtlichen Festung mithilfe des Schlittens zu entkommen, nicht entgehen lassen würde. Das Wesen, das sich über zwei Tage hinweg nach seiner offenbar unbeabsichtigten Ankunft erfolgreich hatte verborgen halten können, musste ein geschickter Stratege sein. Nur eine einzige Sichtung hatte Santa rekonstruieren können, und die war wenig hilfreich, weil der alte Elf aus der Zuckerbäckerei aufgrund seiner Kurzsichtigkeit den Fremden nur schemenhaft wahrgenommen und für Santa selbst gehalten hatte. Danach hatte der geheimnisvolle Doppelgänger nur an wenigen Orten Spuren in Form gestohlener Gegenstände hinterlassen und es geschickt vermieden, irgendwem aufzufallen. Er schien verwirrt zu sein, aber umsichtig. Und er schien keinen erkennbaren Plan zu verfolgen. Wenn er also unabsichtlich hier gelandet war, wollte er wohl möglichst schnell wieder verschwinden, dabei aber jeden Kontakt zu den Bewohnern der Weihnachtsburg vermeiden. Aus den Gesprächen der geschwätzigen Elfen musste er erkannt haben, dass man seiner Anwesenheit und seiner Ankunft im Transporter gewahr geworden war. Dorthin würde er also kaum zurückkehren wollen, zumal er nicht erwarten konnte, damit wieder an den Ort seiner Herkunft zurück zu gelangen. Einfach nur irgendwo die Festung im Erdgeschoss durch einen Ausgang zu verlassen und zu Fuß über die Eiswüste des Nordpols zu fliehen, konnte bestenfalls eine Notlösung sein. Wieviel besser musste da die Option aussehen, mit einem Zauberschlitten zu fliehen, für dessen Zugang er nur einen einzelnen alten Mann zu überwinden hatte!

Das Lächeln des Bärtigen wurde breiter. Wenn es darum ging, jemanden in Versuchung zu führen, gab es niemanden, der ihm das Wasser reichen konnte.

Zuerst drang aus dem zuführenden Korridor nur ein schmaler Lichtstreifen auf den Boden der großen, runden Fläche unter der halbkugelförmigen Glasdecke in der unbeleuchteten Kuppel. Während die Tür sich allmählich öffnete, verbreiterte sich die zunächst scharfe helle Linie zu einem dreieckigen Streifen, der immer größer wurde, bis sich auf dem glatten Boden im Licht der halb geöffneten Tür scharf die Umrisse einer kräftigen Gestalt mit Pelzkragen und Zipfelmütze abzeichneten.

*

Lautlos betrat der Trelf den Raum, in dem der Schlitten mit den ruhig davor stehenden Rentieren als dunkle Silhouette vor dem glitzernden Sternenhimmel erkennbar war. Gerade wollte er die Tür wieder ebenso lautlos schließen, da dröhnte eine tiefe, sonore Stimme durch die Kuppel.

„Ho, ho, ho! Herzlich willkommen, ungebetener Gast. Du wirst doch wohl nicht etwa meinen Schlitten stehlen wollen."

*

Eine Falle! Der Trelf zuckte zusammen, schaltete aber sofort in den Verteidigungsmodus um. Krachend warf er die Tür ins Schloss, zog einen keilförmigen Holzklotz aus der Tasche an seinem Gürtel, den er sich eigens für so einen Fall in einer Werkstatt ausgesucht und zurechtgelegt hatte. Mit dem Klotz verbarrikadierte er die Tür, um eventuellen Verfolgern ein schnelles Eindringen zu erschweren. Sein flüchtiges Sondieren der Lage, bevor er die Kuppelhalle betreten hatte, hatte ergeben, dass er hier mit dem alten Mann und dem Rentierschlitten allein war. Und selbst wenn dieser Alte vielleicht nicht ganz so hilflos war, wie er zunächst vermutet hatte, war er immer noch zuversichtlich, ihn überwinden zu können, wenn ihm nur genügend Zeit bliebe.

Klap. Klap. Klap.

Der Weihnachtsmann hatte sich aus seinem Sessel erhoben, klatschte aufreizend langsam in die behandschuhten Hände und schritt gemächlich auf den Trelf zu.

„Bravo. Gut reagiert. Damit gibt es jetzt hier nur uns beide und den Schlitten. Aber wenn du den erreichen willst, musst du zuerst an mir vorbei."

*

Santa musterte den Fremden amüsiert. In dem Kostüm und mit der (inzwischen etwas in sich zusammengefallenen) Zuckerwatte im Gesicht hatte er tatsächlich eine gewisse Ähnlichkeit mit ihm selbst – auf größere Entfernung. Aber aus der athletischen Statur und aus jeder kleinsten, effizienten Bewegung sprach der durchtrainierte und erfahrene Krieger.

So verlor er – zu Santas Bedauern – auch jetzt keine Zeit mit nutzloser Konversation. Mit einem knappen Zucken schwang er den Sack von der Schulter, löste das Band, das ihn verschloss, und zog einen halblangen Kampfstab mit kurzer, gebogener Klinge an der Spitze heraus, den er wohl aus der Abteilung für Live-Rollenspiele hatte mitgehen lassen: Zwergen-Naginata stellte Santa mit Kennerblick fest. Eigentlich eine Langwaffe aus dem japanischen Mittelalter, hier allerdings in einer Größe, die sich in dem Sack hatte verstauen lassen. Und besser geeignet für einen Nahkampf, der innerhalb der Festung zweifellos wahrscheinlicher war als eine Situation, in der man sich gegen berittene Gegner würde verteidigen müssen. Gut gewählt, dachte er anerkennend. Auch wenn die Kuppelhalle durchaus genügend Platz für den Einsatz eines richtigen Naginata geboten hätte.

Was allerdings den Eindringling veranlasst hatte, eine gepolsterte Spielzeugwaffe mitzunehmen, wollte sich Santa nicht erschließen. Auch ein geübter Krieger würde damit gegen eine echte Klinge nicht viel erreichen können. Bestenfalls ein Schwert ablenken und den Gegner ein wenig auf Abstand halten. Santa seufzte. Was auch immer der Elfen-Troll-Bastard sich dabei gedacht hatte – er sollte einen Kampf auf Augenhöhe bekommen. Zumindest zunächst einmal. So würde es jedenfalls erheblich mehr Spaß machen.

Der Weihnachtsmann griff über die Schulter auf seinen Rücken und holte dort einen aus dem Nichts materialisierten Ork-Säbel hervor. So, als habe er ihn schon die ganze Zeit über in Erwartung eines Zweikampfs auf den Rücken geschnallt getragen. Während er eine abwartende Kampfstellung einnahm, beobachtete er den Fremden aufmerksam. Ohne den Blick von seinem Widerpart zu wenden, griff dieser noch einmal in den Sack und holte daraus irgendein Knäuel hervor, das er hinter seinem Rücken in den Gürtel stopfte. Im Dämmerlicht der arktischen Nacht konnte Santa nicht erkennen, worum es sich handelte. Was immer es aber sein mochte, in dem bevorstehenden Zweikampf würde es keine wesentliche Rolle spielen, musste dem Fremden aber wichtig genug sein, es unter allen Umständen mitnehmen zu wollen.

Dann ergriff der Eindringling den Stiel seiner Waffe mit beiden Händen und tat einen Schritt auf den Schlitten zu. In genau dieser Richtung hatte sich aber inzwischen Santa positioniert und gab mit seiner Haltung deutlich zu erkennen, dass er gewillt war, dem Fremden den Zugang zu der Fluchtmöglichkeit notfalls mit Gewalt zu verwehren.

*

Das Verhalten des Herrn dieser Festung gab dem Trelf Rätsel auf. Offenbar hatte der Alte ihn erwartet. Wahrscheinlich hatte er ihn sogar bewusst hierher gelockt. Aber dennoch war er allein statt in Begleitung einer Garde, die ihn beim Ergreifen des Eindringlings hätte unterstützen können. Vielleicht, weil er befürchtet hatte, der vorsichtige Trelf hätte sonst die Falle erkannt und im letzten Moment zurückschrecken können. Aus diesem Grund waren wohl auch tatsächlich Schlitten und Rentiere, wie angekündigt, präsent und bereit. Nun – wie auch immer – das war alles, worauf es dem Trelf ankam. Er war bereit. Und vorsichtig. Die ungetrübte Zuversicht dieses „Santa", im Alleingang mit dem Eindringling fertig werden zu können, nahm er nicht auf die leichte Schulter. Er hatte – dessen war er sich sicher, obwohl die Erinnerungen nur sehr verschwommen vor seinem geistigen Auge vorbeizogen – schon viele tüchtige Krieger sterben sehen, nur weil sie einen vermeintlich hoffnungslos unterlegenen Feind unterschätzt hatten.

Wirklich überrascht hatte es ihn allerdings, dass der echte Santa auch nur über ein Spielzeugschwert zu verfügen schien. Vielleicht gab es in dieser so überaus friedvollen Anlage tatsächlich keine richtigen Waffen.

Sei's drum. Er hatte ein klares Ziel vor Augen und einen ebenso klaren Plan, wie er es erreichen würde. Und wenn er sich dafür auf einen Waffengang mit dem rundlichen, lachenden Bartträger einlassen musste, dann sollte es eben so sein.

Der Trelf tat einen weiteren Schritt nach vorn und begann zu laufen, die Waffe im Anschlag.

*

Santa frohlockte innerlich. So viel Spaß hatte er nicht mehr gehabt, seit er sich vor sieben Jahren mit seinen ehemaligen Engelskollegen geprügelt hatte, die ihn daran hatten hindern wollen, den Weihnachtswunsch eines kleinen Jungen zu erfüllen.

Souverän lenkte er mit dem Säbel den Angriffsschlag des Fremden ab, als dieser versuchte, an ihm vorbeizukommen, und blockierte zugleich mit einem Seitschritt weiter den Weg zum Schlitten.

In einem furiosen Wechselspiel trafen die Waffen gleich mehrfach aufeinander. Der Fremde ließ sich nicht zurückdrängen, konnte aber auch selbst nicht weiter an Boden gewinnen. Santa achtete peinlichst darauf, den Weg zum Schlitten für keinen Augenblick freizugeben.

Wieder griff der Fremde mit einer Schlag- und Stichkombination an, deren Abwehr Santa alle Konzentration abforderte. Eben rechtzeitig hob er das Bein an, das der Fremde ihm mit dem unbewehrten Ende seines Stabes wegfegen wollte. Hätte er ihn zu Fall bringen können, dann wäre der Weg zum Schlitten frei gewesen.

Schlau!, dachte Santa anerkennend. Er verliert sein eigentliches Ziel auch im Kampf nicht aus den Augen.

Dann musste er sich ducken, um einem Schlag mit der Klingenseite zu seinem Kopf zu entgehen. Knapp brachte er den Kopf selbst aus der Gefahrenzone, aber die Mütze würde ihm wohl vom Haupt gewischt werden. Der Bursche war wirklich geschickt und verdammt schnell!

Als er wieder hoch tauchte, trug er die Mütze immer noch, aber deren Spitze mit dem weißen Bommel war von der Klinge des Angreifers säuberlich abgetrennt worden.

Verdammt!, dachte Santa. Wie hat er das gemacht? Die Waffen sind stabil, aber doch nicht scharf!

Leider hatte er zunächst einmal keine Zeit, weiter darüber nachzudenken, wie es dem Trelf gelungen sein mochte, das harmlose Rollenspiel-Naginata in eine rasiermesserscharfe Klingenwaffe zu verwandeln, denn aus allen Richtungen prasselten weiter die Hiebe auf ihn ein, und er hatte Mühe, alle abzuwehren oder ihnen auszuweichen.

Irgendwann hatte er dann doch genug. Während der rasende Angreifer die Waffe an seinem Rücken vorbei schwang, um sie dort irgendwie umzulenken und dann aus einer unvorhergesehenen Richtung aufblitzen zu lassen, erschuf Santa um sich herum eine Zeitblase, die ihn selbst beschleunigte, während alles in seiner unmittelbaren Umgebung wie in Zeitlupe ablief.

Ein fieser Trick, gab er vor sich selbst zu. Eigentlich wäre es Beelzebubs Domäne gewesen, sich in eine Fliege zu verwandeln – oder zumindest so schnell reagieren zu können. Aber der Zweck heiligt die Mittel. Obwohl – heilig?! Egal! Der Sieg heiligt die Mittel!

Santa holte aus und schlug dem Angreifer die Breitseite der weich gepolsterten Säbelklinge mit dem stabilen Kern mit solcher Wucht vor den Wanst, dass es klatschte wie eine schallende Ohrfeige und der Getroffene mehrere Mannslängen zurückgeworfen wurde.

*

Der Treffer kam absolut überraschend. Dem Trelf war schnell klar geworden, woher die Zuversicht seines Gegners rührte. Der Herr dieser Festung mochte alt und übergewichtig sein, aber er war der härteste Brocken, mit dem er es je zu tun bekommen hatte – dessen war er gewiss, auch wenn die Erinnerungen an das Leben (oder waren es mehrere?) vor seiner Ankunft nach wie vor hinter einem verwirrenden Schleier verborgen lag. Seine Gewandtheit und Kraft sprachen seinem harmlosen Äußeren Hohn, und die Spielzeugwaffe wurde in seinen Händen zu einer ernst zu nehmenden Bedrohung. Auch wenn er den rundlichen Verteidiger des Zauberschlittens mit der scharfen Klinge zweifellos überrascht hatte, die er, zusammen mit schnell härtendem Klebstoff, aus einer Bastelwerkstatt entwendet und unauffällig in die Naginataschneide eingebettet hatte.

Aber den Hieb, der ihn frontal getroffen und umgeworfen hatte, hatte er nicht einmal kommen sehen. So schnell konnte niemand sein, weder Elf noch Troll noch Mensch!

Er rollte sich über die Schulter ab und kam wieder auf die Füße, schüttelte sich kurz und orientierte sich neu. Zu weit entfernt für einen schnellen Konter, aber auch für ein Nachsetzen seines Gegners. Dem aber schien auch eher an einer kurzen Pause gelegen zu sein, denn er richtete sich gemächlich auf und hob den Säbel wieder in eine stabile Abwehrposition.

„Hut ab!", sagte der Dicke bewundernd und zog sich die nach oben offene Zipfelmütze vom Kopf. „Ein sauberer Schnitt."

Dann warf er die Mütze achtlos beiseite und begann zu grinsen.

„Aber wenn du lieber mehr Ernsthaftigkeit in das Spiel bringen willst, meinetwegen. Wenn schon, denn schon. Machen wir's richtig!"

Bei diesen Worten zog er die Fäustlinge aus und strich mit der bloßen Hand über seinen Säbel, der plötzlich zu glänzen begann wie poliertes Metall. Dann klopfte er einmal mit den Knöcheln dagegen. Am Klang erkannte der Trelf entgeistert, dass sich die Klinge seines Gegners unter dessen Hand in harten, messerscharfen Stahl verwandelt hatte. Eigentlich war eine solche Waffe aus echtem Metall viel zu schwer und unhandlich, um schnell und sicher kontrollierbar zu sein. Aber die Art, wie der Weihnachtsmann den Säbel spielerisch aus dem Handgelenk drehte, ließ keinen Zweifel aufkommen, dass er sehr wohl damit umzugehen verstand.

„Aber wir wollen fair bleiben“, lachte der Bärtige. „Also werde ich auch deinem Spielzeug ein kleines Upgrade zuteilwerden lassen.“

Er wischte einmal mit der Hand vor sich durch die Luft, und im selben Moment spürte der Trelf, wie sich das Material des Stabes unter seinen Händen in mit Leder umwickeltes Holz verwandelte, wie der Stab selbst auf angemessene Naginata-Länge wuchs und er sah, wie seine Klinge nun auch zu reinem, blankem Stahl wurde.

„Weißt du was“, sagte Santa jovial. „Du hast mich beeindruckt. Und dir verdient, zu sehen, mit wem du es wirklich zu tun hast.“

Dann vollzog sich auch mit dem rundlichen, pausbäckigen Mann eine Verwandlung. Während der Bauch an Umfang verlor, wurden die Schultern immer breiter, Brustkorb und Arme schwollen geradezu an, der Kopf zog sich in die Länge, das Kinn wurde spitz, der Bart klein und schwarz, und aus der Stirn wuchsen zwei gewundene Hörner. Gleichzeitig nahm die Haut eine tiefrote Farbe an, und bevor der Trelf sich versah, stand er einem leibhaftigen, Ehrfurcht gebietenden, grimmigen Dämon gegenüber.

*

„Dann lass es uns nun beenden“, seufzte Satan. „So viel Spaß es auch macht – ich denke, wir haben schon zuviel Zeit mit diesem Geplänkel vertrödelt, während sich da draußen überall die Heere von Elfen und Trollen zum letzten Gefecht versammeln und ihr angestauter Zorn schon aus der feinstofflichen Welt in die der Menschen übergreift.“

Noch einmal wirbelte er die schwere Säbelklinge um sein Handgelenk. Dann machte er sich bereit zum Angriff.

*

Doch der Trelf hatte andere Pläne. Spätestens die magische Umwandlung der Waffen und die Gestaltwandlung hatte ihn endgültig davon überzeugt, dass er gegen diesen Gegner nicht gewinnen konnte. Aber er durfte sich auch nicht gefangen nehmen oder töten lassen. Nicht nach dem, was er soeben gehört hatte: Aus irgendeinem Grund war der ewige Konflikt zwischen Elfen und Trollen weltweit eskaliert und stand vor der Entscheidungsschlacht – oder vielen Entscheidungsschlachten an verschiedenen Orten. Auch wenn er noch keine klare Vorstellung davon hatte, auf welche Weise, so verstand er doch mit glasklarer Sicherheit, dass er in diesen Krieg würde eingreifen müssen. Und ahnte, dass er eine Schlüsselrolle spielen konnte.

Nachdem er die Atempause dazu genutzt hatte, sich ein klares Bild von der Situation unter der Kuppel zu machen, wusste er, was zu tun war.

*

Obwohl Luzifer den Kampf gern noch ein wenig länger ausgekostet hätte, hatte er seine Worte ernst gemeint. Die letzten Meldungen, die ihn erreicht hatten, waren erschreckend. Während hier die Vorbereitungen für das große alljährliche Friedensfest auf Hochtouren liefen, drohte die Stimmung in der Welt vom friedlichen Vorweihnachtsgefühl in Chaos, Krieg und Tumult umzuschlagen. Statt Frieden zu verkünden, hatte jemand, der sich als einer von Santas Abgesandten ausgegeben hatte (und er hatte nunmehr keinen Zweifel mehr, wer das gewesen sein mochte), eine Lawine losgetreten, die zu einer allgemeinen Mobilmachung unter allen Elfen- und Trollgemeinschaften über den gesamten Globus geführt hatte. Während sich die verschiedenen Völker bisher gegenseitig weitgehend in Ruhe gelassen hatten, schienen sie irgendwie nur darauf gewartet zu haben, dass das Feuer alten Hasses von Neuem entfacht wurde. Und diesen Schwelbrand hatte der falsche Abgesandte nun ausgehoben und Feuer an eine Lunte gelegt, die eine von einer Gesellschaft des Alten Volks zur nächsten reichende Kette von Pulverfässern miteinander verband. So stark eskalierte der aufgestaute Hass, dass er sich von den Vertretern der Alten Völker in der feinstofflichen Welt, die sonst nur in seltenen Ausnahmefällen oder für besonders empfindsame Gemüter in der Welt der Menschen spürbar wurde, nun auf die Stimmung unter den Menschen übertrug und auch dort in blutige Konflikte auszuarten drohte, wenn dem kein Riegel vorgeschoben wurde.

Der Weihnachtsfriede war in ernsthafter Gefahr, und Santa/Luzifer musste schleunigst etwas dagegen unternehmen.

„Also, gehen wir's an!“, wiederholte er und machte eine auffordernde Geste, die er vor längerer Zeit in einem Bruce-Lee-Film gesehen zu haben meinte.

Aber wieder wurde er überrascht. Ohne den Blick von seinem Gegner zu wenden oder seine Deckung zu vernachlässigen, hob der Fremde den linken Fuß an und streifte mit der Hand den Stiefel ab. Dann wechselte er den Griff an der Waffe und wiederholte dasselbe auf der rechten Seite.

„Na schön", höhnte Luzifer gelangweilt. „Ich habe Soldaten gekannt, die unbedingt in ihren Stiefeln sterben wollten. Bei dir scheint es umgekehrt zu sein. Aber meinetwegen. Nur lass uns jetzt endlich zur Sache kommen."

*

Der Trelf blieb vollkommen ruhig. Barfuß spürte er den unmittelbaren Kontakt zum Boden. Das fühlte sich gut an. Aber die Stiefel hatte er aus einem anderen Grund ausgezogen.

Er schätzte die Entfernung zum Schlitten ab. Durch den Schlag mit dem flachen Säbel war er zwar buchstäblich ein Stück weit zurückgeworfen worden, zugleich aber auch zur Seite, so dass auch der Dämon nicht mehr in direkter Linie zwischen ihm und seinem Ziel stand. Ein paar schnelle Schritte und es sollte reichen …

Er fixierte Santa und setzte zum Spurt an, scheinbar direkt auf den Gegner zu. Dann begann er das Naginata wie zur Vorbereitung auf einen Sturmangriff über dem Kopf zu wirbeln und setzte sich in Bewegung. Nach dem ersten Schritt aber spießte er mit dem stumpfen Ende des Naginata in einen Stiefelschaft, gab dem schweren Lederschuh Schwung und schleuderte ihn in hohem Bogen mit Wucht gegen den Hebel neben der Box, in welcher der Schlitten startbereit darauf wartete, dass sich die Bodenklappe herabsenken und den Weg zur Abflugrampe freigeben würde. Und genau das geschah, nachdem der Stiefel den gut geölten Hebel umgelegt hatte.

Mit der Hand griff er im Laufen nach dem zweiten Stiefel, brachte das Naginata in eine gerade Linie und schleuderte es wie einen Speer, mit der scharfen Klinge voran, auf Santa, der, um der Waffe auszuweichen, kurz im Lauf innehalten musste. Das verschaffte dem Trelf gerade genügend Zeit, um das lange Seil, das er hinter sich in den Gürtel gesteckt und zuvor über einen Karabiner damit stabil verbunden hatte, hervorzuholen und die vorbereitete Lassoschlinge über einen Knauf an der Gepäckablage des Schlittens zu werfen. Der zweite Stiefel traf kurz danach das Leitrentier wie ein Tritt am Hinterteil, worauf es sich aufbäumte und losrannte. Die anderen Rentiere folgten sofort dem Startsignal, begierig, endlich das lange Warten zu beenden und den Ausritt zu beginnen.

*

Ungläubig sah Luzifer zu, wie der Schlitten Fahrt aufnahm, das Seil sich spannte und der Fremde mit einem heftigen Ruck hinterher gerissen wurde. Bevor er irgendetwas tun konnte, sauste der Schlitten hinaus in die sternklare Polarnacht, den Elfentroll am Seil wie einen Wimpel hinter sich her ziehend.

Kopfschüttelnd sah er den Schlitten als winzigen Punkt zwischen den Sternen verschwinden.

„Ich kann's nicht glauben“, murmelte er fassungslos. „Der Kerl hat mich 'reingelegt. Mich!“

8.

Aus dem Augenwinkel sah der Trelf, wie sich die Plattform absenkte, auf der Schlitten und Rentiere standen. Zügig, aber dennoch sanft, öffnete sich der Spalt im Boden und die Klappe sank herab, bis sie als schräge Ebene nahtlos so mit der darunter liegenden Rampe verschmolz, dass der Schlitten ruckfrei würde hinaus gleiten können. Der glatte Boden, der dem Schlitten ein flüssiges Gleiten gewährleisten konnte, bot den Hufen der Rentiere gerade soviel Halt, dass sie nicht unfreiwillig abrutschten. Die Tiere, an den Vorgang gewöhnt, blieben ganz ruhig. Bis der Stiefel ihren Anführer traf.

Gerade als Bewegung in die Tiere kam, begann auch Santa, nachdem er die auf ihn geworfene Lanze abgewehrt hatte, ebenfalls wieder los zu sprinten, um dem Trelf den Weg abzuschneiden. Doch bevor er ihn erreichen konnte, spürte der Trelf einen heftigen Ruck um die Taille, als sich das Seil spannte, das er beim Verstauen mit schnellem Griff sicher mit einem Karabiner am Gürtel befestigt hatte. Er wurde herumgerissen und ein kleines Stück weit wie eine Blechdose am Heck eines Hochzeitswagens nach der Trauung holpernd über den Boden geschleift, bis der Schlitten von der Rampe glitt und ihn am straffen Seil auf geradem Weg hinter sich her zog.

Er trudelte am Seil wie ein Propeller, Arme und Beine ausgestreckt, um zu verhindern, dass der Gürtel an seinem Körper entlang rutschen und er aus dem einzigen Halt glitschen konnte, der ihn vor einem tiefen Fall auf die Eisfläche bewahrte. Verzweifelt versuchte er, das Seil mit den Händen zu fassen und verfluchte sich mehrfach, es nicht vorn an der Schnalle, sondern am Rücken befestigt zu haben. In dem Fall hätte Santa jedoch seine Absicht vielleicht durchschaut und der Überraschungseffekt wäre verloren gewesen. So aber war er immerhin entkommen.

Der Schlitten gewann immer noch weiter an Höhe, als der Trelf das Seil endlich zu fassen bekam. Sofort hangelte er sich Hand vor Hand daran entlang. Er musste den Schlitten erreichen, ehe die Anstieg- und Beschleunigungsphase beendet war. Tatsächlich schaffte er es, bevor die führerlosen Rentiere im Lauf innehielten und er wie ein nasser Sack herabgebaumelt wäre. Er ergriff das Geländer der Gepäckablage am Heck des Schlittens, wuchtete sich herauf und schaffte es mit wenigen Schritten auf den Kutschbock, immer darauf bedacht, den Halt zu keinem Zeitpunkt zu verlieren. Dort zurrte er sich mit einigen schnellen Schwüngen des Seils auf dem Sitz fest, erlaubte sich aber keinen Augenblick der Muße.

Denn nun hatte er ein weiteres Problem: Die Rentiere – das hatte er den Gesprächen der Weihnachtselfen entnommen – reagierten auf den Wunsch des Fahrers und brachten diesen gedankenschnell an jedes beliebige Ziel. Was er aber nicht wusste, war, wie dieser Wunsch geäußert werden musste. Verstanden die Tiere Kommandos womöglich nur in einer Sprache, die er nicht beherrschte? Würden sie überhaupt Befehle von ihm entgegennehmen? Und schließlich: Wo wollte er eigentlich hin?

Wenn er recht verstand, war er zweimal durch ein Dimensionstor gereist. Gut möglich, dass seine Welt eine ganz andere war als die, in der er sich jetzt befand? Gut möglich, dass der Zauberschlitten ihn nur innerhalb dieser Welt würde transportieren können.

Doch auch hier gab es für ihn genug zu tun. Und wahrscheinlich Dringlicheres. In seiner Welt währte der Zwist zwischen Trollen und Elfen schon seit Ewigkeiten, aber die Zahl der Opfer hielt sich in Grenzen. Und daran dürfte sich in den letzten Tagen kaum viel geändert haben. Hier aber drohte ein langjähriger Waffenstillstand nicht einfach nur zu brechen. Er schien vielmehr von einem Tag zum anderen weltweit in einen brodelnden Krieg umzuschlagen, in dem die Heere beider Parteien einander zur ultimativen Entscheidungsschlacht gegenüberstanden. Und irgendwie hatte das wohl auch alles mit ihm zu tun.

Der Trelf musste dringend etwas unternehmen, wenn ihm auch noch nicht klar war, was genau er tun konnte. Und wo er beginnen sollte. Eigentlich müsste er an allen Kriegsschauplätzen gleichzeitig sein.

*

Nachdem sich der erste Schreck gelegt hatte, verlangsamten die Rentiere ihren Flug. Rudolph, das Leittier, hatte den Lauf gebremst, den er in Reaktion auf den unerwarteten Tritt panisch begonnen hatte. So etwas hatte er noch nie erlebt. Seine glutrote Nase leuchtete zornig. (Um die Legende zu erfüllen, hatte Santa lange vergeblich nach einem rotnasigen Rentier gesucht und schließlich doch seine Zauberkräfte einsetzen müssen.) Nun standen die acht fliegenden Rentiere mit dem Zauberschlitten des Weihnachtsmanns führerlos am arktischen Nachthimmel, über ihnen die Sterne, unter ihnen eine ausgedehnte Eiswüste und neben ihnen – wie ein bunt wabernder Korridor – die Nordlichter. Ihr Passagier schien keinerlei Plan oder Ziel zu haben. Nur wirre Gedankenfetzen drangen durch zu ihren Navigationssensoren.

Aber plötzlich stand eine Zielangabe klar im Raum: Sämtliche Kampfschauplätze der Elfen- und Trollheere.

Unverzüglich lief ein Programm an, das, schon vielfach bewährt, Santa in den vergangenen Jahren die Verteilung von Geschenken über den ganzen Globus in nur einer einzigen Nacht ermöglicht hatte.

*

Zuerst war da nur ein leichtes Ziehen, verbunden mit einem Ansatz von Schwindel. Wie die typische Verspannung nach einer durchzechten Nacht, gefolgt von viel zu kurzem Schlaf in ungesunder Haltung. Der Trelf versuchte das Unwohlsein abzuschütteln wie ein lästiges Insekt, aber statt sich zu verflüchtigen, verstärkte sich der Effekt. Nun wurde auch die Sicht unscharf. Die Umrisse der Rentiere vor ihm verschwammen vor seinen Augen. Fast meinte er doppelt zu sehen.

Hatte ihm Santa womöglich noch einen Giftpfeil hinterhergeworfen, der jetzt seine Wirkung zu entfalten begann?

Er fasste sich an die Stirn und rieb über die Augenbrauen. Statt fünf Fingern sah er zehn, aber die Sinnestäuschung gaukelte ihm nicht nur ein Doppelbild vor. Obwohl er nur die linke Hand an die Stirn geführt hatte, zeigten seine Augen ihm mehr als nur die kräftige, kantige Hand mit der furchigen, weißgrauen Haut. Über seinen vor Schreck weit aufgerissenen Augen schwebte eine elfenbeinfarbene, feingliedrige Hand mit langen, schmalen Fingern, durchdrungen von einer zweiten, grobschlächtigen Pranke in graubraun steinigem Ton. Mehr noch – er sah die beiden Hände nicht nur, er spürte sie auch! Die feinen Fingerspitzen, die mit akkurat angeschliffenen Nägeln wie ein Kamm über die gerade Kante seiner Augenbrauen strichen und zugleich die klobigen Stempel, die über ein Gestrüpp buschiger Brauen trampelten.

Plötzlich verspürte er ein heftiges Reißen, als würde ihm ein vom Grind verklebter Verband ruckartig vom ganzen Leib – und irgendwie auch aus dessen Innerem heraus – abgezogen. Dann war es vorbei.

Er nahm die Hand von den Augen und blickte sich verwirrt um. Links neben ihm sah er für einen kurzen Moment schemenhaft einen weiteren Schlitten, wie der eigene, gelenkt von einem Elf in einem viel zu weiten, rot-weißen Kostüm. Und rechts fast das gleiche Bild, nur dass der andere Schlitten von einem Troll gelenkt wurde, der in dem gleichen, deutlich zu engen, Kostüm steckte wie eine Wurst in der Pelle, die jeden Augenblick zu platzen drohte.

Doch bevor er die Bilder genau erfassen konnte, bäumten sich auf beiden Seiten die Rentiere auf und schossen davon wie Blitze aus einer Gewitterwolke.

Verstört zerrte er an den Zügeln, und die Rentiere blieben stehen. Unbeweglich schwebte er am Himmel. Nur ein leises Pochen und entfernte Sinneseindrücke wie die Überbleibsel eines Traums unmittelbar nach dem Erwachen gaben ihm das Gefühl, nicht mehr nur eine Person zu sein, sondern sich irgendwie zugleich auch noch an anderen Orten zu befinden.

*

Vollkommen verdattert starrte ein entgeisterter Luzifer in die Weite der arktischen Nacht hinaus. Dorthin, wo der Schlitten als winziger Punkt am Firmament verschwunden war. Sein Mienenspiel wechselte zwischen amüsierter Bewunderung, grollendem Zorn und Sorge. Schließlich gewann letztere die Oberhand.

Zugegeben, es entbehrte nicht einer gewissen Komik, dass der Meister der Intrige und Verführung letzten Endes seiner eigenen Trickserei zum Opfer gefallen war. Dass er, nur weil er seine perfekt zugeschnappte Falle hatte auskosten wollen, statt das Begonnene gleich und ohne Sperenzchen zu Ende zu bringen, nicht nur seine Beute verloren hatte, sondern darüber hinaus auch den Zauberschlitten und die fliegenden Rentiere. Andererseits war jetzt ein schizophrener Psychopath im Besitz eines Gefährts, das ihn gedankenschnell überall hin bringen konnte – und das noch dazu nach zahlloser Vervielfältigung an all jene Orte zugleich!

Bis jetzt hatte Luzifer den Zauberschlitten für eine seiner brillantesten Schöpfungen gehalten. Sobald der Lenker des Schlittens seine Gedanken auf ein Ziel fokussiert hatte, trennte sich eine identische Kopie seiner selbst mitsamt Schlitten und Rentieren von ihm ab, wie eine knospende Mikrobe. Mehr als ein bloßes Replikat, blieb diese aber weiter über das überdimensionale Band einer gemeinsamen Seele lose mit ihrem Ursprung verbunden, so dass alle Kopien doch noch immer Eins waren und nach vollzogener Arbeit wieder miteinander und schließlich mit dem Original verschmelzen konnten. Das galt in gleicher Weise auch für alle weiteren Kopien, die entstanden, sobald eine von ihnen vor Erreichen eines Zieles ein weiteres ins Auge fasste. Dann teilte sie sich erneut jeweils wie eine replizierende Zelle in zwei neue Identitäten auf, von denen eine das ursprüngliche Ziel weiterverfolgte, während sich die andere zeitgleich bereits dem nächsten zuwenden konnte.

Jetzt allerdings begann er daran zu zweifeln, ob er die Kreation wirklich so gut durchdacht hatte. In den falschen Händen konnte dieser Schlitten zu einer höchst gefährlichen Waffe werden. Und nun war er in der Gewalt eines verzweifelten und verwirrten Kriegers, einer gespaltenen Persönlichkeit, zerrissen in einem Konflikt, der sich weltweit wie ein metastasierendes Krebsgeschwür ausbreitete.

Verzweifelt versuchte er eine Lösung zu finden, bevor es zu spät war, die sich abzeichnende Kettenreaktion aufzuhalten. Eine Kaskade, die zur vollständigen Vernichtung der Alten Völker führen konnte. Auf dem Rückweg in sein Arbeitszimmer zermarterte er sich den Kopf. Aber als er es erreichte, fehlte ihm nach wie vor jeder Ansatz, mit diesem Problem fertigzuwerden.

Zornig ballte er die Faust, seufzte tief und griff zu dem roten Telefon, das ihm bei seiner Bestellung zum Weihnachtsmann für den äußersten Notfall aufgenötigt worden war. Eine überaus peinliche Situation, von der er inständig gehofft hatte, dass sie niemals eintreten würde.

Wenig später standen zwei hünenhafte Gestalten in weißen Maßanzügen und mit verspiegelten Sonnenbrillen in der Eingangshalle der Polarfestung. Der größere hatte die schneeblonden Haare zu einem kurzen

Pferdeschwanz zusammengebunden, der etwas kleinere, dafür aber noch bulligere, trug einen roten Bürstenschnitt. Sie mussten nicht lange warten, denn schon bog ein rot gekleideter, fülliger Mann mit weißem Bart um die Ecke und begrüßte sie eilig.

„Nur die Ruhe“, mahnte der Rothaarige und feixte. „Hätte nie gedacht, dass du uns mal um Hilfe bitten würdest.“

„Und ich nicht, dass ihr einer solchen Bitte Folge leisten würdet“, knurrte Santa mit säuerlicher Miene. „Aber wir haben keine Zeit für Sticheleien. Die Lage ist wirklich ernst. Weihnachten ist in Gefahr – und noch einiges mehr.“

„Wissen wir“, gab der Blonde zurück. „Der Chef hat uns schon gebrieft. Du hast dir den Schlitten klauen lassen. Und jetzt ist ein durchgeknallter Troll-Elf-Bastard unterwegs, um das Alte Volk aufzuhetzen. Eine beeindruckende Leistung. Ob es wirklich so eine gute Idee war, dir dauerhaft die Organisation des Weihnachtsfestes zu übertragen ...“ Auch er grinste. „Aber Scherz beiseite – was können wir tun?“

„Wir? – Nicht viel, fürchte ich“, grummelte Santa verlegen. „Was ich alleine nicht hinkriege, wird auch mit zwei Erzengeln mehr kaum gelingen. Aber ihr könntet die himmlischen Heerscharen aktivieren.“

„Oho! Darunter tust du's nicht, was? Meinst du nicht, du übertreibst?“

„Das denke ich nicht. Ihr seid ziemlich mächtig, OK. Doch das bin ich auch selbst schon. Aber ihr seid auch ziemlich wenige. Dieser komische ... 'Trelf' dürfte sich inzwischen dagegen schon ins Unermessliche vervielfältigt haben. Ihr kennt doch die Geschichte vom Schachspiel und den Reiskörnern?“

„Ein Korn für das erste Feld, zwei für das zweite, vier für das dritte ...?“

„Genau. Es fängt bescheiden an, aber am Ende stehen dem indischen Spielerfinder über 18 Trillionen Reiskörner zu. Und genauso funktioniert auch der Schlitten. Wie sonst sollte ich an Weihnachten die Geschenke verteilen?“

„Und es ist dir natürlich nicht in den Sinn gekommen, eine Diebstahlsicherung einzubauen.“

„Natürlich nicht. Wer sollte mir schon etwas stehlen?“

Beide Engel zogen gleichzeitig die Stirn kraus und legten die Köpfe schief.

„Ja, gut“, wehrte Santa ab. „Ist schon klar. Aber was machen wir denn jetzt?“

„Tja", sagte Michael nachdenklich. „Sieht ganz so aus, als sollten wir tatsächlich die himmlischen Heere mobilisieren. Überall auf der Welt gehen schon jetzt Elfen und Trolle aufeinander los. Und wenn dann noch Myriaden von wild gewordenen Kriegern mit Zauberschlitten dazukommen ..."

„Also gut", ergänzte Gabriel. „Dann begeben wir uns jetzt auf den Weg, während du dich nützlich machen und versuchen könntest, deine Rentiere und den Schlitten wieder einzufangen, bevor wir einen Krieg der Welten lostreten, wie es ihn seit deiner Rebellion nicht mehr gegeben hat."

„A propos Rebellion", warf da Michael ein. „Was ist eigentlich mit deinen Heerscharen? Warum setzt du die nicht ein und bittest uns stattdessen um Hilfe, was dir sicher nicht leichtgefallen ist?"

„Wahrhaftig nicht", seufzte Luzifer/Santa, und Michael feixte.

„Hast du deinen Laden etwa nicht mehr im Griff?"

„Doch, sicher", wehrte Luzifer ab, „aber als Friedensstifter haben meine Leute noch nie getaugt. Ich glaube kaum, dass Elfen und Trolle beim Anblick von Dämonen, Vampiren und Zombies an eine Friedensmission glauben würden. Aber vor euren Engeln haben sie vielleicht nicht nur Respekt, sondern lassen sich auch in eine friedlichere Stimmung versetzen."

„Na dann – möge die Macht mit dir sein, Luke." Michael grinste.

„Du mich auch", grummelte Santa und senkte verlegen den Kopf.

Die Engel entfalteten riesige weiße Schwingen und erhoben sich majestätisch in die Polarnacht. Zurück blieb ein nachdenklicher Weihnachtsmann, der noch einige Anweisungen gab, bevor er ebenfalls große Flügel entfaltete, deren rote Farbe mit weißen Spitzen gut zu seiner Kleidung passte. Dann hob auch er sich empor und entschwand den Blicken der zurückbleibenden Weihnachtselfen.

9.

Aldurin blinzelte verwirrt. Eben hatte er noch im tödlichen Duell mit einem Troll gestanden, und nun fand er sich plötzlich auf der Deichsel eines Rentierschlittens hoch am nächtlichen Himmel über einer endlosen Ödnis aus Eis.

Dazwischen lag nur ein Blitz, der durch seinen ganzen Körper gegangen war. Durch seinen und den seines Gegners.

Gamorrok!

Der Name des Trolls war Gamorrok.

Woher wusste er das? Sie hatten sich einander nicht vorgestellt.

Da war dieser Traum. Ein seltsamer Traum von einem Eispalast. Einem gigantischen Bau inmitten ewiger Kälte und ewiger Nacht. Mit ebenso seltsamen Bewohnern. Elfen, die nichts als Frieden im Sinn hatten. Eine Manufaktur für Süßigkeiten und Spielzeug. Und mit einem Anführer, der wie ein gemütlicher, alter Mann aussah, und doch viel mehr war. Ein verkappter Dämon mit wundersamen Kräften. Und der härteste Gegner, dem er je gegenübergestanden hatte. Außer Gamorrok. Vielleicht. Oder der härteste Gegner, dem er und Gamorrok je gegenübergestanden hatten.

Gamorrok. Wo war der Troll eigentlich? Aldurin saß allein in dem Schlitten. Doch irgendwie spürte er einen Nachhall von Gamorroks Anwesenheit. Der Troll war ihm näher als jemals ein anderes Wesen und zugleich auch unfassbar weit von ihm entfernt – wie aus ihm herausgerissen.

In der eisigen Festung in seinem Traum waren sie zusammen gewesen. Sie waren Eins gewesen.

Aber jetzt hatte er ein Ziel. Er konnte es nicht klar erfassen, aber eben hatte er es noch gewusst. Immer wieder versuchte er es wie eine vor seinem geistigen Auge vorbei huschende, schemenhafte Gestalt einzufangen.

Plötzlich stand der Gedanke glasklar in seinem Geist: Kein Traum! Eine Vision, vielleicht. Oder mehr. Aldurin und Gamorrok waren wahrhaftig Eins gewesen. Ein Verlorener in der Festung. Ein Krieger gegen den Dämon. Ein Flüchtling auf dem magischen Schlitten. Ein Mann mit einer Mission. Ein Trelf auf dem Weg zur Entscheidungsschlacht zwischen den Alten Völkern.

Nun waren sie wieder entzweit. Aber er kannte jetzt seine Aufgabe.

Im selben Moment bäumten sich die Rentiere vor ihm auf und zerrten am Geschirr. Der Schlitten raste los, hin zu Aldurins Ziel: dem Schlachtfeld, an dem sich die Heere versammelt hatten.

*

Auch Gamorrok kam nach einer Phase erster Verwirrung das Ziel wieder in den Sinn, und auch er sauste in seinem Himmelsschlitten auf den Ort der Entscheidung zu, während in rasendem Tempo die Sterne wie feine, langgezogene helle Streifen an ihm vorbeizogen.

Dann wurde ihm klar, dass es nicht einen einzigen Ort für die Entscheidungsschlacht gab, sondern deren viele, über den gesamten Globus verteilt. Diese Erkenntnis bereitete ihm geradezu körperliche Schmerzen. Er fühlte sich hin und her gerissen, stellte sein Ziel infrage. So eine Unsicherheit kannte er sonst nicht. Sie zerrte an ihm wie klebriges Harz an einem verwundeten Baum, von dem er sich mühsam löste, lange, zähe Fäden aufspannend, bis sie endlich abrissen, …

Er fühlte sich mit einem Schlag befreit, als sich ein zweiter Gamorrok von ihm trennte und sofort einen anderen Weg einschlug, zu einem anderen Schlachtfeld.

*

Kurze Zeit später trafen Myriaden von Aldurins und Gamorroks an allen Orten ein, wo Heere von Elfen und Trollen einander, bis an die Zähne bewaffnet, gegenüberstanden, bereit, bis zum letzten Blutstropfen zu kämpfen, um den schon viel zu lange währenden Konflikt endlich zu einem Ende zu bringen.

Zur gleichen Zeit trieb ein einsamer Trelf noch immer ziellos am Polarhimmel und hielt sich verzweifelt die Fäuste an die Schläfen, als könne er so Tausende Stimmen aus seinem Kopf vertreiben, die von überall her dröhnend auf ihn ein flüsterten.

*

Der Schlitten verlangsamte seine rasende Fahrt und tauchte hinab in einen Korridor zwischen zwei Bergketten, die mit schroffen Felswänden ein langgezogenes, flaches Tal einfassten. Ideal für eine offene Feldschlacht auf Augenhöhe, ohne einen Hinterhalt, Einkesselung oder andere taktische Winkelzüge befürchten zu müssen.

Tief unter sich erblickte Gamorrok die beiden Heere, wie die Armeen zweier Ameisenstaaten. Die Elfen standen bewegungslos in geordneten Reihen, nach Waffengattungen gegliedert und in Truppeneinheiten aufgestellt wie Schachfiguren. Die Trolle auf der anderen Seite waren ständig in Bewegung. Für das ungeschulte Auge mochte es wie ein ungeduldiges, chaotisches Umherschwärmen wirken, aber Gamorrok erkannte in dem scheinbar unkoordinierten Gewimmel das ausgeklügelte System der klassischen Trollstrategie, die es ermöglichte, zu jedem Zeitpunkt mit einer schlagkräftig zusammengesetzten Abteilung aus einer unerwarteten Richtung loszuschlagen.

Offenbar war er gerade rechtzeitig gekommen, um noch in das Geschehen eingreifen zu können.

Während er in weitem Bogen hinab zum Lenkhügel der Heeresleitung schwebte, sah er aus dem Augenwinkel, dass über dem Elfenheer ein winziger Punkt im Licht der aufgehenden Morgensonne aufblitzte und in eine ähnliche Bahn an die Spitze der Elfenformation einschwenkte.

Auch ein Aldurin hatte den Weg zu diesem Schlachtfeld gefunden.

*

Der Trollgeneral befahl seinen Kriegern, Ruhe zu halten, als ein seltsames Objekt sich zielgerichtet aus dem Himmel herabsenkte, genau auf seinen Standort zu. In einer weitläufigen Spirale schraubte es sich in immer engeren Schleifen abwärts und wurde dabei mit jeder Windung langsamer. Das sah deutlich nicht nach einem Angriff aus, so dass der General die Bogenschützen vorerst zurückhielt, die bereits auf das Flugobjekt angelegt hatten. Er staunte nicht schlecht, als er erkannte, dass es sich um einen Schlitten handelte, der von acht hirschartigen Tieren gezogen wurde und nichts erkennen ließ, was auf seine Flugfähigkeit hätte schließen lassen. Aber das seltsame Gefährt wurde von einem Troll gelenkt. Er stufte es daher als potenziell freundlich gesinnt ein und befahl, einen ausreichend großen Bereich für die Landung freizumachen.

Unmittelbar nach der Landung sprang der Lenker des Schlittens herab und ging zielstrebig auf den General zu, gerade langsam genug, um nicht als Bedrohung angesehen zu werden. Trotzdem versperrte die Leibgarde des Heerführers dem Ankömmling den Weg. Der General jedoch scheuchte sie beiseite. Mit schnellem Blick hatte er erkannt, dass der fremde Troll in den roten Kleiderfetzen unbewaffnet war und eiligen Gesprächsbedarf signalisierte.

„Sei willkommen, Bruder“, begrüßte er den Fremden im universellen Troll-Idiom, das sich an die alte Sprache anlehnte. „Bist du gekommen, dich uns anzuschließen?“

Dieser Dialekt war über Generationen erhalten worden, um mit Troll-Stämmen aus entfernten Gegenden zu kommunizieren, was aber nur noch höchst selten vorkam. So war er bei den meisten Trollen etwas eingerostet. Allerdings hatte der General ihn in letzter Zeit wieder häufiger verwenden müssen, um das Heer zu koordinieren, das sich aus sämtlichen Troll-Stämmen von den Bergkämmen, zwischen denen sie sich zur Schlacht versammelt hatten, bis hin zur weit entfernten Küste zusammensetzte. So gingen ihm die Worte vergleichbar leicht über die Lippen, und er verstand auch die Antwort, obwohl die Sprache des Fremden anstelle des Universal-Idioms eher wie das archaische Original anmutete, aus dem es hervorgegangen war.

*

„Du kommst gerade zur rechten Zeit. Mit deinem Zaubervehikel kannst du uns einen entscheidenden taktischen Vorteil verschaffen“, stellte der Heerführer der Trolle bewundernd fest.

„Glaube ich nicht“, wehrte Gamorrok lapidar ab. „Zwischen den feindlichen Linien ist gerade ein Elf mit einem gleichartigen Gefährt gelandet.“

„Woher willst du das wissen?“, fragte der General verblüfft.

„Ich spüre es“, sagte Gamorrok, und das war die Wahrheit. Auf irgendeine unerklärliche Weise war er mit seinem Gegenspieler verbunden. Und er spürte ebenfalls, dass sich in diesem Augenblick ähnliche Szenen überall auf der Welt abspielten.

„Was schlägst du dann vor?“, wollte der General herausfordernd wissen. „Vielleicht können wir den Feind mit einem sofortigen Angriff überrennen, bevor er bereit ist, die neue Verstärkung einzusetzen.“

„Nein“, widersprach Gamorrok bestimmt. „Wenn die Heere jetzt aufeinandertreffen, wird es ein entsetzliches Gemetzel geben. Wer immer am Ende den Sieg davon trägt, bei dem werden nicht mehr viele übrig bleiben, um ihn zu feiern.“

„Wir wissen alle, dass dies die ultimative Entscheidungsschlacht ist.“ Der General wies mit einer weit ausladenden Geste auf seine Truppen.

„Jeder Mann und jede Frau hier wird bis zum letzten Blutstropfen kämpfen ...“

„Auf beiden Seiten“, warf Gamorrok ein.

„Jawohl, auf beiden Seiten“, bestätigte der Heerführer ernst. „Und am Ende des Tages wird es entweder keine Elfen oder keine Trolle mehr geben. Aber für die Überlebenden endlich dauerhaften Frieden.“

„Wenn es um Frieden geht“, wandte Gamorrok ein, der plötzlich wusste, was er zu tun hatte, „dann lässt sich der auch mit weniger Blutvergießen erreichen.“

„Wie meinst du das?“

„Ich glaube, weder Trolle noch Elfen haben irgendeinen konkreten Grund für diesen Krieg. Habe ich Recht?“

„Naja, irgendwie ...“

„Geht es um Land, um Güter, um Raubzüge, um Ehrverletzungen …?“

„Soweit ich weiß, nicht.“

„Warum wollt ihr dann kämpfen?“

„Es hat sich irgendwie ergeben. Aber es ist nicht die Aufgabe von Soldaten, die Hintergründe eines Kampfes zu ergründen. Für uns geht es nur darum, ihn ehrenvoll zu gewinnen.“

„Und wenn sich das erreichen ließe, ohne dass sich die Heere gegenseitig massakrieren?“

„Nämlich wie?“

„Mit einem Stellvertreterkampf.“

„Hm.“ Der Trollgeneral wurde nachdenklich. „Dann müssten beide Seiten den Ausgang in jedem Fall akzeptieren. Und man müsste sich gegenseitig vertrauen.“

„Ziehst du denn die Ehrenhaftigkeit des gegnerischen Heerführers in Zweifel?“

„Dazu habe ich keinen Grund.“

„Dann lass es uns versuchen. Ich werde mit meinem Schlitten zusammen mit deinem Adjutanten die Gegenseite aufsuchen. Und es würde mich wundern, wenn nicht in Kürze eine Delegation der Elfen hier landete.“

*

Gesagt, getan. Die Emissäre landeten bei der jeweils gegnerischen Heerleitung, und kurz darauf standen sich die beiden Generäle auf neutralem Boden zwischen den Armeen gegenüber, begleitet von Aldurin auf elfischer Seite und Gamorrok auf Seiten der Trolle. Weiße Parlamentärsfahnen wehten in ihren Händen.

Anfangs waren die Heerführer noch misstrauisch. Beide waren aufgestachelt durch die Tage der Mobilmachung, angefacht vom vieltausendfachen Ruf nach der finalen Entscheidungsschlacht. Aber sie zollten einander Respekt, von Krieger zu Krieger. Und obwohl die Reihen der Soldaten auf beiden Seiten bereit waren, bis zur Auslöschung zu kämpfen, waren beide besonnen genug, die Alternative zu erwägen. Schließlich waren sie nicht umsonst an die Spitze ihrer Einheiten gestellt worden, auch wenn niemand von ihnen – und auch niemand ihrer

Leute – jemals in einer richtigen Schlacht gekämpft hatte. Denn in ihrer Welt war der Krieg zwischen Trollen und Elfen schon seit vielen Generationen einem unerklärten Waffenstillstand gewichen. Und wenn sie es recht bedachten, wusste eigentlich niemand so genau, was diese plötzliche Eskalation des schwelenden Konflikts ausgelöst hatte. Es war, als erwache ein scheinbar erloschener Vulkan ohne ersichtlichen Anlass zu neuem, schrecklichem Leben. Ein schlafender Berg, der sich nun anschickte, in einem Sturm aus Glut und Asche auszubrechen und in selbstzerstörerischer Wut das ganze Eiland, in dessen Zentrum er stand, mit sich ins Verderben zu reißen. Niemand wollte dieses Armageddon, doch ebenso wollte niemand, als Feigling gebrandmarkt, von sich aus den Rückzug antreten.

Der Vorschlag der beiden seltsamen Himmelsboten, die wie durch ein Wunder aus dem Nichts aufgetaucht waren, bot eine Möglichkeit, ohne Gesichtsverlust ein gewaltiges Blutvergießen zu vermeiden. Nur wusste niemand, wie die übrigen Heere die Entscheidung durch einen Stellvertreterkampf an diesem Kriegsschauplatz aufnehmen würden. Ganz zu schweigen von denjenigen nicht wehrfähigen Elfen und Trollen, die zuhause geblieben waren und ängstlich auf den Ausgang harrten, in der Erwartung, dass das unterlegene Volk vom Angesicht der Erde getilgt werden würde. Doch gerade diese fatalistische Bereitschaft beider Seiten, das Ergebnis der kriegerischen Auseinandersetzung unwidersprochen anzunehmen – und damit, sollte es sich so ergeben, das eigene Todesurteil – brachte die Entscheidung. Wenn schon die zurückgebliebene Bevölkerung bereit war, jegliches Schicksal hinzunehmen, das andere für sie entscheiden würden, wie sollten tapfere Krieger davor zurückstehen?! Der gegenseitige Respekt und die eigene Ehre geboten es, den Ausgang eines Kampfes, der von den Besten ihrer Völker ausgetragen wurde, auch für das eigene Schicksal anzuerkennen. Und wenn die Kämpfe der übrigen Heere zu einem anderen Ende kämen, so hätte man zumindest hier einen Beitrag geleistet, das Richtige zu tun und einer Seite in voller Stärke das Überleben zu sichern, statt beide auf einen winzigen Rest angeschlagener Überlebender zu dezimieren, bevor das unterlegene Heer in jedem Fall vollständig aufgerieben sein würde.

Also kam man überein, den Ausgang des Stellvertreterkampfes unter allen Umständen zu akzeptieren. Alle Angehörigen des unterlegenen Champions würden sich verpflichten, sich den Siegern bedingungslos zu unterwerfen.

Nachdem die Generäle sich der uneingeschränkten Zustimmung ihrer Truppen versichert hatten, galt es nun, auf beiden Seiten einen

Kämpfer auszuwählen, in dessen Hände man das eigene Schicksal zu legen bereit war. Zunächst erklärten sich beide Generäle bereit, doch meldeten sich schnell Elfen und Trolle, denen im direkten Zweikampf größere Siegeschancen zugebilligt wurden. Die Heerführer galten zwar durchaus als kluge Strategen, waren aber dazu in vielen Jahrzehnten eines erfüllten Lebens gereift. Die jugendliche Kraft ihrer frühen Jahre lag schon lange zurück. So erklärten sie sich nach anfänglichem Zögern einverstanden, Jüngeren das Feld zu überlassen, die, wenn schon keine Kriegserfahrung, so doch immerhin Erfolge in sportlichen Wettbewerben vorzuweisen hatten.

Als die Elfen ihren Champion gewählt hatten, rüstete sich dieser sorgfältig mit einem leichten Harnisch, dem Rapier eines berühmten Kriegers vergangener Zeiten, das dessen Ur-Urenkel mit in die Schlacht gebracht hatte und nun gerne zur Verfügung stellte, und einem kantigen Schild, mit dem er auch die Hiebe wuchtiger Trollwaffen abzuwehren in der Lage zu sein hoffte. Er senkte kurz den Blick zu Boden, sprach in Gedanken ein letztes Gebet und trat den Weg zum Kampfplatz an, der zwischenzeitlich im Niemandsland zwischen den beiden Heeren eingerichtet worden war. Doch bevor er das elfische Lager verlassen konnte, trat ihm Aldurin in den Weg.

„Verzeih“, sagte dieser zu dem jungen, kräftigen Elf, der ihn um mehr als eine Kopflänge überragte. „Halte mich nicht für respektlos, aber ich denke, es ist nicht deine Aufgabe, diesen Kampf zu führen.“

„Und warum nicht?“, fragte der frisch gekürte Champion trotzig. „Wer sollte mir dieses Recht streitig machen?“

„Jeder, der schon einmal in einem echten Krieg ums eigene Leben und das seiner Kameraden gekämpft hat. Es ist eine Sache, im sportlichen Wettstreit zu siegen und dort auch Schmerzen und Wunden in Kauf zu nehmen. Aber eine gänzlich andere, auf dem Schlachtfeld im Angesicht des allgegenwärtigen Todes seinen Mann zu stehen.“

„Und wer soll das sein“, höhnte der junge Elf, strotzend vor Selbstbewusstsein. „Du etwa?“

„Ja, ich“, sagte Aldurin ruhig. „Oder siehst du hier sonst irgendjemanden, der das von sich behaupten könnte?“

„Lass mich vorbei!“, knurrte der Champion zornig und wollte Aldurin mit einem schnellen Stoß zur Seite wischen. Doch ehe er wusste, wie ihm geschah, war der erfahrene Elfenkrieger dicht an ihn heran geglitten und schlug ihm krachend die Faust unters Kinn.

Wie ein gefällter Baum stürzte der junge Elf zu Boden und blieb bewusstlos liegen.

„Verzeih mir“, murmelte Aldurin und schritt ohne weitere Worte an ihm vorbei auf einen Waffenständer zu. Respektvoll wichen die Umstehenden vor ihm zurück und bildeten eine Gasse. Aldurin bewaffnete sich unangefochten, kehrte dann zu seinem Schlitten zurück und erhob sich unter den betretenen Blicken der Elfen in den Himmel.

Nicht weit entfernt bestieg auch Gamorrok den Weihnachtsschlitten, nachdem er einen riesenhaften und schwer gerüsteten Troll mit einem einzigen, überraschenden Tritt ins Reich der Träume befördert hatte.

Sämtliche Krieger in dem Taleinschnitt – ob Elf, ob Troll – legten den Kopf in den Nacken und reckten den Blick empor, wo hoch über ihnen zwei glitzernde Schlitten, jeder gezogen von acht Rentieren, einander umkreisten wie zwei Raubvögel, die einander die Beute abjagen wollten. Lauernd schwebten sie am Himmel, die Waffen im Anschlag, bemüht, sich selbst in die beste Position für einen Angriff zu bringen und dabei ständig darauf wartend, dass der Andere sich eine Blöße geben würde.

10.

Auch Blandur beobachtete die Kombattanten über ihren Köpfen.

Der Weihnachtself war entsetzt. Er hatte sich rekrutieren lassen, um hautnah am Geschehen zu sein, in der Erwartung, dass an der Speerspitze der Eskalation – dort, wo die hastig ausgehobenen Heere aufeinandertrafen – am ehesten mit dem Eingreifen höherer Mächte zu rechnen sein würde. Was er nicht erwartet hatte, waren ein kriegerischer Elf und ein Troll, die aus heiterem Himmel auftauchten – jeder mit einer identischen Kopie von Santas Schlitten – und die Initiative an sich rissen. Was zum Teufel war da geschehen?!

Schweiß trat Blandur aus allen Poren. Bebend vor Anspannung stand er da und schaute hinauf, wo sich zwei Ritter der Lüfte gleich ein unerbittliches Duell liefern würden, in dem Bewusstsein, dass sein Leben, ebenso wie das seiner Kameraden, am seidenen Faden hing – oder, genauer gesagt, am Erfolg des elfischen Champions.

Blandur zitterte bei dem Gedanken an das Schicksal, das ihn erwartete, falls der Elf unterliegen sollte. Würde er den Mut aufbringen, aufrecht auf den Tod zu warten, wenn die siegreichen Trolle kämen, um wie vereinbart die bedingungslose Unterwerfung sämtlicher Elfen einzufordern und deren gesamtes Heer auszulöschen? Oder würde er winselnd zusammenbrechen und ein unwürdiges Ende finden neben tapfereren Kameraden?

Aber was würde er tun, wenn der Elf den Troll besiegte? Würde er dann mit den anderen Elfenkriegern ins gegnerische Lager ausgesandt, um die Trolle abzuschlachten, die sich widerstandslos in ihr Schicksal ergeben und willig den Elfenklingen darbieten würden? Würde er es über sich bringen, einem besiegten Feind in die Augen zu blicken, während er ihm eine Klinge ins Herz stieß? Würde er dem bittenden Blick standhalten, wenn ein Troll ihn stumm um Gnade anflehte, im Wissen, dass es keine geben konnte? Oder würde er das Morden anderen überlassen, ohne damit am Ergebnis irgendetwas ändern zu können? Würde er dann als feige gelten? Was wäre, wenn einfach alle Elfen sich weigern würden, das unterlegene Heer zu massakrieren? Oder im umgekehrten Fall die Trolle? Aber er wusste, das würde nicht geschehen. Irgendwer würde anfangen, und dann würde das Schlachten seinen Lauf nehmen.

Würden die Sieger den Unterlegenen womöglich nahelegen, selbst Hand an sich zu legen und dann nur noch denjenigen den Gnadenstoß geben, die dazu nicht fähig oder willens waren – oder nicht erfolgreich?

Blandur war dem Ruf des Weihnachtsmanns gefolgt, um Frieden und Freude zu bringen, nicht den Tod! Alles erschien so absurd und war doch so real. Verzweifelt beobachtete er die Streiter am Firmament, unfähig zu entscheiden, wem er den Sieg wünschen sollte.

*

Äußerlich war Gamorrok ruhig, aber in seinem Inneren brodelte es. Sein Herz pumpte langsam und kräftig, aber er zwang sich zur Ruhe, wie ein Sprinter vor dem Startschuss, bereit, jeden Moment auf Höchstleistung zu beschleunigen. Er spürte förmlich, wie die Blicke Hunderter auf ihm ruhten – Elfen wie Trolle. Spürte die Hoffnung, das Bangen, die Erwartung, die Angst all jener, die ihr Schicksal aus der Hand gegeben und in die seine gelegt hatten. Seine Hand und die seines Gegners.

Nun war es an der Zeit, ihren Kampf zu Ende zu führen. Einen Kampf, den sie im Heiligen Hain begonnen hatten und der so jäh unterbrochen worden war. Bloß lagen jetzt nicht mehr nur ihrer beider Leben in den Waagschalen, sondern die zweier ganzer Armeen. Nein, mehr als das! Eine nicht begründbare und doch über jeden Zweifel erhabene Gewissheit sagte ihm, dass in diesem Moment andere Gamorroks und Aldurins über jedem Schlachtfeld, auf dem sich Elfen und

Trolle gegenüberstanden, denselben Kampf austrugen. Er trug die Verantwortung für jeden Troll auf dieser Welt, jeden Mann, jede Frau, jedes Kind. Sein Blut prickelte. Energie pulste durch seinen Körper. Die Energie der Hoffnung und des Vertrauens. Diese Hoffnung, dieses Vertrauen durfte er auf keinen Fall enttäuschen. Und das würde er auch nicht.

Eine seltsame, fast unnatürliche Ruhe überkam Gamorrok, während all seine Sinne aufs Äußerste gespannt waren und seine Muskeln und Sehnen auf den Moment warteten, in dem sie bis zum Zerreißen gefordert werden sollten. Die ersten Manöver am Himmel hatten ihm gezeigt, dass die Rentiere auf jeden seiner Gedanken reagierten, als seien es ihre eigenen. Er flog den Schlitten wie eine Erweiterung seines Körpers, wie eine vertraute Waffe. Er war bereit. Und er wusste, dass es seinem Gegner ebenso ging.

Gamorrok zog den Kreis, den er am Himmel beschrieb, ein klein wenig weiter aus, so dass er, statt in eine weitere Warteschleife einzuschwenken, nun auf den Gegner zu hielt. Er ging zum Angriff über.

*

Der Troll hatte das Abtasten beendet. Beinahe zeitgleich änderte auch der Elf den Kurs, so dass beide nun aus unterschiedlichen Richtungen einem gemeinsamen Treffpunkt entgegensteuerten.

Kurz vor dem Zusammenprallen kippten beide Schlitten ab. Gamorrok wandte seinem Gegner die Flanke zu, während er aufrecht auf der Deichsel stand, einen Wurfspeer in der Hand, weit zurückgelehnt, bis sich beide einander auf Wurfdistanz angenähert hatten. Dann schleuderte er den Speer und wäre von der Wucht des Abwerfens vom Schlitten gehoben worden, hätte er sich nicht zuvor festgeschnallt. Aldurin duckte sich und tauchte mit dem Schlitten leicht ab, so dass der Speer dicht an ihm vorbei sauste, während er sich schon wieder in der Aufwärtsbewegung zurück in seine ursprüngliche Bahn befand. Kaum hatte er diese wieder erreicht, da zückte er einen straff gespannten Reflexbogen und schoss in schneller Folge eine Serie von Pfeilen ab, die er aus einem griffbereit verankerten Köcher zog. Gamorrok reagierte, indem er den Schlitten kippte. Tak tak tak tak tak tak tak … schlugen die Pfeile im Boden des Trollschlittens ein. Dann waren sie aneinander vorbei und holten in weitem Bogen zur nächsten Begegnung aus.

Beim zweiten Aufeinandertreffen nutzte Aldurin die größere Reichweite seines Bogens. Gamorrok war vorbereitet und drehte dem Elf wieder die Unterseite zu. Dieser hatte allerdings so viele Pfeile zur Hand, dass er ohne Unterbrechung schießen konnte, bis die Entfernung zwischen den Schlitten schon wieder zu groß für einen Speerwurf war.

Beim nächsten Waffengang konnte Gamorrok den Elf aber überraschen, indem er den Speer nicht direkt aus der Hand warf, sondern über eine unterarmlange Abwurfschleuder, die beim Ausklappen wie eine Verlängerung des Arms über ein zusätzliches Gelenk wirkte und das Wurfgeschoss so beschleunigte, dass es dicht neben Aldurin in den Sitz von dessen Schlitten einschlug, bevor der Elf den ersten Pfeil abschießen konnte. Zu allem Überfluss entglitt in der hastigen Ausweichbewegung der Bogen seinen Fingern, prallte mit dem unteren Ende noch einmal gegen die innere Seitenwand des Schlittens und trudelte dann, sich mehrfach überschlagend, in die Tiefe.

Auch Aldurin hatte noch einige Speere parat, konnte damit aber nichts weiter ausrichten, weil der kräftigere Troll fortan darauf achtete, sich seinem Gegner nur noch gerade so weit zu nähern, dass die eigenen Speere diesen erreichen konnten, er für diejenigen des Elfen aber außer Reichweite blieb. Diese Strategie führte allerdings dazu, dass ihm früher oder später die Fernwaffen ausgehen würden, während Aldurin, der nach ersten vergeblichen Versuchen, die Distanz zu seinem Gegner doch zu überwinden, auf weitere Würfe verzichtete und sich auf seine Ausweichmanöver konzentrierte.

So hielt Gamorrok die letzten drei Speere zurück, während er versuchte, Aldurin durch vielfache kurze Annäherungen doch dazu zu animieren, auch sein Reservoir an Wurfgeschossen aufzubrauchen. Dabei rasten beide mit zunehmend halsbrecherischen Manövern aufeinander zu, schwenkten immer knapper vor einem Zusammenprall zur Seite, nach oben oder unten, schraubten sich teils so eng aneinander vorbei, dass sie sich für einen Moment gegenseitig in die Augen sehen konnten, und doch gelang es keinem, einen Wirkungstreffer zu landen.

Schließlich waren sie beide ihrer Distanzwaffen entblößt, doch längst noch nicht entwaffnet. Sowohl Elf als auch Troll hatten sich mit einem Schild und einer schweren Lanze ausgerüstet und brachten diese jetzt in Anschlag. Wie zwei Ritter beim Tjost jagten sie geradewegs aufeinander zu, die stählerne Lanzenspitze auf die gegnerische Brust gerichtet, den Schild bereit zur Abwehr. Schon preschten die vordersten Rentiere an ihren Zwillingen vorbei – so dicht, dass sich die kleinen, sich stoßartig ausbreitenden Wölkchen ihres heißen Atems vermischten – da prallten die Schilde krachend schräg gegen die Lanzenspitzen, lenkten diese gerade genug beiseite, dass sie die Körper von Elf und Troll verfehlten, und waren im nächsten Augenblick auch schon wieder aneinander vorbei.

Statt sich wieder in einem weiten Bogen neu zu orientieren, zog Aldurin den Schlitten steil nach oben und schwenkte nach einem perfekten Looping in eine enge Kurve, die ihn direkt auf Gamorrok zu rasen ließ, der sich nach abgebremster Schussfahrt soeben zur Wende anschickte. Bevor er das Manöver des Elfen recht erkannt hatte, tauchte dieser von oben auf ihn herab, die Kufen seines Schlittens wie Rammsporne auf ihn zielend. Dem Troll blieb nur noch, seinen Schlitten um 180 Grad um die eigene Achse zu drehen, so dass er dem Angreifer die mit Pfeilen gespickte Unterseite präsentierte.

Mit schrillem Kreischen schrammte eine Kufe über den Schlittenboden und rasierte die darin steckenden Pfeile ab, dann aber verhakte sich ihre gebogene Spitze in einer Kufe des anderen Schlittens. Mit einem heftigen Ruck kam die Vorwärtsbewegung beider für einen winzigen Moment zum Stillstand, bevor sie sich in eine schwindelerregende Rotation verwandelte und die ineinander verklemmten Schlitten Hals über Kopf trudelnd abwärts schraubte.

Sekunden später schlugen sie auf dem Boden auf. Die Rentiere wurden aus ihrem Geschirr gerissen und verstreuten sich in alle Richtungen wie Blätter im Wind. Dank der Rotationsbewegung fiel der Aufprall der Schlitten selbst weniger heftig aus, als das halsbrecherische Tempo hatte vermuten lassen. Dennoch verbogen die Karossen, Gestänge und Verkleidungselemente platzten ab, und die über den steinigen Grund schrammenden Gefährte zogen tiefe Furchen ins Gelände.

Elfen und Trolle hielten den Atem an. War dies das Ende des Duells? Hatten beide Kämpfer in tödlicher Umarmung ihrer fliegenden Streitwagen ein gemeinsames Ende gefunden?

Doch bevor die entgeisterten Zuschauer sich gefasst hatten, regte sich etwas in den Trümmern. Zwei Gestalten schälten sich mühsam aus den Überresten der Schlitten, blieben eine kurze Weile, an die Wracks gelehnt, schwer atmend stehen, blickten sich zögernd um und zogen dann jeweils eine unversehrte Nahkampfwaffe unter den Trümmern hervor.

Dann setzten sie sich mühsam in Bewegung. Humpelnd und stockend zunächst. Doch mit jedem Schritt gewannen sie an Entschlossenheit und Energie, bis schließlich pure Willenskraft sie ihre Blessuren vergessen ließ, auf dem Weg zum letzten Gefecht.

Langsam und bedächtig schritten sie aufeinander zu.

„Bringen wir es zu einem Ende."

„Darauf haben wir schon viel zu lange gewartet."

Kurz vor dem Erreichen einer realistischen Angriffsdistanz blieben beide stehen. Zeit für die formelle Begrüßung zweier dekorierter Kämpen vor dem Aufeinandertreffen, aus dem nur einer von ihnen lebend als Sieger hervorgehen würde.

„Ich kenne dich", sagte Aldurin. „Du bist Gamorrok. Vom Stamm der Felsentrolle, aus der Familie von Uruk, dem Verteidiger der Festung am kahlen Berg Arkos. Gamorrok, der bei Ulfingen und am Donnerbach gekämpft und mit nur 300 Mann einem ganzen Regiment von zweieinhalbtausend Elfenkriegern standgehalten hat. Gamorrok, Späher für das Dorf Urbrach."

„Und ich kenne dich", erwiderte der Troll. „Du bist Aldurin. Sohn von Elkin und Andwina, Urenkel von Amblin, dem Helden von Gardos. Hauptmann der ersten Division in der Schlacht am Fluss Blastan, Gardist der Ehrenlegion und Beschützer des Dorfes Ebelon."

„Und was tun wir eigentlich hier?", riefen beide wie aus einem Munde und ließen ihre Waffen fallen.

„Wir waren Todfeinde und haben einander im Kampf erkannt, wie es nur verwandte Geister vermögen. Auf einmal waren wir wirklich Eins. Ein Körper, ein Geist, ein Wesen. Und dann wieder Zwei. Doch nun wissen wir wahrhaftig alles voneinander. So wie wir wissen, dass dieser Krieg nicht hätte sein sollen. Ebensowenig wie derjenige, der uns auf verschiedene Seiten stellte. In einem unnötigen Konflikt."

„Es gibt hier keinen Feind", sagten Troll und Elf wie mit einer Stimme, traten aufeinander zu und reichten einander die Hand, feierlich und für alle sichtbar.

In dem langgezogenen Hohltal zwischen den beiden Bergketten war es totenstill.

Aldurin und Gamorrok lösten den innigen Blickkontakt, der sie verband, und wandten sich an die umstehenden Heere, die sie immer noch stumm und wie versteinert anstarrten.

„Es gibt hier keinen Feind!", riefen sie noch einmal, und ihre Stimmen brachen sich an den Felswänden, so dass sie vielfach zurückgeworfen wurden und das ganze Tal erfüllten.

„ES GIBT HIER KEINEN FEIND!"

Der Ruf hallte durch das Tal, über verschneite Ebenen, über karge Wüsten, grasbewachsene Steppen, moosgrüne Hügel, Hochebenen, Meere – wo immer Elfen und Trolle sich zum Kampf versammelt und atemlos fiebernd das Duell ihrer Champions beobachtet hatten.

Zaghaft und zögernd breitete sich die Erkenntnis aus, dass der Kampf vorbei war, der Krieg beendet, bevor er richtig begonnen hatte. Die Stellvertreter beider Fraktionen hatten tapfer und bis zu Äußersten gekämpft, alles gegeben, einander nichts geschenkt. Doch am Ende hatten sie sich in der Einsicht vereint, dass es keinen Grund mehr für eine Fortsetzung des Kampfes gab, keine Grundlage für den Konflikt zwischen Trollen und Elfen überhaupt. Sie alle hatten geschworen, sich dem Ausgang des Stellvertreterkampfes zu unterwerfen. Und nun gab es weder Sieger, noch Besiegten. Es gab keine Gegner. Keinen Feind.

Ein Aufatmen ging durch die feinstoffliche Welt. Ein Seufzer der Erleichterung, der bis in andere Dimensionen reichte und dort seinen Weg tief in die Herzen der Menschen fand.

Erst vereinzelt, dann in einer tosenden Welle, brandete ungezügelter Jubel auf. Elfen und Trolle lagen einander in den Armen, lachten und scherzten, Tränen der Freude und Erleichterung in den Augen.

Inmitten der feiernden Massen standen an vielerlei Orten die Duellanten. Ungläubig blickten sie sich um und stellten fest, dass alle in ihrer Euphorie diejenigen vollkommen vergessen hatten, die ihnen den Frieden gebracht hatten.

Aldurin und Gamorrok schauten einander unschlüssig an. Ihre Aufgabe war erfüllt. Es gab hier nichts mehr für sie zu tun. An diesem Ort – an all diesen Orten – gab es wahrhaftig keine Feinde mehr. Für niemanden.

Aber was sollten sie nun tun? Hier standen sie, vergessen von der Welt, fernab ihrer Heimat (wo der Konflikt, wenn auch verhalten, wohl nach wie vor bestand) und ohne eine Möglichkeit, zurückzukehren. Oder auch nur, sich wieder mit ihren zahllosen Instanzen zu vereinen, die über diese Welt verstreut überall ebenso verloren herumstanden wie sie hier.

Ratlos betrachteten sie die Trümmer ihrer Schlitten. Ihre Augen suchten den Horizont nach den Rentieren ab, die in alle Himmelsrichtungen verstreut worden waren.

Mit einem Mal wurden beide von einem unerklärlichen Sehnen übermannt. Wie eine Art Heimweh, nur unvorstellbar viel stärker. Es war, als ziehe sie der unstillbare Wunsch an, zu ihrem Ursprung zurückzukehren. An diesem Ort war ihre Mission erfüllt, aber es war nicht allein der Wunsch nach Wiedervereinigung mit ihren Kopien, der sie rief.

Hier mochte es keinen Feind mehr geben, aber anderswo schon.

11.

Während sich seine Ableger wieder und wieder aufteilten und den Schlachtfeldern zustrebten, hatte der Trelf seine Position am Himmel über der arktischen Eisfläche gehalten. Wäre er nicht schon seit seiner Ankunft in Santas Nordpolfestung eine gespaltene Persönlichkeit gewesen, dann hätten ihn die unzähligen Stimmen in seinem Kopf wahrscheinlich in den Wahnsinn getrieben. Nichtsdestotrotz konnte er in dem Tohuwabohu, das sein Gehirn erfüllte, keinen klaren Gedanken fassen. Nur ganz allmählich gelang es ihm, das eigene Denken von den diffusen Eindrücken seiner Replikate zu trennen und letztere in einen hinteren Winkel seines Bewusstseins zu verdrängen, wo sie zwar nicht ganz verstummten, aber ihn zumindest nicht mehr nennenswert blockierten. Dabei half es, die eigenen Gedanken laut auszusprechen. So trieb er also ziellos am Himmel und führte Selbstgespräche.

„Hoffentlich gelingt es, den Krieg aufzuhalten“, sagte er zu sich. „Oder wenigstens zu begrenzen.“

Damit formulierte er sein wichtigstes Anliegen. Doch da war auch noch etwas anderes. Während seine Kopien das vorrangige Ziel in die Tat umsetzten, stellte er für sich selbst weitere Überlegungen an.

„Die Elfen in dieser Festung scheinen durch und durch von friedlichen Ambitionen durchdrungen zu sein. Ich kann mir nicht vorstellen, dass sie sich alle nur verstellen. Aber ihr Anführer – dieser Santa – ist ein Wolf im Schafspelz. Es würde mich nicht wundern, wenn er insgeheim ganz andere Ziele verfolgt, als einfach nur Menschen glücklich zu machen. Wahrscheinlich nutzt er die Arglosigkeit seiner Helfer nur schamlos aus. Der Schlüssel liegt vielleicht in der so harmlos erscheinenden Waffenkammer. Waffen, die nicht verletzen und weder zum Kämpfen noch zum Üben taugen … welche Perversion! Und mit diesem Spielzeug verführt er nicht nur Kinder, sondern auch Erwachsene, die das Kriegführen zur Spaßvergnügen machen. Während sie ihre Aggressionen ohne Gewissensbisse scheinbar gefahrlos für sich und andere kanalisieren können, werden sie, ohne es zu bemerken, für den

Ernstfall vorbereitet. Dann – mit einem Wink seiner Klauenhand – verwandeln sich die Spielzeuge in echte Mordinstrumente – so wie bei dem Zweikampf unter der Kuppel. Und die Kampfeslust derer, die sie bisher haben ausleben können, ohne Verantwortung für die Konsequenzen übernehmen zu müssen, wird zu Mordlust. Vielleicht war es nur der Auftakt, Elfen und Trolle gegeneinander aufzuhetzen. Sagte Santa nicht etwas davon, dass deren aufgeheizte Stimmung sich schon in die Welt der Menschen übertrage? Bereitet er womöglich so den Boden für seinen großen Schlag, um gleichzeitig alle Welten ins Chaos zu stürzen? War das gar von Anfang an sein Ziel und alle, auch ich, haben ihm in die Hände gespielt?"

Trotz der Kälte um ihn begann er zu schwitzen. Er zitterte angesichts der Erkenntnis, die ihm auf einmal so erdrückend schlüssig erschien.

„Diesem Dämon muss Einhalt geboten werden!", rief er zornig in die Nacht hinaus.

Wie zur Bestätigung hörte der Trelf das Flattern lederner Schwingen. Er wandte sich um, kampfbereit.

Schräg über ihm schwebte Santa, mit rundlicher Figur, rosigen Pausbacken, weißem Bart und rot-weiß bepelztem Anzug, getragen von zwei riesigen, fledermausartigen Flügeln, die an den Außenkanten mit langen, weißen Schwungfedern besetzt waren.

„Wenn man vom Teufel spricht, ...", lachte Luzifer und verwandelte wieder seine Gestalt, wie am Ende des Kampfes in der Polarfestung, kurz bevor der Trelf mit dem Schlitten entflohen war. Damit gab er seine Verkleidung als Weihnachtsmann endgültig auf, die er, zumindest in der augenblicklichen Situation, zunehmend als albern empfand.

„Endlich zeigst du also dein wahres Gesicht, Dämon", antwortete der Trelf.

„Hat ja eh keinen Sinn mehr, dir etwas vorzumachen", seufzte Luzifer. „Die Zeit, in der wir uns einfach nett hätten unterhalten können, ist zweifellos vorüber."

Luzifer schwieg für einen Moment. Dann setzte er nach: „Und die Zeit, in der ich dich unterschätzt habe, auch." Die dämonischen Züge, die zunächst trotzdem noch irgendwie freundlich drein geblickt hatten, nahmen einen grimmigen Ausdruck an.

„Du hast ja einen ziemlichen Aufruhr verursacht, du ... Trelf! Sag mal, wer bist du eigentlich?"

„Mein Name ist Legion", erwiderte der Trelf, ohne nachzudenken.

„Na, jetzt schlägt's aber Dreizehn. Das ist doch wohl die Höhe!“, ereiferte sich Luzifer. „Zuerst stiehlst du mein Kostüm, dann meinen Schlitten und jetzt auch noch meinen Text.“

„… denn wir sind viele“, fuhr der Trelf ungerührt fort. „Und ich meine: wirklich viele.“

Im selben Moment erfüllte donnerndes Tosen die Atmosphäre, als Tausende von Weihnachtsschlitten, geführt von jeweils einem Elf oder einem Troll, scheinbar aus dem Nichts am Firmament erschienen und sich um das Original scharten.

*

Entgeistert starrte Luzifer auf die Schlitten, die sich vor ihm bedrohlich zu einer Angriffsformation gruppierten. Mehrere Tausend mussten es sein. Und wenn er bedachte, wieviel Mühe er mit dem einen Trelf bereits gehabt hatte, war er sich plötzlich nicht mehr sicher, ob er seinen Gegner nicht doch ein weiteres Mal unterschätzt hatte. Jedenfalls begann das Ganze gerade wieder zu groß für ihn allein zu werden. Aber er hatte ja vorgesorgt. Nur, dass die Engelheere vermutlich immer noch als Vermittler auf die Schlachtfelder zwischen Elfen und Trollen verteilt waren, während sich die akute Gefahr nun wieder hier am Nordpol konzentrierte.

„Na schön“, grollte Luzifer und ließ sich seine Nervosität nicht anmerken. „Du meinst, du bist in der Überzahl. Aber ich bin auch nicht allein.“

Theatralisch reckte der rote Dämon die Arme hoch und rief: „Michael! Gabriel! Zu mir – jetzt!“ (Aber in seinen eigenen, spitzen Ohren klang es irgendwie wie: „Wiiiilmaaaaaa!“ und dabei sah er einen cartoonhaft gezeichneten Steinzeitmenschen verzweifelt mit Fäusten und Füßen gegen die verschlossene Tür seines Hauses trommeln.)

Beinahe sehnsüchtig lauschte Luzifer angestrengt auf die kleinsten Geräusche, in der verzweifelten Hoffnung, das Rauschen von Engelsflügeln zu hören. Doch alles blieb still.

Na schön, dachte er zu sich. Du hast dir das eingebrockt, jetzt wirst du es wohl auch selbst auslöffeln müssen.

Er seufzte schwer, dann schloss er die Augen, spürte die allgegenwärtige Energie in seiner Umgebung. Fühlte, wie sie alles durchdrang. Die kalte Polarluft, die Elfen, Trolle, Rentiere, sogar die Schlitten. Und ihn selbst.

Der Erste Engel öffnete seinen Geist und damit auch ein Portal zu seinem Körper.

*

Einen Augenblick lang hatte der Dämon fast ängstlich gewirkt, als die anscheinend erwartete Verstärkung ausblieb. Aber gleich darauf wurde er plötzlich seltsam ruhig, entspannt. Dann begannen Blitze auf seiner Haut zu zucken. Winzig erst, vereinzelt, wie die ersten Funken beim Entfachen eines Feuers. Aber sie wurden immer größer. Bald zuckten blaue und rote Entladungen rings um seinen ganzen Körper, während er in der Luft stand, regungslos bis auf das Schlagen der großen, ledrigen Schwingen. Die ganze Atmosphäre schien um ihn herum unter Strom zu stehen. Blitze zuckten aus dem Nichts auf ihn zu, krochen auf seiner Haut entlang und wurden schließlich absorbiert.

Dabei wurde er größer, erreichte schnell drei-, vierfache Trollgröße und hörte nicht auf zu wachsen. Bald war er so riesig wie seine Festung, kurz darauf wie ein Berg. Dann endlich stellte er das Wachstum ein und öffnete die Augen. Zornige Augen, wie glühende Kohlen, aus denen Funken stoben.

Luzifer ballte die Fäuste. Ein ohrenbetäubendes Brüllen entrang sich seiner Kehle. Es fühlte sich gut an. Endlich hatte er wieder einen Anlass, seine ganze Kraft zu zeigen, sie in einem alles verschlingenden Feuer explodieren zu lassen …

Der Trelf wollte gerade das Zeichen zum Angriff geben, da erfüllte das Rauschen tausender gefiederter Schwingen die Luft. Seine Hand verharrte reglos neben seinem Kopf, während ein Heer von Engeln aus der Höhe herab tauchte und sich um den Dämon formierte, der sich überrascht und beinahe enttäuscht umsah, die Blitze wieder einsaugte, die sich gerade angriffslustig in seinen Fäusten aufgebaut hatten, und langsam wieder auf die Größe eines Baums schrumpfte.

„Das war's dann wohl“, triumphierte Luzifer. Das bedrohliche Glühen hatte seine Augen verlassen. Er lächelte wieder, in finster entschlossener Heiterkeit. „Mit den Engeln auf meiner Seite kannst du deine Klone getrost wieder einpacken.“

Doch der Trelf war noch lange nicht bereit zur Aufgabe. Nun war es an ihm, die Augen zu schließen und alle Gedanken auf das eine Ziel zu fokussieren. „Mein Name ist Legion, denn ich bin viele. Sehr viele. Meine Zahl ist größer als die der Sandkörner in der Wüste, größer als die der Wellen im Meer. Ich bin endlos.“

Vor Luzifers entsetzt aufgerissenen Augen teilten sich Elfen und Trolle mit ihren Schlitten und Rentieren, verdoppelten ihre Zahl wieder und wieder, bis der ganze Himmel von ihnen erfüllt war. Luzifer und die Engel waren mächtig, aber sie wirkten verloren wie ein paar Krabben am Strand vor der anrollenden Woge einer gewaltigen Sturmflut.

Ein Fluch kam über Luzifers Lippen.

„Haltet die Stellung“, rief er den Engeln zu. „Ich bin dann mal weg.“

Mit diesen Worten tauchte er ab und verschwand im Sturzflug, bis er nur noch ein kleiner Punkt über dem Eis war, der dicht über dem Boden in einer eleganten Kurve umschwenkte und dann ganz verschwand.

Engel, Trolle und Elfen starrten ungläubig auf den leeren Raum, den er soeben noch ausgefüllt hatte. Ein winziges Vakuum inmitten Tausender und Abertausender Krieger, die einander misstrauisch beäugten.

„Ich fasse es nicht“, raunte Michael Gabriel zu. „Der alte Ziegenbock hat sich tatsächlich aus dem Staub gemacht und lässt uns hier seine Suppe auslöffeln.“

Dem Trelf schlief der erhobene Arm ein. Aber er zwang sich, ihn oben zu halten. Nachdem der Dämon Hals über Kopf das Weite gesucht hatte, war er unschlüssig, ob es wirklich noch sinnvoll war, den Kampf mit den Hilfstruppen des Feindes aufzunehmen, die zumindest augenscheinlich nur wenig mit ihm gemein hatten. Er fühlte, dass er mit diesen Lichtgestalten eigentlich keinen Streit hatte, und auch sie schienen abzuwarten und nicht wirklich auf einen Kampf aus zu sein.

So verharrten beide Parteien, abwartend und bereit, beim kleinsten Zeichen einer Angriffsabsicht der Gegner selbst loszuschlagen. Wie ein Pulverfass, über dem eine glimmende Lunte schwebte.

12.

Gottfried lag bäuchlings auf seinem Bett. Die Beine ausgestreckt, den Kopf unter einem Kissen vergraben. Tränen standen ihm in den Augen, aber niemand konnte sie sehen. Ein Sechzehnjähriger junger Mann weinte nicht!

Obwohl er das Kissen auf seine Ohren presste, drangen immer wieder Wortfetzen zu ihm durch. Die erregten Stimmen seiner streitenden Eltern waren schon heiser geschrien, aber immer noch laut genug, um ihn zu erreichen.

Gottfried wusste selbst nicht, was eigentlich geschehen war. Sie hatten zu Abend gegessen, sich zusammen ins Wohnzimmer gesetzt und die Kinder in ihre Zimmer geschickt, um die Bescherung vorzubereiten. Niemand war wirklich in weihnachtlicher Stimmung gewesen, aber immerhin war heute der Heilige Abend. Die Welt war immer noch im Aufruhr. Auch Gottfrieds Versuch, mit eigener friedlicher Gesinnung dagegen an zu arbeiten, war zum Scheitern verurteilt. Nicht einmal der berühmte „Tropfen auf den heißen Stein". Bestenfalls eine Träne in den brodelnden Schlund eines Vulkans vor dem Ausbruch.

Als er das Wohnzimmer verließ, konnte er die Spannung zwischen seinen Eltern förmlich spüren. Und während er noch die Treppe hinaufstieg, hörte er, wie ein Wort das andere gab, wie sich Vater und Mutter einen Vorwurf nach dem anderen um die Ohren warfen. Immer lauter, fast hysterisch. Sie hatten sich auch früher schon gelegentlich gestritten, aber nicht so laut und nicht so lang. Es war, als breche sich der aufgestaute Zorn von Jahrzehnten mit einem Mal Bahn. All die kleinen Ärgernisse, die sich über die Jahre angesammelt hatten. Einzeln nicht groß oder bedeutend genug, um selbst einen Streit auszulösen, und deshalb immer wieder irgendwo in einen hinteren Winkel weggeschoben, verdrängt. Aber eben auch nie aufgelöst. Und nun förderte plötzlich ein nichtiger Anlass alles zu Tage, was so lange im Verborgenen geschwelt hatte. In immer neuen Eruptionen brach es aus ihnen heraus und wollte einfach kein Ende nehmen.

Irgendwann wurden die Stimmen leiser, aber sie verstummten nicht. Doch Gottfried hielt dieser Trauer, diesem Zorn, dieser Verzweiflung auch nicht auf die Dauer stand und döste weg in einen gnädigen, dämmrigen Halbschlaf, ab und an unterbrochen von grell aufblitzenden, hektischen Bildern.

Gottfried schreckte hoch. Verwirrt sah er sich um. Etwas hatte ans Fenster geklopft.

Draußen war es dunkel. Gottfried starrte durch Gardine und Glas, aber er konnte nichts Auffälliges erkennen. Er senkte den Kopf und lauschte. Alles war still. Auch von unten drangen keine Geräusche, keine Schimpftiraden mehr herauf.

Da klopfte es wieder. Dreimal kurz hintereinander. Das war nicht Etwas, sondern Jemand! Gottfrieds Zimmer befand sich im ersten Stock. Wie konnte jemand von außen zu seinem Fenster hinaufgelangt sein?

Er sprang aus dem Bett, war mit drei Schritten am Fenster und riss es auf.

Kälte drang herein. Auch wenn der Schnee in diesem Jahr ausgeblieben war, hatten die Temperaturen am Abend gewaltig angezogen und waren auf zweistellige Minusgrade gefallen.

Gottfried fröstelte. Dennoch zwang er sich dazu, sich aus dem Fenster zu lehnen und sich draußen umzusehen.

Da war keine Leiter unter dem Fenster. Niemand war am Rankenspalier daneben hochgeklettert. Aber direkt vor seinen Augen, frei in der Luft, schwebte eine füllige, rot gekleidete Gestalt mit dichtem, weißem Bart.

„Ho ho ho", sagte der Weihnachtsmann. Es klang freundlich, aber nicht fröhlich. Doch wer war an diesem Abend schon fröhlich?!

„W-was tun Sie hier?", stammelte Gottfried. „Und was wollen Sie von mir?"

„Ich brauche deine Hilfe, mein Junge", sagte der Weihnachtsmann ernst. „Gib mir deine Hand und komm mit."

Ohne nachzudenken, hob Gottfried seine Hand und begann sie in Richtung auf die behandschuhte Rechte seines seltsamen Besuchers hin auszustrecken, aber mitten in der Bewegung hielt er inne.

Was er hier gerade erlebte, war vollkommen verrückt! Im günstigsten Fall befand er sich mitten in einem abgedrehten, wenn auch sehr realistisch wirkenden Traum. Aber wenn er womöglich schlafwandelte? Dann war der freundliche Alte, der ihm einladend die Hand hinhielt, natürlich nicht real, das Fenster und die sibirische Kälte aber vielleicht schon. Und der Abgrund, in den er stürzen würde, wenn er der einladenden Geste der Traumgestalt folgte.

„Vertrau mir", forderte Santa eindringlich. „Komm, es eilt. Das Schicksal der Welt hängt von dir ab."

Gottfried schüttelte den Kopf. Als wolle er Traum und Wirklichkeit dadurch voneinander trennen. Aber nichts änderte sich. Santa Claus schwebte immer noch vor ihm im eisigen Nachtwind und blickte ihn flehend an.

„Bitte!", sagte er. „Ich bringe dich sicher zum Ort des Geschehens. Versprochen! Aber ich kann dich nicht zwingen. Du musst aus freien Stücken mit mir kommen."

Gottfried zögerte. Er blickte seinem Gegenüber in die Augen. Konnte er diesem Nachtgespenst wirklich vertrauen? Sollte, musste, durfte er einer Gestalt vertrauen, an die selbst die kleinen Kinder heutzutage nicht mehr wirklich glaubten?

Plötzlich, als sei eine unsichtbare Schutzwand zur Seite gezogen worden, tauchte sein Blick tief hinter die spiegelnde Oberfläche in die Augen des Weihnachtsmanns ein, durch lange, dunkle Tunnel, bis hin zu einem hellen, blendenden Licht, das von weit her durch eine winzige Öffnung schien. Aber dieses kleine Licht genügte, ihn zu überzeugen, dass hinter der Aufforderung keine Täuschungsabsicht stand. Wenn dieser Santa jemals irgendetwas wirklich ehrlich gemeint hatte, dann jetzt.

Beherzt griff Gottfried nach der ausgestreckten Hand, lehnte sich weit aus dem Fenster, kletterte mit dem Fuß auf den Sims, lehnte sich noch weiter vor, verlor den Boden unter den Füßen … und schwebte neben Santa Claus vor dem offenen Fenster seines Zimmers.

„Danke für dein Vertrauen“, sagte der Weihnachtsmann. „Du kannst dir nicht vorstellen, was das für mich bedeutet. Aber jetzt komm, schnell. Wir dürfen keine Zeit verlieren. Hoffentlich ist es noch nicht zu spät!“

Wie er hierher gekommen war, hatte Gottfried nicht wirklich mitbekommen. Nur die arktische Kälte, die durch das Sweat Shirt und die unbeschuhten Socken in seine Glieder kroch, gab ihm einen Hinweis, dass dies alles doch irgendwie real sein mochte.

Mehr als nur wie die Reise zu einem fernen Ort kam es ihm so vor, als habe Santa ihn in ein anderes Universum entführt. Ein Universum, angefüllt mit zwei feindlichen Armeen, die einander misstrauisch belauerten – beide bereit, jeden Moment loszuschlagen.

Auf der einen Seite ein Heer von Engeln. Gestalten von menschlicher Form, aber angefüllt mit solch überirdischem Leuchten, dass Gottfried bei jedem Versuch, eine davon genauer zu betrachten, unwillkürlich den Blick sofort wieder abwenden musste, so als sei er im Begriff, in eine Sonne zu schauen, deren Licht seine Augen in Sekundenschnelle verbrennen würde. Dennoch konnte er unterschiedliche Reihen in ihrer Formation ausmachen, die er augenblicklich mit den Chören und Ordnungen der himmlischen Hierarchie assoziierte, von denen der Pfarrer im Religionsunterricht der Grundschuljahre erzählt hatte, den Cherubim und Seraphim, den Thronen und Mächten und all den übrigen Abteilungen der Himmelsboten.

Den Engeln gegenüber und von ihnen angestrahlt standen Weihnachtsschlitten am Himmel, in endlosen Reihen, Millionen und Abermillionen, wie es schien. Schwebende Schlitten mit Rentieren im Geschirr und besetzt mit je einem grimmig dreinblickenden Elfen- oder Trollkrieger.

Und in einem winzigen, leeren Niemandsland dazwischen, schwebte er selbst, zusammen mit dem Weihnachtsmann.

Angesichts der grotesken Szenerie hätte Gottfried am liebsten laut aufgelacht. Aber nach Lachen war ihm nicht zumute. Er spürte die tödliche Spannung, die in der Luft lag. Die aufgeladene Stimmung, die er an den Tagen zuvor zwischen den Menschen wahrgenommen hatte, der latente Groll, der sich am Weihnachtsabend urplötzlich zwischen seinen Eltern entladen hatte (und wahrscheinlich auch an anderen Orten), drang hier nun ungefiltert von allen Seiten auf ihn ein. Keine Barriere zwischen fein- und grobstofflicher Welt trennte ihn jetzt noch von der gespannten Erwartung der ultimativen Schlacht. Nicht einmal einem so unsensiblen Menschen wie seinem Deutschlehrer hätte der Ernst der Lage entgehen können.

„Dein Einsatz, junger Mann“, flüsterte ihm Santa ins Ohr. „Ich bin mit meinem Latein am Ende. Wenn irgendwer noch einen Ausweg aus dieser verfahrenen Lage schaffen kann, dann fällt mir niemand ein, der dafür besser geeignet wäre als du.“

Gottfried holte tief Luft. Was fiel diesem Typen ein?! Hatte ihn ins Zentrum eines Armageddon geholt, das jegliche menschliche Vorstellungskraft überstieg, und legte nun die Last, das unmöglich Erscheinende zu leisten, einfach auf seine jungen Schultern ab.

„Sch...“ Beinahe wäre Gottfried ein Fluch entschlüpft, aber rechtzeitig wurde ihm klar, dass ein zornig ausgesprochenes Schimpfwort wohl kaum geeignet war, die explosive Situation zu entspannen.

„...wierig“, beendete er daher das begonnene Wort. Dann begann er fieberhaft zu überlegen.

Er versuchte sich zu erinnern, wie es ihm gelungen war, aus dem Teufelskreis aggressiver Gedanken heraus wieder in eine friedliche, vorweihnachtliche Stimmung zu kommen. Spielte in Gedanken noch einmal die CD mit Weihnachtsliedern ab. Und plötzlich kam ihm eine Idee.

Er konnte sich nicht an vieles aus dem Geschichtsunterricht erinnern. Besonders die jüngere Geschichte hatte ihn eher angeödet. Aber ein Ereignis aus der Zeit des Ersten Weltkriegs war ihm in Erinnerung geblieben. Ein Ereignis, das mehr war als eine schöne, aber wahrscheinlich doch nur erfundene Anekdote. Ein Ereignis, belegt durch Fotos, Tonaufzeichnungen und die dokumentierten Aussagen mehrerer Zeitzeugen. Es war der Winter 1914. In den Schützengräben der Westfront in Flandern lagen deutsche und britische Soldaten einander in nicht einmal 100 Metern Abstand gegenüber. Niemand wagte es, den Kopf zu erheben, aus Angst, dieser könne ihm von einem gegnerischen Scharfschützen weggeblasen werden. Die Abenddämmerung senkte sich über das Schlachtfeld, und mit ihr kam noch tiefere Kälte. Dabei hatten sie alle erwartet, schnell und siegreich vorzudringen und bis Weihnachten längst wieder zuhause zu sein, um im Kreis der Familie am warmen Kamin zu feiern. Aber es war der Abend des 24. Dezember, und man war auf beiden Seiten von jeglicher Hoffnung auf Frieden unendlich weit entfernt. Plötzlich war da ein Licht auf dem Wall eines deutschen Schützengrabens. Dann ein weiteres. Und noch eines. Immer mehr Laternen erschienen in den deutschen Reihen. Jemand rief: „Kameraden, nicht schießen, nicht schießen!“ und kletterte aus der Deckung, mit erhobenen Händen, ohne Waffen. Dann begann er zu singen. Ein Lied, das Deutsche und Engländer kannten. Ein Lied, das wie kein anderes um die Welt gegangen war und überall für Frieden auf Erden stand. Ein Lied, dessen Text im Jahr 1816 von dem österreichischen Hilfspfarrer Joseph Mohr erdichtet und zwei Jahre später von dem Dorfschullehrer Franz Xaver Gruber vertont worden war.

Das Lied hatte die Kriegsfront überbrückt. Auf beiden Seiten hatten die Soldaten ihre Schützengräben verlassen, miteinander Weihnachten gefeiert, Namen und Adressen ausgetauscht und zusammen Fußball gespielt. Zwischen allem, was er je über die Schrecken des Ersten Weltkriegs gehört hatte, war Gottfried diese Episode in Erinnerung geblieben, die als „Weihnachtsfrieden“ oder „Weihnachtswunder“ in die Geschichte eingegangen war.

So begann auch Gottfried zu singen. Erst zaghaft und verhalten, dann kräftiger, selbstbewusster.

„Stille Nacht, … Heilige Nacht ...“

Seine Stimme überschlug sich. Der Stimmbruch war noch nicht vollständig überwunden, und er war ohnehin nie ein begnadeter Sänger gewesen. Aber er sang unbeirrt weiter.

„Alles schläft, einsam wacht ...“

Zuerst fielen die Engel ein. Einige vereinzelte Stimmen, Tenöre und Baritone – zweistimmig, wie Mohr und Gruber bei der Uraufführung in der Schifferkirche St. Nikola in Oberndorf bei Salzburg am Heiligen Abend 1818.

„… nur das traute, hochheilige Paar …"

Immer mehr Engel nahmen den Gesang auf. Voller und satter wurde der Choral, untermalt von Harfen und Posaunen.

Wenig später stimmten auch die Elfen und Trolle mit ein. Sie kannten den Text nicht (und verstanden ihn wahrscheinlich nicht einmal), aber ihre voll tönenden Stimmen griffen die eingängige Melodie auf und untermalten den Engelsgesang wie eine mächtige Orgel, bei der ein Register nach dem anderen gezogen wird, Strophe für Strophe, immer weiter, bis das ganze Universum ein einziger Klangkörper war, erfüllt von friedvoller, himmlischer Harmonie.

Am Ende stimmte Gottfried noch einmal die erste Strophe an. Während er ohne Anstrengung aus voller Kehle und mit reinem Klang jubilierte und die Musik ihn so warm durchströmte, dass er nichts mehr von der Kälte spürte, verklangen die Stimmen um ihn herum. Und nicht nur das. Zuerst sah es nur so aus, als würden die Reihen von Weihnachtsschlitten sich in weiter Ferne ein wenig öffnen und mehr Sternenlicht durchdringen lassen. Doch wie eine Welle pflanzte sich die Veränderung immer weiter zum Zentrum hin fort, wo Gottfried, Santa und die Anführer der beiden Heere schwebten. Als das Phänomen die vorderen Reihen erreichte, erkannte Gottfried, dass die Zwischenräume der Schlitten sich nicht, wie zuerst angenommen, vergrößerten, sondern dass diese sich vielmehr paarweise einander näherten, bis Elfen und Trolle miteinander verschmolzen, nur um gleich darauf der nächsten Vereinigung zuzustreben. Gleichzeitig nahm auch das strahlende Leuchten seitens der Engel ab, und auch die Lichtgestalten lösten sich auf, entschwanden, eine nach der anderen, in transzendente Sphären.

Schließlich sangen nur noch der Junge und der Letzte, der von dem endlosen Heer aus Elfen und Trollen übriggeblieben war, der Einzige, der von vornherein anders ausgesehen hatte als die Übrigen – eine seltsame Gestalt, nicht Elf und nicht Troll, aber mit Merkmalen von beiden:

„… schlaf in himmlischer Ruh."

Gottfried fühlte sich, als bestehe er aus reiner Energie. Sein ganzer Körper prickelte im Nachhall des letzten gesungenen Tons.

„Gut gemacht, mein Junge", raunte ihm Santa anerkennend zu. „Jetzt lass' dich wieder nachhause bringen. Du hast dir deine Weihnachtsbescherung redlich verdient."

Die Rückreise verlief ähnlich unerklärlich wie der erste Transport, aber Gottfried hatte ein wenig den Eindruck, dass er zwar aus einer anderen Welt oder vielleicht auch nur einer anderen Daseinsebene wieder in die eigene zurück tauchte, zugleich aber auch räumlich auf dem heimatlichen Planeten bewegt wurde, bevor Santa ihn durch das immer noch offenstehende Fenster wieder in seinem Zimmer absetzte.

Kaum hatte er Gottfried über den Fenstersims gehoben, wandte der Weihnachtsmann sich sofort wieder ab und wollte in die Nacht hinaus entschwinden, aber Gottfried hielt ihn am Ärmel fest.

„Einen Moment“, sagte er bestimmt. „Du kannst dich doch jetzt nicht so einfach davonschleichen. Schnell ein paar Geschenke durch den Kamin werfen und dann weiter zur nächsten Bescherung. Ich denke, ich habe ein bisschen mehr verdient. Wenigstens eine Frage könntest du mir schon beantworten.“

„Na schön“, seufzte Santa. „Und welche wäre das?“

„Was war das da eben?“

„Das würdest du nicht verstehen.“

„Na gut, mag sein. Dann aber: Wer bist du wirklich?“

„Das willst du nicht wissen.“

„Blödsinn. Natürlich will ich es wissen. Würde ich sonst fragen?“

„Glaub mir, mein Junge. Willst du nicht.“

„Wirklich nicht?“

„Wirklich nicht.“

„Ich hätte gedacht: vielleicht so eine Art Engel. Nicht so wie die Engel, die da vorhin zur Schlacht bereitstanden. Eher spezieller, aber irgendwie so etwas.“

„Naja, da liegst du immerhin gar nicht mal so falsch. Aber dabei sollten wir es jetzt auch belassen.“

Santa schlüpfte durch das Fenster in Gottfrieds Zimmer und legte dem Jungen sanft eine Hand auf die Stirn. Im selben Moment überkam Gottfried eine tiefe Müdigkeit, geboren aus wohliger Erschöpfung. Halb schlief er schon, als er auf sein Bett niedersank und bemerkte nicht mehr, wie Santa ihn zudeckte, sich leise wieder durch das Fenster quetschte, es dann von außen zuzog und mit einer kurzen Geste verriegelte, als hielte er den Griff auf der Innenseite direkt in der Hand.

Gottfried schreckte aus dem Schlaf auf. War das ein unglaublicher Traum gewesen! Ein Traum von Elfen, Trollen, Engeln … und dem Weihnachtsmann.

Ein Blick auf die Uhr seines Radioweckers zeigte ihm, dass es noch mitten in der Nacht war. Der Nacht vom 24. auf den 25. Dezember. Der Himmel war stockfinster. Dichte Wolken verdeckten Mond und Sterne. Trotzdem schien es durchs Fenster ungewöhnlich hell in Gottfrieds Zimmer.

Er warf die Bettdecke zurück, schwang die Füße auf den Boden und ging zum Fenster. Eine dicke weiße Schneedecke lag über der Stadt – auf Dächern, Bäumen, Autos. Und auf der Straße, unberührt und friedlich. Die weiße Pracht reflektierte glitzernd das trübe Licht der Straßenlaternen und strahlte es sanft in die Welt hinaus.

Und im Haus? – Vorsichtig tappte Gottfried zur Zimmertür, öffnete sie lautlos und schlich die Treppe hinunter, bis er durch die halb geöffnete Tür ins Wohnzimmer sehen konnte. Auf dem Fernsehbildschirm flimmerte das Weihnachtsprogramm: Drei Haselnüsse für Aschenbrödel. Gerade trabte der Prinz auf seinem weißen Pferd mit der endlich gefundenen Braut über tief verschneite Felder. Auf der Couch gegenüber lagen Gottfrieds Eltern und schliefen, innig aneinander gekuschelt. Nichts erinnerte mehr an den Streit am vergangenen Abend, der schon Befürchtungen einer bevorstehenden Trennung hatte aufkommen lassen – ausgerechnet am Heiligen Abend!

Aber nun war alles gut. Draußen trudelten dicke weiße Flocken herab und deckten die Welt zu wie eine liebende Mutter ihr Kind nach der Gute-Nacht-Geschichte.

Endlich war wieder Weihnachten – jetzt wirklich.

13.

Als Luzifer zum Nordpol zurückkehrte, schwebte der Trelf immer noch mit dem gestohlenen Schlitten bewegungslos am Himmel.

Er hatte jegliches Ziel verloren und genug damit zu tun, die Erinnerungen der unzähligen Aldurins und Gamorroks im Zaum zu halten, die nach der Wiedervereinigung in ihm tobten. Verzweifelt rang er um seinen Verstand und hatte wenig Hoffnung, dabei die Oberhand zu behalten. Und weil er kein Ziel hatte, sahen auch die Rentiere keinen Grund, ihren Standort zu verändern.

Luzifer sah den Trelf mitleidig an. Er wusste aus eigener Erfahrung, dass die Wiedervereinigung mit einer Vielzahl von Kopien der eigenen Identität, die alle eine eigene Erinnerung an ihren Ausflug mitbrachten, nichts war, was sich so einfach wegstecken ließ – nicht einmal für einen ehemaligen Erzengel. Und er selbst hatte sich niemals auch nur annähernd so oft vervielfältigt und die verschiedenen Inkarnationen auch längst nicht so lange aufrechterhalten. Dieser Trelf musste eine unvorstellbar starke Persönlichkeit haben.

Nein, korrigierte er sich. Nicht eine Persönlichkeit, sondern zwei. Oder doch eine …? Inzwischen war ihm klar, was geschehen war. Aber er verstand auch, dass dieses Wesen in der Zeit, die es als eine einzelne Person verbracht hatte, zu einem Individuum geworden war. Mit einer eigenen Seele, wie er überrascht feststellte, als er in den regungslosen Trelf hineinhorchte. Der Elf Aldurin und der Troll Gamorrok waren untrennbar verschmolzen, wie zwei Metalle zu einer neuen Legierung, mit neuen, noch besseren Eigenschaften als die beiden Einzelkomponenten. Ihn nun wieder endgültig auseinander zu reißen, würde einem Mord gleichkommen.

Nicht dass Luzifer, der Höllenfürst, grundsätzlich mit Mord ein Problem gehabt hätte, aber in dieser Nacht durfte niemand sterben. Das stand für ihn unverrückbar fest.

Allerdings stellte ihn diese Entscheidung gleichzeitig vor ein Dilemma, denn wenn er dem Trelf die Existenz als eigene Wesenheit erhielt, bedeutete dies zugleich das Ende des Elfen und des Trolls, aus denen er entstanden war.

Während er darüber nachgrübelte, wie er aus dieser Zwickmühle herauskommen könne, tastete er erneut den Geist des Trelfs ab und stellte verblüfft fest, dass unter all den zahllosen Stimmen, die sich dort nur sehr allmählich beruhigten, zwei fehlten.

Irgendwo mussten noch ein Aldurin und ein Gamorrok existieren, die nicht an der Wiedervereinigung teilgenommen hatten!

Luzifer beäugte den Trelf und kam zu dem Schluss, dass dieser noch für eine geraume Weile damit beschäftigt sein würde, wieder zu sich selbst zu finden und zu einer Einheit zu sammeln, so dass er ihn beruhigt würde allein lassen können.

„Bleib, wo du bist“, rief er. „Ich bin bald zurück.“

Dann nahm er die Suche nach den beiden Gestrandeten auf.

*

„Auf 'n Fried'n!“

Fildrin hob den Becher und prostete seinem Gegenüber zu. Krotonor erwiderte den Trinkspruch und stieß mit seinem Humpen so kräftig gegen Fildrins Becher, dass dieser beinahe zu Bruch ging. Der dunkelrote Inhalt schwappte heftig aus beiden Gefäßen, und feine Tröpfchen verteilten den aromatischen Duft über die feiernde Gruppe von Elfen und Trollen, die sich zur allgemeinen Verbrüderung über das zweckentfremdete Schlachtfeld ausgebreitet hatten.

Zuerst waren alle einfach nur erleichtert gewesen, dass die Kampfhandlungen abgesagt worden waren. Zugleich hatte sie aber die Befürchtung umgetrieben, was geschehen mochte, wenn die siegreichen Truppen der Schlachten, die anderswo geschlagen werden mochten, marodierend umherziehen und auf die Deserteure treffen würden, die sich nach dem unerwarteten Ende des Stellvertreterkampfes einfach geschlossen dem Krieg verweigerten. Würden sich dann Elfen und Trolle gemeinsam den Anderen entgegenstellen und notfalls Seite an Seite gegen jene fechten, die den hier geschlossenen Frieden nicht akzeptieren wollten? Oder würden beide Gruppen wieder in ihre alten Zugehörigkeiten verfallen und am Ende doch noch den unvermeidlichen Kampf austragen, der dann nur aufgeschoben statt aufgehoben sein würde?

Egal! – Der Frieden hielt. Zumindest solange ihnen nicht von außen ein neuer Konflikt aufgezwungen wurde. So setzten sich Trolle und Elfen verstreut zusammen, teilten – zunächst zurückhaltend, dann immer offener – Berichte und Anekdoten und teils gar Geschenke. Irgendwann hatte jemand bei der Inspektion eines der zertrümmerten Himmelsschlitten entdeckt, dass aus einem lecken Tank eine angenehm duftende Flüssigkeit tropfte, die nicht nur süß und würzig roch, sondern auch zum Trinken geeignet schien und zudem nach dem Genuss größerer Mengen eine wohlige Schwere auf Zunge und Gemüt legte. Nachdem man verwundert festgestellt hatte, dass die Quelle dieses wundervollen Getränks auch dann nicht zu versiegen schien, wenn endlose Reihen von Bechern damit gefüllt wurden, wurde schnell eine provisorische Theke errichtet und rege alles gefüllt, was sich als Trinkgefäß eignete. So lag man sich alsbald in den Armen, trank und sang, als gäbe es kein Morgen – was ja durchaus stimmen konnte, aber genau daran wollte jetzt niemand denken, und der starke Trank half hervorragend beim Vergessen.

Neben dem Wrack von Aldurins Schlitten stand Blandur und schenkte eifrig Punsch aus, gezapft aus einem Riss in dem Tank, der zur Standardausstattung des Weihnachtsschlittens gehörte. Er beglückwünschte sich zu seinem Einfall, als die Stimmung angesichts der ungewissen Zukunft des jungen Friedensschlusses zu kippen drohte und er sich daran erinnerte, dass Santa auf seinen Reisen mit dem Schlitten stets einen Tank mit Weihnachtspunsch mit sich führte und dessen Füllung sich auf ebenso wundersame Weise stets zu erneuern pflegte, wieviel auch immer daraus entnommen wurde. (Anfangs hatte er sich darüber gewundert, aber als er einmal Zeuge der Vervielfältigung des Schlittens selbst mitsamt seinem Fahrer geworden war, hatte er das sich-Wundern endgültig aufgegeben, wenn es um die Fähigkeiten seines Chefs ging.)

Nun konnten die ehemals verfeindeten Truppen bis zum Sankt-Nimmerleinstag feiern – oder bis sie alle nach und nach in tiefe Bewusstlosigkeit verfallen würden, um ihren Rausch auszuschlafen. Und zweifellos würden sie auch am nächsten Morgen anderes im Kopf haben, als sich denselben gegenseitig einzuschlagen, auch wenn es sich bei manchem so anfühlen mochte, als hätte genau das schon jemand getan. Aber jeder noch so schwere Kater war besser als ein Krieg!

Aldurin und Gamorrok hockten etwas abseits und hielten sich die dröhnenden Schädel. Auch sie hatten versucht, mit Punsch das drängende Ziehen zu betäuben, das sie machtvoll zu rufen schien. Aber das hatte es nur verschlimmert. Immer lauter hallte der Ruf zur Wiedervereinigung in ihnen, durchdrang sie, erfüllte sie – ihre Körper, ihr ganzes Wesen. Je länger sie sich widersetzten, umso lauter und fordernder wurde die körperlose Stimme und wollte nicht verstummen. Aber sie konnten nicht folgen. Denn ihre Transportmittel waren unbrauchbar, zerstört, ein für alle Mal verloren. Auch von den Zugtieren war weit und breit nichts zu sehen. So blieb ihnen nichts als tatenlos herumzusitzen und stumm vor sich hin zu leiden, während ringsherum das Singen, Grölen und Lachen nach und nach versiegte und teils durch lautes Schnarchen ersetzt wurde.

Aldurin bemerkte kaum, wie sich eine behandschuhte Hand schwer auf seine Schulter legte, ihn ergriff und wie eine Puppe anhob, ihn dann hinüber zu Gamorrok trug und dort wieder absetzte. Teilnahmslos ließ er es geschehen. In ihm war jede Widerstandskraft erlahmt, jeder Wille erstorben. Erst als die Hand sich wieder von der Schulter löste und seine Stirn berührte, wurde er gewahr, wie sich das Drängen langsam zurückzog, bis es nur noch dunkel in den Fernen der Erinnerung nachhallte und schließlich ganz verschwunden war.

Aldurin öffnete die Augen und blickte in ein feistes, freundliches Gesicht unter einer roten Zipfelmütze mit buschig weißem Bommel und gesäumt von einem dichten, ebenso weißen Rauschebart. Aus dem Augenwinkel sah er Gamorrok, der gleichermaßen verständnislos dreinblickte wie er vermutlich selbst.

„Ho, ho ho“, lachte Santa. „Da haben wir ja die beiden Ausreißer.“

Mit beiden Händen ergriff er Troll und Elf wieder an der Schulter und hob sie scheinbar mühelos auf die Füße, wo sie schwankend stehen blieben.

„Tja“, grummelte er in gespieltem Vorwurf, „den Termin zum Debriefing habt ihr verpasst. Und damit nun auch die Wiedervereinigung. Aber wenn man es recht betrachtet, hat damit alles eigentlich doch auch wieder seine Ordnung.“

Elf und Troll sahen ihn verständnislos an, aber im Augenblick war ihnen ohnehin immer noch alles egal. Es würde eine Weile dauern, bis sie sich wieder gefasst und zu sich selbst gefunden hatten.

„Zeit, nach Hause zu gehen!“, rief Santa aufmunternd und umfasste mit je einer seiner fleischigen Hände die Nacken der beiden verdutzten Krieger. Im nächsten Moment explodierte die Welt und wirbelte in Fetzen um sie herum, während die drei Gestalten wie im Auge eines Wirbelsturms in trügerischer Ruhe scheinbar bewegungslos verharrten.

Dann war alles von einem Augenblick zum anderen vorbei.

*

Aldurin und Gamorrok sahen sich verwundert um. Die Gegend kam ihnen bekannt vor. Als wäre nichts weiter geschehen, standen sie wieder im Heiligen Hain. Dunkel, tief verschneit und still lag er da. So, wie sie ihn verlassen hatten. Aber etwas war anders. Santa war nach wie vor bei ihnen.

Lachend tätschelte er beiden die Wangen.

„Doch doch, ihr habt keineswegs geträumt. Das ist alles genauso passiert, wie ihr es in Erinnerung habt. Aber keine Sorge: Bald findet ihr euch wieder in euer altes Leben ein. Ich vermute, dass ihr schneller wieder die alten seid, als euch lieb ist. Dann ist zumindest hier wieder alles wie vorher. Ich meine, auch mit Überfällen und Strafexpeditionen und so. Wahrscheinlich werdet ihr früher oder später doch wieder mit Schwertern und Keulen aufeinander einschlagen. Und dann werdet ihr nicht wieder aufhören, bevor einer erledigt ist. Einerseits schade, andererseits – von meinem normalen Blickpunkt aus betrachtet – dann auch wieder nicht ...“

Santa schüttelte den Kopf, unschlüssig, welcher Betrachtungsweise er den Vorzug geben sollte.

„Aber nicht heute“, resümierte er und gab beiden noch einen Klaps auf die Schulter, bevor er die Hände zurückzog. „Dann macht ihr euch nun wohl am besten auf den Heimweg. Ich für mein Teil habe noch etwas zu erledigen. Zeit für den Abschied – schnell und ohne viele Worte. Gehabt euch wohl."

Mit diesen Worten wandte Santa sich ab und stapfte durch den knietiefen Schnee davon. Aldurin und Gamorrok blickten einander tief in die Augen.

„Hier trennen sich also unsere Wege, Bruder", sagte Gamorrok feierlich. „Aber sei versichert: Nach meiner Heimkehr werde ich alles daransetzen, Friedensverhandlungen in die Wege zu leiten, damit wir uns nie wieder auf dem Schlachtfeld gegenüber stehen müssen."

„Ich werde das Gleiche tun", bekräftigte Aldurin. „Nun, da wir Wissen und Erinnerungen geteilt haben, können wir hoffentlich unser beider Völker überzeugen, die Streitigkeiten zu beenden. Aber es wird ein langer und beschwerlicher Weg sein. Feindbilder sterben längst nicht so schnell wie Feinde."

„Aber es wird die Mühe lohnen. Denn wir wissen: Elfen und Trolle können und sollten Freunde sein."

Mit einer festen Umarmung verabschiedeten sich Aldurin und Gamorrok. Dann lösten sie sich voneinander und wandten sich ohne weitere Worte zum Gehen, jeder in Richtung auf sein Heimatdorf: der Elf in die Tiefe der Wälder und der Troll hinaus auf das weite Feld, das zwischen dem Elfenwald und seiner felsigen Heimat lag.

Doch nach wenigen Schritten hielt Aldurin inne.

„Warte einen Moment!", rief er Gamorrok zu. „Hörst du das auch?"

„Was denn?", fragte der Troll zurück und blieb ebenfalls stehen.

„Es klingt fast wie … Musik."

„Musik?!"

„Ja, doch. Es kommt von dort hinten. Jenseits des Heiligen Hains."

„Wer sollte denn hier und jetzt musizieren?"

„Keine Ahnung. Aber ich werde es herausfinden. Kommst du mit?"

Der Troll zögerte kurz. Doch dann drehte er um und schloss sich Aldurin an.

„Nichts eilt jetzt gerade so sehr, dass es keinen Aufschub vertrüge. Lass uns dem zusammen nachgehen."

Gemeinsam machten sie sich auf den Weg zur Quelle der seltsamen Klänge. Bald konnte auch Gamorrok hören, dass es sich nicht um zufällige Geräusche handelte, sondern eindeutig um melodische Tonfolgen.

Kurze Zeit später starrten sich beide verblüfft an. Was da zu ihnen herüber drang, waren tatsächlich Lieder. Fröhliche Lieder. Begleitet von verschiedenen Instrumenten – und gesungen von einem Chor aus Elfen- und Trollstimmen!

Die Beiden beschleunigten ihre Schritte, nicht ohne eine gewisse Grundvorsicht walten zu lassen, aber als sie die Quelle des Gesangs erreichten, glaubten sie wiederum ihren Sinnen nicht trauen zu können. Das letzte Stück war es bergab gegangen. Dann standen sie hinter den letzten Stämmen, dicht an dicht, fast wie ein Gatter. Vor ihnen, leicht gegen den Wald abgesenkt, erstreckte sich eine weite Lichtung, durchzogen von einem dünnen, zugefrorenen Bächlein. Inmitten der Lichtung erhob sich eine gewaltige Tanne, deren Spitze jene der ersten Baumreihen am umsäumenden Hang deutlich überragte. Ein dichter Kranz breiter Wedel beschattete den Boden rings um den pfeilgerade aufragenden Stamm, eine kreisrunde Fläche frei von Schnee, mehrere Trolllängen im Durchmesser. Wie eine Pagode, sich nach oben mit jeder Etage verjüngend, schraubten sich weitere Wedelkränze immer höher, bis hinauf zur Spitze, die einsam in den klaren nächtlichen Himmel aufragte. Dicke Schneedecken lagen auf den Zweigen und glitzerten unter den funkelnden Himmelslichtern. In vollem Rund erleuchtete der Mond die Szene wie ein alles überstrahlender, auf die Baumspitze gesteckter Stern.

Es hätte – je nach Stimmung – gespenstisch oder idyllisch wirken können, wäre nicht der Platz um den gleißenden Tannenbaum mit Buden und Hütten, Zelten und Pavillons angefüllt gewesen, die selber mit Fackeln und bunten Öllampen erleuchtet waren. Dazwischen spendeten pilzförmige Öfen Wärme für Elfen und Trolle jeglichen Alters. Einträchtig feierten, aßen und tranken, sangen und redeten dort Männer, Frauen, Alte und Kinder, unbeschwert und fröhlich. Niemand trug Waffen oder Rüstung und nicht ein Hauch von Feindseligkeit lag in der Luft. Dafür trug ein sanfter Nachtwind verschiedene Düfte herüber, die Aldurin und Gamorrok zumindest teilweise an die Zuckerbäckerei des Weihnachtsmanns erinnerten. Erinnerungen an ein anderes Leben, aber nichtsdestoweniger real.

Freudig verblüfft, aber auch irgendwie verstört, betraten Gamorrok und Aldurin den Festplatz.

„Was ist denn hier los?“, fragte Gamorrok den ersten der Feiernden, den sie erreichten – einen älteren Troll, der etwas abseits stand, wohl um sich ein wenig Ruhe von dem lauten Treiben zu gönnen und neue Kraft zum Weiterfeiern zu sammeln.

„Habt ihr denn etwa nichts vom Friedensfest gehört?“, fragte der Angesprochene überrascht und musterte die beiden Neuankömmlinge.

„Aber vermutlich wohl, wo ihr doch gemeinsam gekommen seid. Doch warum seid ihr bewaffnet? Habt ihr den strikten Befehl nicht vernommen, dass absolut keinerlei Waffen erlaubt sind?“

„Offenbar nicht“, stotterte Aldurin, nachdem er sich halbwegs von seiner Verwunderung erholt hatte. „Aber sag: Was genau ist der Anlass für dieses Fest?“

„Das wisst ihr nicht? Ich dächte, an keinem Elf und keinem Troll könnten die Ereignisse der letzten Tage vorübergegangen sein.“ Er schüttelte ungläubig den Kopf. „In welchem Loch hattet ihr euch denn verkrochen?“

„Wir waren weit weg“, sagte Gamorrok tonlos. „Sehr weit. Jeder auf einer Mission. Dann sind wir uns begegnet und erst jetzt zurückgekehrt. Aber sprich weiter. Wie ist es zu alledem gekommen?“

„Nun“, sagte der alte Troll, „ich kann auch nur berichten, was ich vom Hörensagen weiß. Die Geschichte hat so schnell die Runde gemacht, dass niemand mehr genau weiß, wer sie wem zuerst erzählt hat, und es ist nicht ausgeschlossen, dass von Mund zu Ohr und weiter und weiter das Eine oder Andere hinzugekommen oder verloren gegangen ist. Aber Tatsache ist, dass der Zwist zwischen Elfen und Trollen beigelegt wurde. Ein für alle Mal. Und wenn das kein Grund zum Feiern ist ...“

„Aber wie …?“, setzte Aldurin erneut an. „Und warum …?“, legte Gamorrok nach.

„Wie gesagt“, nahm der Troll den Faden wieder auf. „So ganz genau weiß ich das auch nicht, aber alle Versionen der Geschichte beginnen mit der Ankunft der Friedensstifterin im Heiligen Hain, hier ganz in der Nähe. Angeblich soll sie wie durch ein Wunder aus dem Nichts erschienen sein. Eine junge Elfe, ganz allein und in seltsamer Gewandung. Eine Trollpatrouillie hat sie wohl aufgegriffen und zuerst einmal mitgenommen. Vermutlich wollten sie sie verhören und anschließend vielleicht gegen Lösegeld eintauschen, aber irgendwie hat sie alle platt geredet. Ob Welpenschutz oder Überzeugungskraft oder eine Mischung aus beidem, aber diese kleine, niedliche junge Elfe hat allen, die ihr begegneten, ein Lächeln ins Gesicht gezaubert. Jedenfalls konnte ihr niemand etwas zuleide tun. Und schließlich hatte sie die Dorfältesten überzeugt, sie nicht nur ins Elfendorf ziehen zu lassen, sondern sie auch noch dorthin zu begleiten. Der Empfang durch Ihresgleichen soll zunächst nicht besonders herzlich gewesen sein, denn niemand vermisste oder kannte sie im Elfendorf. Daher begegnete man ihr zuerst mit großem Misstrauen. Aber am Ende hatte sie auch den Rat der Elfen auf ihrer Seite. Die Trolle, die sie begleitet hatten, wurden hereingebeten, und man nahm Friedensgespräche auf. Und – was soll ich sagen? Sie waren erfolgreich. Die Erbfehde zwischen Trollen und Elfen ist beendet. Seit drei Tagen und Nächten feiern wir nun, was das Zeug hält, tauschen Geschichten und Geschenke aus, lachen und singen zusammen, als hätte es niemals Streit gegeben. Los jetzt! Legt euer Eisen ab und schließt euch an!“

Zögernd öffneten Aldurin und Gamorrok ihre Waffengürtel und befreiten sich von Schwertern, Dolchen, Streitkolben und was immer sie an weiteren kriegerischen Utensilien mit sich führten. Gamorrok legte alles zusammen, trug es zu einem auffällig schiefen Baum an der Grenze der Lichtung und verstaute es dort unter einer Wurzel. Dann kehrte er zu Aldurin zurück und mischte sich mit diesem unter die Feiernden, während der ältere Troll sich nach kurzem Abschied zu einem Zelt begab, wo heiße Getränke ausgeschenkt wurden.

Sie waren noch nicht weit gekommen, da entstand Aufruhr auf der Lichtung. Alle wandten sich dem Zentrum zu, als dort eine füllige Gestalt im rot-weißen Kostüm auftauchte und eine nahe bei dem Baum aufgebaute Tribüne betrat.

„Elijanda, zu mir!“, rief Santa mit tiefer, weithin hallender Stimme. „Ich nehme an, das alles hier ist dein Werk.“

Es dauerte einen Moment, dann konnte man sehen, wie zwischen den Feiernden eine Gasse entstand, durch die eine einzelne, zierliche Elfe der Tribüne zustrebte. Auch Gamorrok und Aldurin bahnen sich einen Weg dorthin, denn sie wollten nichts von dem verpassen, was nun weiter Licht ins Dunkel der jüngsten Geschehnisse zu bringen versprach.

„Das ist ja fast noch ein Kind“, dachte Aldurin überrascht, als die Elfe die Stufen zur Tribüne erklomm und sich zaghaft, aber zugleich auch ein wenig stolz vor Santa aufbaute.

„Hallo Santa“, sagte sie mit entwaffnendem Augenaufschlag. „Schön, dass du da bist.“

Der Weihnachtsmann runzelte die Stirn, konnte aber auch ein kleines Schmunzeln nicht unterdrücken.

„Ich nehme an, du hast das hier geschafft“, wiederholte er und seufzte ein wenig.

„Jaa“, erwiderte Elijanda verhalten. Sie hatte in seiner Stimme einen Unterton bemerkt, den sie nicht recht zuordnen konnte. „Ich denke, ich habe schon etwas damit zu tun. Immerhin war ich ja auf einer Friedensmission. … Nicht gut?“

„Doch, doch.“ Santa rieb sich die Stirn. Er hatte gerade ein kleines Identitätsproblem. Einerseits war er im Moment Santa Claus – ein Inbegriff des Weihnachtsfriedens. Und tatsächlich hatte er die Elfe auf eine Friedensmission geschickt. Andererseits spielte er seine Rolle zwar ehrlich und mit allen Konsequenzen, aber eben auch nur zeitlich begrenzt. Den größten Teil des Jahres über war er Satan, Ankläger, Richter und zuständig für den Strafvollzug an überführten Sündern. Und gelegentlich auch ein Versucher, der ab und an darauf hinarbeitete, sich selbst „Kundschaft“ zuzuschustern. Als solcher konnte er sich gerade noch damit arrangieren, ein paar Elfen und Kobolde für die Vorbereitung und Durchführung weihnachtlicher Aktivitäten anzuwerben, die zum Ende eines Jahres für einige Tage oder Wochen Frieden und Freude in die Welt der Menschen bringen sollten. Die dauerhafte Beendigung eines blutigen Konfliktes allerdings schadete nachhaltig seinem Kerngeschäft. Schlimm genug, dass genau dies nun zwischen allen Völkern der feinstofflichen Erde eingetreten zu sein schien und er auch noch selbst aktiv daran hatte mitwirken müssen, weil er auch die vorausgegangene bedrohliche Eskalation maßgeblich mit verursacht hatte! Aber dass nun auch noch diese letzte Bastion aus gegen Ende der Kampfhandlungen im letzten großen Elfen- und Trollkrieg zufällig von der Transmissionsstation im Heiligen Hain versprengten Kämpfern beziehungsweise deren Nachkommen endgültig befriedet schien, machte ihm schon zu schaffen.

Aber Gerechtigkeit war schon immer einer seiner unverbrüchlichen Wesenszüge gewesen, und den hatte er auch in seiner Rolle als Höllenfürst niemals aufgegeben. Somit konnte er nicht anders, als zuzugeben, dass Elijanda eigentlich genau das getan hatte, was ihr von ihm selbst aufgetragen worden war. Und dass sie dabei trotz unerwarteter Erschwernisse äußerst erfolgreich gewesen war.

Außerdem stellte er verwundert fest, als er ihr in die großen, runden Augen blickte, dass selbst er nicht immun gegen ihren treuherzigen Charme war.

„Du hast alles richtig gemacht“, sagte er daher und strich ihr sanft über den Kopf. „Das ist nur alles ein wenig überraschend. Schließlich hättest du eigentlich ganz woanders tätig werden sollen. Aber das ist auch nicht deine Schuld.“

„Allerdings ...“, wandte Elijanda ein und zog einen Flunsch, „war ich, was meinen eigentlichen Auftrag angeht, nicht wirklich erfolgreich. Ich glaube kaum, dass sich irgendjemand hier zum Dienst in der Nordpolwerkstatt wird anwerben lassen. Dafür sind sie zu sehr damit beschäftigt, den neu geschlossenen Frieden zu feiern."

„Alles gut", seufzte der Weihnachtsmann. „Kein Thema. Komm, lass uns nach Hause gehen."

Nachdem sich Elijanda von den Obersten der Trolle und Elfen verabschiedet hatte (sie hatte darauf bestanden, um nicht etwa neuen Streit aufkommen zu lassen, sollte der Verdacht entstehen, jemand könnte sie entführt haben), nahm Santa sie Huckepack, entfaltete seine rot-weißen Schwingen und erhob sich mit der fröhlich winkenden jungen Elfe auf den Schultern in die Lüfte, schraubte sich in mehreren Windungen um die Tanne herum nach oben, immer weiter den Sternen entgegen, bis sie den Blicken der Zurückbleibenden entrückt waren.

Auch Aldurin und Gamorrok blickten dem ungewöhnlichen Paar noch eine Weile nach.

„Das war's dann wohl", sagten beide wie aus einem Mund, und dann noch, gleichfalls unisono: „Das müssen wir uns wirklich abgewöhnen."

Dann brachen beide in befreites Gelächter aus, bevor sie feststellten, wie hungrig und durstig sie waren. Eine (vorerst) letzte Umarmung, dann machten sie sich getrennt auf den Weg, etwas zu Essen und zu Trinken zu bekommen, entspannt in der Gewissheit, einander in Zukunft noch häufiger in Freundschaft zu begegnen.

Unterwegs sammelten Santa und Elijanda einen schon ziemlich verzweifelten Blandur auf, der, nachdem er das Verschwinden von Aldurin und Gamorrok bemerkt hatte, bereits der Befürchtung anheimgefallen war, die letzte Gelegenheit zur Heimkehr verpasst zu haben.

Zurück in der Nordpolfestung, wurden sie mit großem Hallo begrüßt. Elijanda und Blandur wurden von allen Seiten mit Fragen bestürmt und erzählten bereitwillig bei Punsch und Zuckerwerk ihre Geschichten.

Santa zog sich zurück, ließ sich erschöpft in seinen weichen Lehnsessel fallen und einen großen Humpen voll Weihnachtstee bringen, kochend heiß und tiefrot, mit Zimt und Sternanis und Kardamom. Er nahm einen tiefen Schluck … und spuckte ihn prustend wieder aus, als ihm der Trelf einfiel, der – hoffentlich – immer noch einsam am Polarhimmel im Weihnachtsschlitten seine Bahn zog.

14.

Glücklicherweise fand Santa den Trelf tatsächlich noch dort vor, wo er ihn zurückgelassen hatte. Aber immerhin war er inzwischen wieder ansprechbar.

„Was machen wir denn nun mit dir?", fragte Santa mitleidig – halb an den Trelf gerichtet, halb zu sich selbst. „Du bist wahrhaftig ein Heimatloser."

Der Trelf blickte hilflos drein. Aber er sagte kein Wort. Da schnippte Santa mit den Fingern. Ihm war gerade eine Idee gekommen.

„Vielleicht solltest du dir einen Bart wachsen lassen", sagte er mit einem verschmitzten Lächeln. „Und an deiner Figur müsstest du arbeiten." Er musterte den Trelf abschätzend von allen Seiten. „Viel zu athletisch. Aber das ist nichts, was sich nicht mit einer gründlichen Lebkuchen-, Keks- und Zuckerdiät in den Griff bekommen ließe."

Der Trelf schaute ihn verständnislos an.

„Wie? – Immer noch nicht begriffen, worauf ich hinaus will?" Santa schüttelte tadelnd den Kopf. „Dabei hast du die Rolle doch schon einmal recht erfolgreich gespielt."

Ein Funke des Verstehens blitzte in den Augen des Trelfs auf. Doch sogleich runzelte er die Stirn.

„Du zweifelst an deiner Eignung? Keine Bange, ich kann Leute ganz gut einschätzen – gehört irgendwie zu meiner Jobbeschreibung. Und bei ständig anwachsender Personaldecke brauchen wir hier am Nordpol ganzjährig eine starke Führung. Aber für mich wird das immer nur eine Teilzeitbeschäftigung bleiben."

Santa ließ dem Trelf Zeit, das Gesagte zu verarbeiten.

„Lange Rede, kurzer Sinn: ...", sagte er dann. „Was hältst du davon, mein Stellvertreter zu werden?"

Man sah dem Trelf an, dass er ernsthaft über das Angebot nachzudenken begann. Aber er zögerte noch.

„Komm, schlag ein", rief Santa ungeduldig und streckte ihm die Hand entgegen. „Worauf wartest du noch? Ich weiß doch, du hast aktuell nichts anderes vor. Die Stellenangebote für Krieger sind gerade drastisch zurückgegangen, und als Friedensstifter bist du garantiert eine bessere Besetzung als ich. Das hast du zwar bisher noch nicht selbst unter Beweis stellen können, deine beiden Alter Egos aber sehr wohl."

Zögernd hob der Trelf die Hand.

„Eine gute Entscheidung!", gratulierte Santa, während er die Hand des Anderen ergriff und heftig schüttelte. „Du musst das auch nicht allein machen. Meine langjährigen Mitarbeiter werden dich gerne einführen und beraten. Und was die diplomatische Seite angeht, kenne ich da jemanden ..."

Ehe der Trelf es sich anders überlegen konnte, schwang sich Santa in den Schlitten und übernahm die Zügel. Laut schnalzte er mit der Zunge und nahm Kurs auf sein Domizil im Ewigen Eis.

Auch Elijanda staunte nicht schlecht, als Santa sie mit dem Angebot überrollte, dem Trelf als engste Beraterin und stellvertretende Leiterin der Nordpolstation zur Seite zu stehen. Aber Santa wirkte so überzeugt von ihrer Kompetenz und der idealen Kombination der Qualifikationen in dem von ihm ausgesuchten Team, dass seine Begeisterung schließlich auf sie übersprang und sie ihren Widerstand aufgab.

Der Trelf konnte – wie alle anderen – nicht anders, als sich in Elijandas erfrischende, offenherzige Natur zu verlieben. So wurde den Weihnachtselfen am Nordpol rechtzeitig vor dem Silvesterabend das neue Führungsduo vorgestellt und mit großem Applaus willkommen geheißen. Einmal mehr sprach der Weihnachtsmann den beiden vor versammelter Elfenschaft sein uneingeschränktes Vertrauen aus und verabschiedete sich bis zum nächsten Advent.

Als die Polarelfen sich in den Weiten der Festung verstreut hatten, um die Feierlichkeiten zum Jahreswechsel vorzubereiten, saß Santa noch mit dem Trelf und Elijanda zusammen, um Vorkehrungen für die kommende Zeit zu besprechen.

„Bleibt noch die Frage nach deinem Namen", sagte er zu dem Trelf. „Ohne einen Namen bist und bleibst du eher ein 'Etwas' als ein 'Jemand'. Hast du darüber schon einmal nachgedacht?"

„Ehrlich gesagt: nein. Wenn ich an Namen denke, dann schwirrt in meinem Kopf so etwas herum wie Aldurok oder Gamorrin oder Galmurinok oder ..."

„Halt ein!", rief der Weihnachtsmann in gespieltem Entsetzen. „Aber im Ernst: keine gute Idee. Wenn du deinen Namen brockenweise aus den Namen der Wesen zusammensetzt, aus denen du hervorgegangen bist, wirst du nie eine eigene Persönlichkeit entwickeln. Weißt du was? – Wie wäre es mit 'Santa Claus'? Hier werden dich in Zukunft sowieso die meisten mit diesem Namen ansprechen, und über kurz oder lang sollte ich mich auch ganz davon trennen. Ich trage noch genug andere Namen, aber du hast sonst gar keinen. Solange ich ab und an immer noch in die Rolle schlüpfen kann, bin ich's zufrieden. Zuerst gedenke ich noch gelegentlich nach dem Rechten zu sehen, aber wenn sich alles eingespielt hat und gut läuft – wovon ich fest überzeugt bin – könnt ihr dann nach eigenem Gutdünken schalten und walten. Dann wirst du nicht mehr nur mein Vertreter sein, sondern mein Nachfolger – der einzig wahre 'Santa Claus'. Und ich werde mich freuen, wenn ich noch bei Bedarf dein Double geben darf."

Sie redeten noch eine Weile über Verschiedenes, bis weder der neue Santa noch Elijanda weitere drängende Fragen hatten. Dann verabschiedete sich Luzifer mit dem Hinweis auf eine Verabredung zur Neujahrsfeier.

„Ich komme wieder!", rief er im Gehen und winkte noch einmal, ohne sich umzudrehen. „Bis dann – alles Gute!"

Epilog

Zwei ältere Herren saßen gemütlich vor einem Schachbrett. Daneben hatte jeder von ihnen ein Glas Sekt stehen; beim einen golden sprudelnd, beim anderen blubberte es rot. Über ihren Köpfen schwebte eine Uhr, die den Countdown zum Jahreswechsel anzeigte. Eine Viertelstunde bis Mitternacht.

„Dann willst du den Job also tatsächlich wieder an den Nagel hängen", stellte der freundliche Alte mit weißem Haarkranz und schütterem langem Bart fest und schob seinen Turm über das Brett. „Schach!"

„Nicht ganz", berichtigte der Andere und strich mit langen, dürren Fingern durch seinen spitzen Kinnbart, dessen silbrige Fülle noch verschiedentlich mit schwarzen Strähnen durchsetzt war. „Immerhin habe ich mir das Recht vorbehalten, im Advent und an Weihnachten noch selbst den roten Dress anzulegen. Mehr habe ich vorher ja auch kaum getan. Aber inzwischen ist der Laden so groß geworden, dass er einen Vollzeit-CEO braucht. Dabei muss ich mich schließlich auf mein Hauptgeschäft konzentrieren, das du mir angeschafft hast. Die Doppelbelastung frisst einen auf die Dauer auf."

Er griff nach seinem rechten Springer und nahm den weißen Turm vom Brett.

„Das heißt, der nächste Winterurlaub ist schon gebucht?"

Der Strickpulli mit Engelmuster schabte über den Tisch, als eine ruhige Hand einen weißen Bauern ein Feld nach vorn schob und damit den Weg für einen Läufer frei machte. „Schach!"

„Worauf du Gift nehmen kannst."

Die schwarze Dame stellte sich dem Läufer in den Weg.

„Weißt du, Gift ist nicht so meine Sache", lachte der weiße Spieler gutmütig. „Doch wohl eher deine."

„Femme fatale", kommentierte der Spieler im schwarzen Anzug mit feuerroter Weste seinen nächsten Zug. „Bischöfen bekommt es selten gut, sich unvorsichtigerweise mit einer Dame einzulassen." Dabei tauschte er mithilfe seines zweiten Springers den Läufer ab, der gerade zuvor seine Dame geschlagen und damit erneut den schwarzen König bedroht hatte.

„Aber am Ende kommt alles, wie es soll."

Die weiße Dame zog diagonal über das Brett und tauchte in eine Lücke zwischen der Phalanx schwarzer Figuren, mit freier Bahn zum schwarzen König, der zwischen seinen eigenen Vasallen eingekesselt war. „Schachmatt!"

Der Spitzbärtige betrachtete bedauernd das Spielfeld und machte Anstalten, seinen geschlagenen König umzukippen. Doch dann überlegte er es sich anders. „Gar nicht!“, sagte er und tippte einen schwarzen Bauern an, worauf dieser sich vervielfältigte, bis sämtliche zuvor noch freien Felder mit schwarzen Bauern bedeckt waren.

„Nicht schummeln!“, sagte sein Gegenspieler tadelnd. Er schnippte mit den Fingern, und die überzähligen schwarzen Bauern verschwanden.

„Schon gut“, lachte der Finstere. „Ich gebe mich ja geschlagen. Aber du musst zugeben, dass der Vervielfältigungstrick doch das Gleichgewicht verschieben könnte. Wenn mir das damals schon eingefallen wäre ...“

Er unterbrach sich und hob misstrauisch eine buschige Augenbraue.

„Moment mal. Du hast doch nicht etwa bei der ganzen Sache deine Finger im Spiel gehabt? Wenn ich's recht bedenke, hat es da auffällig viele Zufälle gegeben: ein Elf und ein Troll duellieren sich an einem Dimensionstor, und das ausgerechnet in dem Moment, wenn ich eine Friedensemissärin auf die Reise schicke; mein nächster Gesandter tauscht den Platz mit dem Trelf und der treibt als meine Kopie sein Unwesen in meinem Nordpoldomizil, trickst mich aus und verschwindet mit meinem Schlitten; wieder einmal eskaliert die Situation, und ich muss schweren Herzens sogar deine Schergen zu Hilfe rufen; dann eskaliert alles noch mehr und löst sich schließlich in Wohlgefallen auf – dank eines weiteren Friedensboten, den ich auch noch selbst auf den Plan gerufen habe.“

Vorwurfsvoll schwenkte er einen knochigen Zeigefinder.

„Mein Lieber, ich würde sagen, du hast es auch faustdick hinter den Ohren! Vielleicht bist du ja sogar noch besser darin, Leute zu manipulieren, als ich.“

„Nicht doch!“, wehte der Lichte gemächlich ab. „Alle waren jederzeit frei in ihren Entscheidungen.“

„Aber trotzdem gefangen im Korsett der äußeren Umstände.“

„Tja, dieser Albert Einstein war schon ein schlaues Kerlchen. Hatte doch nicht so ganz Unrecht mit der einzigen Behauptung, bei der man glaubte, ihn widerlegen zu können.“

„Lenk nicht vom Thema ab!“

„Tue ich gar nicht.“

„Ach so. Du meinst: Du würfelst zwar doch, aber die Würfel sind gezinkt?“

„Ist es nicht die Aufgabe eines jeden guten Game Designers, die Spieler freie Entscheidungen treffen zu lassen und gleichzeitig dafür zu sorgen, dass das Spiel insgesamt einen geordneten Verlauf nimmt?“

„Das heißt, du weißt von vornherein, wie es ausgehen wird?“

„Das wäre zu langweilig. Aber um den Flow zu erhalten, bedarf es manchmal einer sanft lenkenden Hand, damit nicht alles aus dem Ruder läuft. So ist das in einem 'Serious Game'.“

„… in dem du aber gelegentlich eine ganze Menge Leute über die Klinge springen lässt. Und angeblich bin ich der Böse.“

„Es ist eben gar nicht so einfach, den Weg zur Erkenntnis zu bereiten, ohne ihn mit einem gestohlenen Apfel abkürzen zu wollen. Aber eine zu leichte Erkenntnis ist keine. Was nichts kostet, ist oft nichts wert.“

„Und am Ende landen dann doch alle in deinen Armen.“

„Dich eingeschlossen. Aber bis dahin dürfte es noch eine Weile dauern. Deshalb wirst du vorerst auch weiter in deiner Rolle gebraucht. Gut, dass du dich jetzt zumindest über's Jahr wieder in aller Ruhe deinen Pflichten in der Hölle widmen kannst.“

„Dann sind jetzt wohl wieder alle genau dort, wo sie hingehören.“

„Du sagst es.“

Der Weißhaarige griff nach dem Sektglas und prostete seinem Gegenüber zu. Dabei warf er einen bezeichnenden Blick zur Uhr. Alle Zeiger wiesen senkrecht nach oben.

„Alle Jahre wieder“, sagten beide wie aus einem Mund, und dann noch, gleichfalls unisono: „Das müssen wir uns wirklich abgewöhnen.“

Lachend stießen sie ihre Gläser aneinander und nahmen einen tiefen Schluck, während die Uhr krachend in Tausende bunte Lichter zerstob, die hell den Himmel erleuchteten.

„Aber die letzte Partie ist noch nicht gespielt“, setzte Luzifer nach und stellte sein Glas ab.

Episode 3

Höllische Weihnachten

1.

„Schiiiiiii...foan!“

Beschwingt trällerte Gottfried den 70er-Jahre-Schlager von Wolfgang Ambros, während er seinen Koffer packte. Eigentlich hatte er mit dem Skifahren an sich gar nichts am Hut und auch die Hüttengaudi, die mit diesem Gassenhauer gemeinhin assoziiert wurde, war ganz und gar nicht sein Ding. Gottfried zog die stillen Momente in der Natur dem lauten Grölen alkoholisierter Menschen meist vor, wenngleich das Feiern in beschwingter Gesellschaft gelegentlich auch für ihn durchaus seinen Reiz hatte. Aber ungeachtet dessen war das Lied für ihn einfach der Inbegriff von Winterfreuden im Gebirge. Schon immer hatte er Schnee geliebt, und es gab für ihn nichts schöneres, als im gleißenden Licht der Wintersonne durch knietiefe Verwehungen zu stapfen und die eisig frische Luft zu atmen, während die Welt um ihn herum unter einer dicken, weißen Decke verborgen lag, die alle Ecken und Kanten glättete.

„Woher willst du wissen, ob überhaupt genug Schnee da sein wird?“, ließ sich seine Frau Petra aus dem Nebenzimmer vernehmen. „In den letzten Jahren sind selbst die schneesichersten Gebiete immer öfter über Weihnachten grün geblieben.“

„Wo ich bin, ist an Weihnachten immer Schnee“, brüstete sich Gottfried in einem Ton, der keinen Widerspruch zuließ. „Und wisst ihr auch, warum?“

„Weil du den Weihnachtsmann persönlich kennst“, krähten Jonathan und Marie im Chor.

„Wann wirst du endlich aufhören, den Kindern diesen Unsinn einzutrichtern“, seufzte Petra verzweifelt.

„Welchen Unsinn?“, lachte Gottfried fröhlich. „Ihr wisst doch, dass es wahr ist. Oder habe ich mit meinen Schneeprognosen jemals falsch gelegen?“

„Hast du nicht“, gab Petra klein bei. „Aber komm schon – der Weihnachtsmann!“

„Papa kennt den Weihnachtsmann! Papa kennt den Weihnachtsmann!“, sangen die Kinder, während Gottfried die Vorbereitungen für den geplanten Winterurlaub der Familie in den bayerischen Alpen fortsetzte.

Fröhlich summend wühlte er sich in die hinteren Bereiche des Kleiderschranks durch, in welche die warme Winterkleidung verbannt worden war, die in der gut gedämmten Wohnung und angesichts der auch in der kalten Jahreszeit allgemein seltener gewordenen Frosttage schon seit Längerem nicht mehr gebraucht worden war. Dabei dachte er zurück an die Zeit, als seine ungewöhnliche Beziehung zu Schnee an den Weihnachtstagen und der direkte Draht zum Weihnachtsmann begonnen hatten. Als Neunjähriger hatte er damals einen Wunschzettel an den Weihnachtsmann geschrieben. Und anscheinend hatte Santa, an den er den Brief adressiert hatte, diesen auch tatsächlich erhalten. Denn bald danach hatten sich seltsame Dinge in der Stadt ereignet, und nachdem es für kurze Zeit den Anschein erweckt hatte, statt des Festes der Liebe sei das Ende der Zeit gekommen, und die Welt stehe vor der Vernichtung in einem Aufeinanderprallen der Mächte des Guten und derjenigen des Bösen – und das ausgerechnet in Gottfrieds Heimatort – , hatte sich das befürchtete Armageddon in Wohlgefallen aufgelöst und sich zugleich Gottfrieds sehnsüchtiger Wunsch von weißen Weihnachten erfüllt. Seit jenem Tag hatte Gottfried kein Weihnachtsfest mehr ohne die weiße Pracht erlebt, ganz gleich wie trübe und lau die umliegenden Tage auch immer gewesen sein mochten. Einmal hatte er sich sogar versucht gefühlt, die Feiertage im sonnigen Süden oder gar in der Karibik zu verbringen – nur um auszuloten, wie weit Santa mit der alle Jahre wiederkehrenden Erfüllung seines Kinderwunsches gehen würde. Aber letztlich hatte er es dann doch nicht über sich gebracht, sein Glück herauszufordern. Womöglich hätte der Weihnachtsmann – oder wer immer dafür verantwortlich war – solch ein Verhalten übel genommen, und damit hätte Gottfried dann selbst mutwillig das Ende seines persönlichen Weihnachtszaubers heraufbeschworen. So hatte sich das Wunder fortgesetzt. Jahr für Jahr konnte Gottfried auf weiße Weihnachten vertrauen, und auch diesmal würde es nicht anders sein. Mit sechzehn Jahren hatte er dann noch diesen unglaublichen Traum gehabt. Von Elfen und Trollen und Engeln und Teufeln und einem Eispalast am Nordpol. Wieder schien sich das Ende des Universums angebahnt zu haben, aber diesmal hatte er selbst einen Anteil daran gehabt, den Weltuntergang zu verhindern. Anders als andere Träume war dieser nicht nach wenigen Stunden verblasst, sondern immer noch glasklar in seiner Erinnerung verankert. Der Weihnachtsmann persönlich hatte ihn, Gottfried, zu Hilfe geholt und sich schließlich, nach vollendeter Friedensmission, mit seltsamen Andeutungen über seine Person von ihm verabschiedet.

Nun hatte Gottfried selbst seine eigene kleine Familie – eine liebevolle Frau und zwei wundervolle Kinder, vier und fünf Jahre alt, und er fragte sich, welche Wunschzettel diese wohl bald schreiben – beziehungsweise ihm diktieren – würden.

Natürlich hoffte er insgeheim, dass sie am Ziel ihrer Reise auch jetzt schon eine verschneite Landschaft erwarten würde. Schließlich hatten sie fast den ganzen Jahresurlaub dafür angespart, den gesamten Advent in den Bergen verbringen zu können, denn im nächsten Jahr sollte Marie eingeschult werden, und dann würde es erst einmal mit ausgiebigem Winterurlaub vorbei sein. Aber was immer die nächsten Wochen bringen mochten, er war jedenfalls felsenfest davon überzeugt, dass sie an den Weihnachtstagen durch tiefen Schnee stapfen und einander vor dem knisternden Kamin in einer einsamen Berghütte inmitten einer weißen Winterlandschaft in den Armen liegen und ein wundervolles Fest feiern würden. Schließlich hatte er beim Weihnachtsmann wohl immer noch etwas gut.

„… und Schifoan ist das Leiwandste, wos mer si nur vorstöll'n ko!“

*

„These are a few of my favourite things … Jingle Hell's Bells!“

Luzifer konnte seine gute Laune nicht verbergen und sang voller Inbrunst ein Lied, in dem der amerikanische Parodist Bob Rivers Riffs und Licks der schottisch-australischen Heavy-Metal-Rocker AC/DC mit provokativ weihnachtlichen Textpassagen verwoben hatte – ein Auszug aus der 1993er CD „I Am Santa Claus“. Genau das Richtige für die Gelegenheit: seinen bevorstehenden Winterurlaub als Weihnachtsmann auf der Erde.

Er strich das rot-weiße Kostüm glatt und legte es sorgfältig in einen großen Koffer aus glänzend schwarzem, weich gegerbtem Leder. Dem gleichen Leder, aus dem auch die Stiefel mit den weißen Pelzkrempen bestanden, die Luzifers Santa-Outfit vervollständigen sollten.

Eigentlich widersprach es allem, wofür er stand, aber der Herr der Hölle genoss seine alljährliche Auszeit als Weihnachtsmann. 18 mal hatte er diese Rolle nun schon gespielt, seit ein menschliches Kind namens Gottfried den Wunschzettel für weiße Weihnachten versehentlich an „Satan“ statt an „Santa“ adressiert hatte. („Drei mal sechs“, brummte er, verträumt in sich hinein lächelnd, „meine Zahl!“) Alle Jahre wieder ein paar Tage Auszeit vom Bösesein. Zuerst hatte er es für einen wundervollen Streich gehalten, den er dem Himmel spielen konnte, doch inzwischen hatte der ehemalige Erzengel tatsächlich Gefallen daran gefunden, in der Weihnachtszeit das Gegenteil von dem zu tun, was man allenthalben von ihm erwartete. Schließlich war er schon immer ein Rebell gewesen, und was ihn vor endlos langer Zeit seinen

Platz im Himmel gekostet hatte, brachte ihn nun seiner ursprünglichen Bestimmung wieder näher – jedenfalls für kurze Zeit, bevor er sich dann wieder für ein weiteres Jahr seiner aktuellen Aufgabe zu widmen hatte – Menschen in Versuchung zu führen und am Ende ihres Lebens dafür zu bestrafen, wenn sie dieser Versuchung erlegen waren.

Irgendwie auch nicht weniger widersinnig als die Santa-Sache, schoss es ihm durch den Kopf. Aber er war jetzt nicht in der Stimmung, sich von tiefschürfenden Überlegungen den Spaß verderben zu lassen.

„Du willst dich also allen Ernstes wieder einmal in den Winterurlaub verdrücken", stellte Beelzebub vorwurfsvoll fest. „Weißt du, manchmal bereue ich es schon, dir damals diesen Brief gebracht zu haben."

„Wieso?", feixte Luzifer. „War doch eine Klasse-Idee, dem Weihnachtsmann ein Gesicht zu geben."

„Eigentlich schon", räumte Beelzebub ein. „Aber doch nur, um denen da oben ordentlich eins auszuwischen. Hat ja anfangs auch geklappt. Aber was du inzwischen daraus gemacht hast, passt wirklich nicht zu deinem höllischen Image."

„Scheiß auf mein Image", grinste Satan grimmig. „Wenn ich darauf je etwas gegeben hätte, wäre ich brav im Himmel geblieben."

„Aber wir müssen frieren, weil du dich im Schnee vergnügst", jammerte nun auch Belial, der soeben hinzu gekommen war. „Jede Sünde, die du als Weihnachtsmann verhinderst, kostet uns Brennstoff für's Höllenfeuer."

„Nun stell dich mal nicht so an!" Luzifer wedelte tadelnd mit dem Zeigefinger. „Eine kleine Kneipp-Kur mit Heiß-Kalt-Wechseln hat noch keinem geschadet. Spätestens nach Neujahr wird es schon wieder warm werden. Dann holen genügend Menschen alle Schlechtigkeiten nach, die sie sich über die Feiertage versagt haben."

„Ach, was soll's!", krächzte Beelzebub resignierend und wandte sich zum Gehen. „In der Verfassung ist mit dir nicht zu reden. Mach doch einfach, was du willst!"

„Genau", sagte Luzifer trotzig. „Das werde ich auch. Und damit ist es dann schließlich doch wieder genau das, was man von mir erwarten darf."

Die anderen Teufel zogen sich murrend zurück, und Luzifer wandte sich wieder dem Packen seiner Weihnachtsausrüstung zu. Dabei dachte er zurück an den Weihnachtsabend, an dem er zum ersten Mal ganz uneigennützig einen harmlosen Wunsch erfüllt und einem Kind weiße Weihnachten beschert hatte. Was war das für ein herrlicher Spaß gewesen, die Rauferei mit seinen früheren Erzengel-Kollegen Michael und

Gabriel, die hinter seinem Auftritt eine gewaltige Teufelei vermutet hatten! Aber schließlich hatte er sich doch eingestellt – der Frieden auf Erden. Und auch das hatte seinen Reiz – selbst für einen gefallenen Engel.

Und dann, sieben Jahre später, als eine Chimäre aus Troll und Elf, das Ergebnis eines Transmitterunfalls (wie auf der alten Enterprise in den frühen Star Trek-Folgen) in die Weihnachtsfestung am Nordpol eingedrungen war und dort alles durcheinander gebracht hatte! Wieder war die Welt nur einen kleinen Schritt weit vom jüngsten Gericht entfernt gewesen, und wieder war der Weihnachtsfriede unverhofft gerettet worden.

Luzifer seufzte. Damals war ihm klar geworden, dass er allein auf die Dauer nicht zugleich der Höllenfürst und der Weihnachtsmann sein konnte. So hatte er schweren Herzens den jüngst angenommenen Job an diesen Trelf abgegeben, der ihn seither mit beeindruckender Energie und ebenso beeindruckendem Erfolg ausfüllte. Fast wäre Luzifer ein bisschen neidisch geworden, aber es versöhnte ihn, dass er alljährlich doch immer wieder auch selbst in die Rolle des Santa Claus schlüpfen konnte und sich den Rest des Jahres um nichts weiter als seine Höllenangelegenheiten kümmern musste. Eigentlich war alles so ganz in Ordnung, wie es war, und er hatte keinen Grund, sich nicht völlig unbekümmert den Vorbereitungen auf seinen Winterurlaub hingeben zu können.

„We always indulge in our favourite things … Jingle Hell's Bells!"

2.

Gottfried stand am geöffneten Fenster und nahm einen tiefen Atemzug. Die klare, kalte Luft bahnte sich ihren Weg durch Nase, Rachen und Luftröhre und verteilte sich in den Verästelungen der Lungenflügel. Gottfried weitete noch einmal den Brustkorb, bis er meinte, jedes einzelne Lungenbläschen spüren zu können, und hielt für einen Moment die Luft an, bevor er sie mit einem langen, befreienden „Aaaaahhh!" wieder entweichen ließ. Dann holte er mit weit ausgebreiteten Armen ein weiteres Mal tief Luft, sog die eisige Kälte in sich hinein und genoss das Gefühl belebender Frische, die sich dabei erneut über seine Atemwege legte.

„Was gibt es Schöneres?“, rief er in die Welt hinaus und blickte durch den morgendlichen Dunst auf die weitläufige Berglandschaft, die sich vor ihm ausbreitete.

„Im Urlaub ausschlafen zu können …?“, grummelte Petra hinter ihm verschlafen. Sie hatte sich unter der dicken Daunendecke in ihrer Hälfte des rustikalen Doppelbettes zusammengerollt und machte keine Anstalten, sich zu Gottfried ans Fenster zu gesellen.

„Ach komm“, sagte er, ohne auch nur einen Hauch seiner guten Laune einzubüßen. „Ein bisschen frische Luft könnte dir auch guttun. Das weckt die Lebensgeister.“

„Die würde ich auch gerne noch ein bisschen weiter schlafen lassen“, drang es gedämpft unter der Bettdecke hervor, die Petra sich über den Kopf gezogen hatte. „Liegt jetzt wenigstens Schnee?“

„Das nicht“, gab Gottfried zu. „Aber die Landschaft ist trotzdem weiß. Über Wäldern, Wiesen und Feldern hat sich der Nebel als Reif abgesetzt. Sieht aus wie Zuckerguss. Und auf den Bergspitzen gegenüber liegt tatsächlich schon eine Schneeschicht wie ein Sahnehäubchen.“

„Wenn du so viel von Zuckerguss und Sahnehäubchen redest, bekomme ich Lust auf Frühstück mit einem starken Kaffee“, ließ sich Petras Stimme schon etwas klarer vernehmen. „Kochst du einen?“

„Klar“, sagte Gottfried und schloss das Fenster.

Auf dem Weg die Treppe hinab zur Küche erinnerte er sich noch einmal fröhlich summend ihrer Ankunft in der Berghütte, die er für den Weihnachtsausflug angemietet hatte. Nach mehrstündiger Fahrt über weitgehend freie Straßen waren sie am Abend zuvor eingetroffen. Die abendliche Luft war frostig und die wolkigen Nebelschwaden verhießen feuchten Niederschlag, aber mehr als einen zuckerartigen Überzug von Raureif am frühen Morgen hatte der Winter auch in einer Höhe von knapp 1000 Metern über dem Meeresspiegel bisher nicht zu bieten. Dennoch ließ Gottfried sich weder die gute Laune verderben, noch von seiner festen Überzeugung abbringen, dass sich spätestens am Weihnachtsabend der Schnee einstellen würde.

*

Luzifer stand im rot-weißen Weihnachtsmannkostüm auf der Aussichtsplattform seines Winterwohnsitzes am Nordpol. Versonnen blickte er in die Weite der eisigen Ödnis unter einem von den Lichtpunkten weit entfernter Sterne spärlich erleuchteten Himmel in der polaren Nacht.

Bei seiner Ankunft hatte der Trelf (er tat sich immer noch schwer damit, seinen Stellvertreter am Nordpol als 'Santa Claus' anzusehen, obwohl er selbst ihm diesen Namen angetragen hatte) ihn freundlich begrüßt und ihm sogar ein Geschenk gemacht. Nachdenklich blickte er an sich herab und betrachtete den Schriftzug auf der schneeweißen Schärpe, die sich faltenlos über seinen fülligen Körper legte. Darauf stand in großen, flammend roten Lettern: „SaNtaN". Einen guten Spaß wusste Luzifer durchaus zu würdigen und erinnerte sich des Feixens, mit dem der Trelf ihm die Schärpe überreicht hatte. Offensichtlich war sein Problem mit der Namensgebung dem Leiter der Nordpolfestung nicht entgangen. Einerseits war er auch erfreut darüber, dass der Trelf in den vergangenen Jahren als Weihnachtsmann viel lockerer geworden war. Früher wäre dem Produkt eines Transporterunfalls, der eine Melange aus einem Elfen- und einem Trollkrieger hervorgebracht hatte, nie und nimmer ein Scherz in den Sinn gekommen. Dass ihm dies nun durchaus gelang, erleichterte zweifellos seine Aufgaben als Weihnachtsmann, dessen wichtigstes Ziel darin bestehen sollte, Menschen (und insbesondere Kinder) glücklich zu machen. So wurde der ehemals todernste Soldat immer mehr zu einem glaubwürdigen Santa Claus – und machte damit die regelmäßigen Besuche seines Vorgängers zunehmend überflüssig. Letzteres war nun wieder der Grund für Luzifers ambivalente Sicht auf die Entwicklung des Trelfs, denn er hatte die Rolle, die er aus einer spontanen Idee heraus angenommen hatte, wirklich liebgewonnen und sah sie nun nur ungern seinem Zugriff entgleiten. Immerhin schien seine Anwesenheit dem Trelf nichts auszumachen, und im Gegenzug bemühte er sich, die eingespielten Abläufe möglichst wenig zu stören, indem er in das Treiben am Nordpol zur Vorbereitung des Weihnachtsfestes hineinregierte. So würde ihm mehr Freiraum für die Dinge bleiben, die er in der Rolle als Weihnachtsmann am liebsten tat: die Welt der Menschen bereisen, hie und da unerwartete Geschenke verteilen und auch – ja, man höre und staune – gelegentlich Frieden stiften, wo ein vorweihnachtlicher Streit zu eskalieren drohte. Ihm war klar, dass er damit gegen seine ureigensten Interessen als Höllenfürst verstieß, aber das war ihm egal. Einmal im Jahr sollte selbst ihm ein Ausbrechen aus dem üblichen Trott erlaubt sein!

„Santan – hm." Luzifer wälzte das Wort auf seiner Zunge wie eine neue Speise, von der er noch nicht sicher war, ob er sie mögen würde oder nicht. Er lauschte dem Klang des probeweise ausgesprochenen Namens und ließ ihn in seinen Gedanken nachhallen. „OK ... cool“, sagte er zu sich selbst. „Ein passender Name für meine Doppelrolle. Ich denke, das ist es, was ich bin, wenn ich dieses Kostüm trage. Ein Mischwesen – wie der Trelf. Doch – passt!“

Er richtete den Blick wieder durch das kuppelförmige Panoramafenster in die Ferne und ließ die Ruhe und Einsamkeit der polaren Landschaft auf sich wirken, während in anderen Bereichen der Festung emsige Betriebsamkeit herrschte, deren Koordination jedoch nun nicht mehr seiner Aufmerksamkeit bedurfte. Eigentlich war es gar nicht so schlecht, als Firmeninhaber auf einen Geschäftsführer vertrauen zu können, der sich um die operativen Angelegenheiten kümmerte, während man selbst die Annehmlichkeiten der einmal angestoßenen Abläufe genoss.

*

Luzifer war gerade einmal seit drei Tagen fort, doch die von menschlichen Bosheiten gespeiste Temperatur in der Hölle hatte bereits merklich abgenommen.

Auf der Suche nach etwas Brennbarem zum Anheizen des Höllenfeuers traf Belial auf Beelzebub, der sich in einen langen, mottenzerfressenen Mantel gehüllt hatte und fröstelnd immer wieder die Hände auf seine Oberarme schlug.

„Sag mal, findest du es nicht auch hochgradig unfair, wie der Chef mit uns umgeht? Er hat seinen Spaß, und wir müssen frieren.“

„Stimmt. Aber was sollen wir schon machen? Er ist nun mal der Boss und wird uns gewaltig den Hintern versohlen, wenn er zurückkommt und feststellt, dass wir hier den Aufstand geprobt haben.“

„Vielleicht wären wir ja mit einem anderen Chef besser bedient ...“

„Mag sein, aber woher nehmen und nicht stehlen?“

„Wieso nicht stehlen? – Wenn nicht wir, wer denn dann?“

„Stimmt – eine blöde Redensart, besonders hier unter uns Teufeln. Aber trotzdem: woher nehmen? Wir würden jemanden brauchen, der es mit einem Ex-Erzengel aufnehmen kann. Und der bereit ist, in der Hölle endlich mal wieder ordentlich Feuer im Kessel zu machen.“

„Wie wär's mit Lilith?“

„Ach nein. Die Urdämonin soll sich längst aus dem Geschäft zurückgezogen haben. Man munkelt sogar, sie habe sich auf die andere Seite geschlagen.“

„Soweit ich weiß, hat der, dessen Name hier nicht genannt wird, sie unter einen Bann geworfen und sie kann nicht, wie sie möchte. Aber Lilith meinte ich auch gar nicht.“

„Sondern …?“

„Eine Große Konjunktion steht unmittelbar bevor.“

„Eine Große Konjunktion – wie damals, als der Sohn von Du-weißt-schon-wem ...“

„Nein. Nicht nur ein paar Sterne in gerader Linie, die über der Erde ein Licht aufleuchten lassen. Ich spreche von einer wirklich großen Konjunktion. Einer, bei der sich die Universen berühren.“

„Du meinst ...“

„Genau. Wenn unser Chef uns hier versauern lässt, während er sich beim Wintersport vergnügt, holen wir uns einen neuen. Und wenn es aus einem Paralleluniversum sein muss. In ein paar Tagen haben wir die freie Auswahl.“

Belial und Beelzebub sahen einander nachdenklich an, dann begann sich fast zeitgleich ein Lächeln auf beider Züge zu stehlen.

„Wohlan denn“, flüsterte Belial und schaute verstohlen zur Seite, ob jemand sie belauschen könnte. „Bereiten wir die Übernahme durch einen neuen Käpt'n vor, Mr. Christian.“

„Geht klar“, raunte Beelzebub zurück. „(Auch wenn mir dieser Code-Name nur schwer über die Lippen kommt.) Und dann holen wir uns den Preis.“

*

Inzwischen zog, 200 Millionen Kilometer entfernt, ein großer, schmutziger Schneeball – ein mit Gestein durchsetzter Eisbrocken von knapp einem halben Kilometer Durchmesser – seine Bahn durch den Asteroidengürtel zwischen Mars und Jupiter, wie er es seit Milliarden von Jahren tat. Noch ahnte niemand, dass sich sein Kurs bald ändern würde.

3.

Gottfried stand in der Küche und spülte das Frühstücksgeschirr. Seine Hände tauchten in das heiße Wasser, während er mit einer Spülbürste Reste von Marmelade und Honig von den Tellern schrubbte.

Dabei summte er Weihnachtslieder vor sich hin. Er genoss diese Tätigkeit, denn sie erinnerte ihn daran, dass er Zeit hatte. Zeit: das Wichtigste im Leben – außer Gesundheit natürlich … und den Kindern … und Petra … und dem Weltfrieden ... – ach was! Jedenfalls war die vorweihnachtliche Zeit der Muße einfach schön. Hier konnte er es sich erlauben, das Geschirr von Hand zu spülen. Zuhause erledigte das eine Spülmaschine, während er sich bereits auf den Weg zur Arbeit machte. Aber die kleine, rustikale Skihütte, die er für den Familienurlaub gemietet hatte, verfügte nur über den nötigsten technischen Komfort, und dazu zählte eine Spülmaschine definitiv nicht. Hier drängten keine Termine. Er konnte sich voll und ganz auf das konzentrieren, was er im Augenblick gerade tat. Irgendwie hatte das etwas Beruhigendes, Entschleunigendes, beinahe Meditatives. Er stellte einen Teller auf das Abrinnbrett neben der Edelstahlspüle, die in eine dunkel gemaserte, hölzerne Arbeitsplatte eingelassen war. Im gleichen Dekor war auch die übrige Einrichtung der Hüttenküche gehalten, vom Hängeschrank über dem Spülbecken über die Schubladen der Besteckkommode bis hin zur Türverkleidung des Kühlschranks: dunkles Naturholz, an den Rändern mit leicht verschnörkelten Verzierungen. Damit erhielt die Küche trotz der schneeweißen Raufasertapete eine gedeckte, warme Atmosphäre, die sich auch auf die Essecke mit im Design passenden, gedrechselten Holzstühlen mit grober Stoffbespannung um einen schweren Eichentisch übertrug.

Durch ein kleines, trotz der scheinbaren Einfachheit der Hütte doppelt verglastes Fenster drang zwischen dicken, zur Seite gebundenen Vorhängen, gefiltert durch eine in engen Wellen geschlagene weiße Spitzengardine, goldenes Sonnenlicht herein. Die Morgensonne hatte den Frühnebel vertrieben und den Reifüberzug, der die Umgebung noch vor einer Stunde mit einem winterlichen Eispelz überzogen hatte, verdampft. Schaute man nach draußen, hätte es fast auch Frühling sein können, aber der flache Winkel der Sonnenstrahlen verriet den Winter. Gottfried lächelte. Auch ohne Schnee war es schön hier, und in der Küche ließ der Geruch von Zimt, Nelken, Kardamom und anderen weihnachtlichen Gewürzen, die sie zum Plätzchenbacken mitgebracht hatten, keinen Zweifel an der Jahreszeit aufkommen.

Vom ersten Moment an hatten sich Gottfried und Petra in die kleine Skihütte am Rande eines Wintersportgebiets, aber fernab vom Trubel der mondänen Skizentren, verliebt. Bei ihrer Suche nach einem geeigneten Ort für beschauliche Ferien mit den Kindern, die derzeit noch in einem Alter waren, in dem sie sich darauf freuten, Zeit mit den Eltern zu verbringen, und gerne bereit waren, deren Vorschlägen zu folgen, waren sie auf eine Webseite gestoßen, die genau das Richtige bot. Beim Anblick eines Fotos der einsamen Hütte, malerisch am Rand eines verschneiten Waldes gelegen und an schroff aufsteigende Felsen gelehnt, im Hintergrund ein Panoramablick auf die Schlierseer Berge, hatten sie beide einander angesehen und sich wortlos zugenickt. Bisher hatte die Hütte all ihre unausgesprochenen Versprechen gehalten – ebenso wie jene, die im ausführlichen Begleittext genau die richtige Mischung aus Abgeschiedenheit, Gemütlichkeit und Funktionalität angeboten hatten, und das für einen nicht überzogenen Preis. Nur der Schnee fehlte noch, aber der würde kommen; daran hatte Gottfried keinen Zweifel.

*

„Was schaust du so versonnen?“

Die Stimme des Trelfs riss Luzifer aus seinen Gedanken – oder besser: aus seiner Gedankenlosigkeit. Genau genommen hätte er nicht sagen können, wie lange er auf der Panoramaplattform gestanden und einfach nur in die Weite der arktischen Landschaft hinaus geschaut hatte.

„Ach, nichts“, sagte er, ohne den Blick abzuwenden. „Es ist einfach so ruhig hier.“

„Wenn du etwas mehr Trubel brauchst“, schlug der Trelf vor, „kannst du einfach herunter ins Lager oder in die Bäckerei gehen. Da ist so kurz vor dem Fest die Hölle los, und Talpin hat bestimmt etwas Zuckerwatte für dich übrig.“

„Bitte nicht die Hölle“, grinste Luzifer säuerlich. „Von dort habe ich mich ja gerade erst abgesetzt. Und Talpins Zuckerwatte verträgt sich nicht gut mit meinem Bart.“ Dabei strich er mit den Fingern durch seinen dichten, schneeweißen Vollbart und erinnerte den Trelf damit an dessen Begegnung mit dem alten Elfen Talpin in der Weihnachtsbäckerei bei seinem ersten – damals noch unfreiwilligen – Besuch in der Nordpolfestung.

„Lieber würde ich eine kleine Spritztour mit dem Rentierschlitten machen“, sagte der weihnachtlich verkleidete Höllenfürst. „Ich könnte ja schon einmal ein wenig vorweihnachtlichen Schnee verteilen.“

„Wie du willst“, erwiderte der Trelf. „Solange du rechtzeitig zurück bist, dass sich die Auslieferung der Geschenke nicht verzögert. Wir haben damit einiges zu tun, seit Elijanda mit den Engeln ein goldenes Telefon mit direktem Draht zu den Wünschen der Kinder ausgehandelt hat."

Die Elfe Elijanda, die zusammen mit dem zum neuen Weihnachtsmann ernannten Trelf seit einigen Jahren die Festvorbereitungen managte, war ein umtriebiges Geschöpf von entwaffnender Direktheit. Offenbar konnten nicht einmal Engel ihrem ungezwungenen Charme widerstehen, und seit Luzifer nicht mehr selbst die Weihnachtselfen anführte, war auch das unterschwellige Misstrauen geschwunden, das im Himmel zunächst noch im Hinblick auf die weihnachtlichen Aktivitäten des alten Widersachers bestanden hatte. Nun mussten die Kinder keine Briefe mehr an den Weihnachtsmann schreiben. Besondere Wünsche – unkonventionell, dringlich, rührend und vor allem für normale Sterbliche unerfüllbar – brachten das goldene Telefon zum Klingeln und die Bestellung an eine Adresse, wo das Unmögliche manchmal doch möglich gemacht werden konnte.

„Ach, Elijanda", seufzte Luzifer mit einem verklärten Lächeln. „Die würde ich gerne auf meinen Trip mitnehmen. Sie könnte mir ein wenig Gesellschaft leisten und von den neuesten Entwicklungen im Weihnachtsbusiness erzählen."

„Sorry, aber nichts zu machen!" Der Trelf schüttelte heftig den Kopf. „Auf Elijanda kann ich zurzeit nicht verzichten. Ohne die bräche hier alles zusammen, jetzt wo alle unter – oder genauer über – Volllast arbeiten."

„Na schön", seufzte Luzifer wieder, diesmal resignierend. „Dann mache ich mich eben wieder mal allein auf den Weg. Wer würde auch schon einem armen, alten, einsamen Teufel kurz vor Weihnachten Gesellschaft leisten ...?"

„Eine Runde Mitleid für den Herrn der Hölle", maulte der Trelf und wandte sich zum Gehen. „Aber im Moment kann ich eben auf niemanden verzichten und auf Elijanda schon gar nicht. Ich wünsche dir aber viel Spaß."

Die letzten Worte hatte er Luzifer schon von der Tür aus zugerufen, welche die Aussichtskuppel mit integrierter Startrampe für den Rentierschlitten über einen langen Gang mit der Eisfestung verband.

*

„Wir wollen das also wirklich durchziehen?", vergewisserte sich Beelzebub bei Belial.

„Klar!“, gab dieser entschlossen zurück. „Was ist los – Angst vor der eigenen Courage?“

„Naja“, sagte Beelzebub zögerlich. „Dir ist schon klar, was uns erwartet, wenn das Ganze schiefgeht.“

„Sicher doch. Alle Jahre wieder eine frostige Advents- und Weihnachtszeit. Du erinnerst dich doch, warum wir das alles veranstalten, oder …?“

„Durchaus“, jammerte Beelzebub und zog bibbernd seinen löchrigen Pelzmantel enger. „Es ist nur ...“

„Natürlich. Wenn der Chef davon Wind kriegt und uns erwischt, bevor wir jemanden als Ersatz gefunden haben, der es mit ihm aufnehmen kann, geht es uns an den Kragen. Aber das wird nicht passieren. Ich habe schon einmal eine Liste mit Wunschkandidaten aufgestellt. Irgendwer wird bestimmt anbeißen. Immerhin haben wir hier doch einen ziemlich gut funktionierenden Laden, der sich durchaus sehen lassen kann.“

Belial zog eine dicke Pergamentrolle aus einer Tasche seines dick gefütterten Parkas und entrollte sie am ausgestreckten Arm. Die Liste reichte bis zum Boden und war auch dort noch nicht zu Ende.

„Hier, schau mal!“ Belial war die Begeisterung über ihr Projekt anzumerken. „Da habe ich die Dämonen aufgelistet, die in anderen Universen die Unterwelt verwalten: Nergal, Loki, Ahriman, Seth, Pluto und wie sie alle heißen. Jetzt müssen wir nur noch dafür sorgen, dass sie sich auf den Job bewerben, den wir ihnen anbieten wollen.“

„Was hältst du von einer Casting-Show?“, fragte Beelzebub, der sich nun augenscheinlich auch immer mehr für den Plan zum Sturz Luzifers erwärmte. „DHSDST – die Hölle sucht den Superteufel.“

4.

Klack … Poff … Poff … Klackklack.

Die frisch eingekreidete Queuespitze hatte gut getroffen und die weiße Kugel über zwei Banden auf eine Gruppe dicht beieinander liegender Farbkugeln gestoßen, von denen sie eine abgetrennt hatte, bevor sie an einer der übrigen abgeprallt und kurz danach liegen geblieben war. Die seitlich getroffene Einzelkugel rollte auf die Mitteltasche zu, wurde langsamer, rollte noch etwas weiter und … blieb kurz vor der Tasche liegen.

Enttäuscht zog Gottfried die Mundwinkel herab. Beinahe wäre ihm ein perfekter Stoß gelungen. Aber eben nur beinahe. Mit einem triumphierenden Lächeln nahm Petra ihre Position am Tisch ein.

Der erste Tag im Feriendomizil ging zu Ende. Die Kinder waren im Bett, die Gute-Nacht-Geschichte gelesen, und zum Ausklang gönnten sich Petra und Gottfried eine Runde Pool-Billiard. Gottfried hatte gestrahlt wie eine Weihnachtskerze, als er Petra nach einer ersten Inspektion der Hütte davon erzählt hatte, dass er im Dachgeschoss ein Studierzimmer mit gediegener Ausstattung inklusive einer umfangreichen Bibliothek sowie eines Pool-Tisches entdeckt hatte. Der Raum war großzügig geschnitten, die Wände bis zur beginnenden Dachschräge mit Holz vertäfelt und der Boden mit einem dicken Teppich belegt, der nicht nur das Gefühl vermittelte, wie auf Wolken zu wandeln, sondern auch den Schall ihrer Schritte schluckte und zumindest gefühlt selbst das harte Klacken dämpfte, wenn die Kugeln aufeinanderprallten. Weder Gottfried noch Petra hatten jemals ernsthaft gespielt, aber beide hatten Freude daran. Gottfried nutzte seit seiner Kindheit jede Gelegenheit, wann immer irgendwo ein Billardtisch bereitstand. Seit einiger Zeit verfolgte er auch gelegentlich die internationalen Snooker-Turniere im Fernsehen und war fasziniert von den Fähigkeiten der Profis, die oft mit traumwandlerischer Sicherheit unmöglich erscheinende Stöße vollbrachten und dabei auch noch die Bälle zu einem Bild formten, aus dem sich eine Folge von Anschlusssituationen ergab, die ihnen selbst nutzte, im Falle eines nicht erfolgreichen Lochversuchs aber dem Gegner trotzdem kaum eine Chance ließ, selbst einen Lauf zu eröffnen – ein „Break“, wie es im Fachjargon hieß, wenn eine Serie des Gegners unterbrochen wurde.

Von derartiger Professionalität waren er und Petra weit entfernt, aber zumindest im Augenblick schien sie näher daran zu sein als er. Soeben versenkte sie ihre Zielkugel in einer Ecktasche und hielt nach einem geeigneten Anschluss Ausschau. Nachdem sie zwei weitere Bälle gelocht hatte, verfehlte aber auch sie eine Tasche und gab den Platz am Tisch für Gottfried frei. Der blieb zunächst noch in einiger Entfernung stehen, um sich ein Bild von der Konstellation auf dem Tisch zu machen. Während er seinen Stoß plante, rieb er mit dem Kreideblock über die Queuespitze. Ein ehemaliger Profi hatte ihm einmal gesagt, das gehöre zur Vorbereitung eines jeden Stoßes. Die Kugel, die er vorhin fast versenkt hätte, lag immer noch verführerisch direkt vor der Tasche. Aber ein einzelner Treffer war ihm zu wenig. Petra lag drei Bälle in Führung. Er durfte nicht einfach nur lochen. Darüber hinaus musste er auch eine Fortsetzung planen. Grübelnd betrachtete er die Szene. Und dann erkannte er seine Chance. Wenn er die Kugel vor der Tasche etwas seitlich traf, würde sie trotzdem hineinfallen; aber dann würde die Weiße schräg auf die Bande treffen und diagonal über den Tisch rollen, genau auf eine versprengte Gruppe gegenüber zu. Er musste nur den richtigen Winkel mit dem richtigen Impuls treffen. Nicht wieder zu schwach.

Gottfried nahm Maß, setzte an und stieß zu. Die weiße Kugel schoss auf die farbige zu, traf und schubste sie ins Loch, während sie selbst auf veränderter Bahn weiterlief, an der Bande abprallte und quer über den Tisch rollte. Aber diesmal hatte sie etwas zu viel Schwung, trieb weiter als geplant, stieß gegen die schwarze Kugel und gab dabei den Rest ihrer Energie an sie weiter. In diesem Moment riss die dichte Wolkendecke auf. Ein silberner Strahl von Mondlicht drang durch das Dachfenster und beleuchtete die Strecke wie eine Landebahn, entlang derer die schwarze Kugel unaufhaltsam auf die nächstgelegene Ecktasche zustrebte. Die Kugel, die erst zuallerletzt gelocht werden durfte!

Entsetzt starrte Gottfried auf den Lauf der Kugel, als könne er sie allein mit seinen Blicken aufhalten. Doch gnadenlos rollte sie weiter, zielstrebig auf die Tasche zu, die wie das aufgerissene Maul eines Drachen gierig darauf wartete, sie zu verschlingen, bis … Petra beiläufig am Tisch vorbei schlenderte und sie mit einer schwungvollen Handbewegung aufklaubte.

„Nicht voreilig einlochen!“, lächelte sie. „Die Nacht ist noch lang.“

„Du darfst doch nicht einfach die Kugel abfangen!“, beschwerte sich Gottfried entgeistert. Aber Petra lächelte nur unschuldig.

„Dann hast du wohl gewonnen“, sagte sie entwaffnend. „Aber ich bestehe auf einer Revanche.“

*

„Bald ist es soweit“, raunte Belial Beelzebub zu. „Die große Konjunktion bringt unser Universum mit einigen anderen zusammen, so dass die Grenzen für ein paar Tage durchlässig werden. Hast du unsere Werbeanzeige platziert?“

„Wie geplant“, bestätigte der Angesprochene ebenso leise und wedelte mit einem Zettel, der wie ein angesengtes Stück Pergament wirkte. Mit spitzen Klauenfingern hielt er Belial das Blatt unter die Nase. Unter einem umgekehrten Drudenfuß und einigen weiteren dämonischen Symbolen waberten schwarze Schlieren wie unheilvolle Wolken über die Seite und formten sich allmählich zu Schriftzeichen, die, sobald sie an ihrem Platz angekommen waren, zu glühen begannen:

Dein Leben ist die Hölle?
Bist Du heiß auf neue berufliche Herausforderungen?
Du bist der Boss, aber eine Unterwelt ist dir nicht genug?

Dann wird es Zeit zu expandieren!
Die Hölle dieses Universums – gut gefüllt und ausgestattet sowohl mit altbewährten als auch mit modernsten Foltereinrichtungen – sucht nach neuer Führung.
Ein höllisches Ambiente mit hoch motivierten Mitarbeitern wartet auf Dich.
Melde Dich noch heute im heißesten Assessment Center der Welten und heize uns mächtig ein!
Der/die/das Böseste macht das Rennen!

„Who's Bad?!"

„Sobald die Universen einander berühren, landet die Botschaft in jeder Hölle der angrenzenden Welten."

„Dann müssen wir nur noch unsere Jury bestücken. Und auf die Bewerber warten."

„… und hoffen, dass Luzifer nichts mitbekommt."

„Ach, der. Unser alter Boss ist weich geworden. Und im Moment sicher gerade damit beschäftigt, irgendwo etwas Gutes zu tun."

Beide verzogen angewidert das Gesicht und gingen dann wieder, jeder für sich, ihren Vorbereitungen nach.

*

„Hüah!"

Santan schnalzte mit der Zunge, um die Rentiere zu noch schnellerem Lauf anzutreiben. Die nahmen das Signal begeistert auf und legten sich noch stärker ins Geschirr. Es war nicht zu übersehen, wie sehr sie den Auslauf genossen. Fast ein Jahr lang hatte es für sie praktisch nichts zu tun gegeben. Nun endlich ging es also wieder los. Das Weihnachtsfest stand vor der Tür und damit ein Großeinsatz um die ganze Welt in einer einzigen Nacht. Ein kleiner Ausflug einige Tage früher – so wie dieser jetzt – war ein willkommenes Warmlaufen für die Heilige Nacht.

Luzifer lehnte sich entspannt zurück. Der Fahrtwind brauste ihm um die Ohren und zerrte an der Zipfelmütze. Der weiße Bommel tanzte hin und her wie ein kleines, flauschiges Wölkchen im Gefolge des Weihnachtsmanns, der in seinem Schlitten gen Himmel strebte, der dichten Wolkenschicht entgegen, die den Polarhimmel bedeckte. Die leuchtende Nase des Leitrentiers strahlte wie ein Scheinwerfer auf die untere Wolkenschicht und tauchte sie in ein rötliches Licht, derweil die Gestalt auf dem Kutschbock, der wie ein Choppersitz geformt war, breitbeinig dasaß wie Peter Fonda in Easy Rider, die breiten, schwarzen Stiefel locker nach vorne gestreckt, die behandschuhten klobigen Hände auf die Griffe der gebogenen Lenkstange gelegt, an der die Zügel befestigt waren. Der dichte weiße Bart und eine dunkle Sonnenbrille ließen nur wenig Haut frei, die sich im eisigen Wind schnell rötete. Die weiße Schärpe mit der flammend roten Aufschrift, als Schal um den Hals geschlungen, flatterte hinterher wie ein Banner.

„Born to be white ...“, sang Santan voller Inbrunst und freute sich darauf, in Kürze ein vorweihnachtliches Schneegestöber zu entfachen.

Schon erreichten sie die Unterseite der dicken Wolkenschicht, dann tauchte er ein in den milchigen Dunst. Winzige Wassertröpfchen zerplatzten auf seinen Wangen und feinste Eiskristalle barsten an seiner undurchdringlichen Haut, während der Schlitten durch diesige Schwaden den Nachthimmel erklomm. Dann hatten sie die Wolkendecke durchdrungen. Wie eine tief verschneite Landschaft breiteten sich die weißen Wolkenpolster unter dem Schlitten aus. Santan lenkte das Gefährt in die Horizontale und jagte weiter über den Himmel, auf und ab entlang der flauschigen Gebirge, die Kufen immer dicht über dem wattig-weichen Weiß der Winterwolken.

Wie er so voran brauste, erreichte der Schlitten bald das Ende der polaren Dauernacht und strebte der Morgendämmerung eines beginnenden Tages entgegen, dessen erste Sonnenstrahlen vom weit entfernten Horizont aus über die Wolken krochen und sie mit einem sanften rötlichen Schimmer überzogen. Im Licht der Morgensonne zerfaserten die Wolken schnell und lösten sich bald ganz auf. Goldene Sonnenstrahlen beleuchteten Berge, Täler, Flüsse, Felder, Wälder und Städte, und nur wer ganz genau hinschaute, konnte den schnell dahin huschenden Schatten eines in großer Höhe über das Firmament sausenden Schlittens, gezogen von acht Rentieren, erahnen.

Santan ließ sich, zufrieden lächelnd, die Wintersonne auf den roten Pelz brennen, als den er sein Kostüm empfand. Weit und breit war kein

Wölkchen mehr in Sicht. Nachdem er auf diese Weise die Nordhalbkugel bereits einmal fast umkreist hatte, ließ seine Zufriedenheit allerdings nach.

„Ohne Wolken kein Schnee“, wurde ihm allmählich bewusst, und das stand im krassen Widerspruch zu seinen Absichten, die Kinder, die in allen Regionen, die er bisher überflogen hatte, auf weiße Landschaften und verschneite Städte im Advent hofften, mit der weißen Pracht zu beglücken. Natürlich hätte er kraft seiner Zauberei Schnee in beliebiger Menge aus seinem mitgebrachten Sack herbei hexen können, wie er das schon vor neunzehn Jahren in der Heimatstadt eines kleinen Jungen namens Gottfried getan hatte. Aber zu der Vereinbarung mit dem Herrn des Himmels, die ihm den alljährlichen Einsatz als Santa Claus erlaubte, gehörte es unter anderem, dass er seine weihnachtlichen Aktivitäten möglichst dezent betrieb und insbesondere auf größere Zaubereien verzichtete, die offensichtlich nicht mit der allgemeinen natürlichen Ordnung der Dinge – unter den Menschen bekannt als „Naturgesetze“ – vereinbar waren.

Wie sich die Situation darstellte, war auf der gesamten nördlichen Hemisphäre in der näheren Zukunft – und das schloss die Festtage mit ein – wohl kaum irgendwo mit umfangreichen Schneefällen zu rechnen. Sicher – sein alljährliches Schneeversprechen Gottfried gegenüber würde Santan einhalten können, zumal der inzwischen zum Familienvater gereifte Junge mit seiner Familie einen Ort in den Bergen aufgesucht hatte, wo auch in niederschlagsarmen Zeiten regionale Schneefälle kein besonderes Aufsehen erregen würden. Er war aber sicher nicht der Einzige, der sich in diesem Jahr über weiße Weihnachten freuen würde.

Santan zückte ein rotes Mobiltelefon und wählte eine Nummer in der Nordpolfestung.

„Hallo Elijanda“, sagte er kurz angebunden, als am anderen Ende jemand abnahm. „Nur eine kurze Frage: Was sagt das Wunschtelefon über 'Weiße Weihnachten'? Wie viele Kinder wünschen sich Schnee an den Feiertagen?“

„Interessant, dass du fragst“, kam die glockenhelle Stimme der Elfe aus dem Lautsprecher. „Eine ganze Menge, wenn ich mich nicht irre. Einen Moment, lass mich mal nachsehen.“ Eine Weile waren nur Hintergrundgeräusche zu hören, dann meldete sich Elijanda wieder: „Zweiundvierzig Millionen, Dreihundertsiebenundfünfzigtausendfünfhundertsechsundzwanzig“, ratterte ihre Stimme und korrigierte sich bereits kurz darauf: „...siebenundzwanzig.“

„Alles klar“, sagte Santan. „Das reicht mir schon. Vielen Dank.“

„...neunundzwanzig.“

„Jaja, schon gut. Besten Dank und Tschüs!“

Santan beendete die Verbindung und kraulte sich nachdenklich den Bart. „Dafür werden wir ziemlich viel Schnee brauchen“, grummelte er nachdenklich. „Sehr viel Schnee. Zu viel Schnee. Soviel gibt es davon momentan auf der ganzen Welt nicht.“

Bedauernd blickte er sich um und entdeckte am Horizont eine kleine Wolke, die tatsächlich ein Potenzial für örtliche Niederschläge erkennen ließ. Sofort nahm er Kurs dorthin, aber als er ankam, musste er enttäuscht feststellen, dass diese einzelne Wolke sich mitten über dem Meer befand, weit entfernt von jeder menschlichen Siedlung.

Nach kurzer Orientierungsphase beschloss er aber, es trotzdem hiermit zu versuchen. Das war allemal besser, als unverrichteter Dinge wieder zum Nordpol zurückzukehren. So holte er tief Luft, blies seine Backen auf und sandte einen Windstoß auf die Wolke, der sie ein Stück weit nach Süden schickte – und damit auf die nächstgelegene Küste zu. Sogleich nahm er die Verfolgung auf und trieb das Wölkchen vor sich her, bis in der Ferne eine Hafenstadt sichtbar wurde, die gerade im ersten Morgenlicht erstrahlte, denn Santan hatte seine Rundreise nach Verlassen der Polarregion mit der aufgehenden Sonne weit östlich von hier begonnen. Nachdem er die Wolke genau über der Stadt platziert hatte, schüttete er seinen Sack darüber aus, und augenblicklich rieselten dicke Schneeflocken auf Häuser, Straßen und Gärten.

Schließlich war die ganze Stadt, vom Zentrum bis in ihre Ausläufer hinaus, von einer glatten Schneedecke überzogen. Kinder und Hunde waren die ersten, die begeistert aus den Häusern stürmten und wie besessen in der weißen Pracht herumtollten.

Santan beobachtete eine Gruppe von Kindern in einem Außenbezirk, die sich über eine nicht befahrene Nebenstraße hinweg eine ebenso erbitterte wie fröhliche Schneeballschlacht lieferten. Jedesmal, wenn jemand getroffen wurde, lachten sowohl die Werfer als auch die Getroffenen selbst voller Freude laut auf, bevor sie ihre Würfe auf die gegnerische Gruppe mit noch mehr Elan wieder aufnahmen.

Auf einem Hausdach hatten sich einige Fehlwürfe dicht unterhalb des Firstes angesammelt und bildeten dort einen kleinen, dicken Schneeklumpen. Ein Mädchen auf der gegenüber liegenden Seite entdeckte den Klumpen und begann, seine Bälle nun gezielt darauf zu werfen. Als die andere Gruppe bemerkte, dass viele Schneebälle weit über sie hinweg flogen, machten sie sich über den scheinbar eingefrorenen

Wurfarm des Mädchens lustig, weil sie die viel zu hohen Würfe offenbar auf schlechtes Zielvermögen zurückführten. Das Scherzen fand jedoch ein jähes Ende, als ein erneuter Wurf den mittlerweile durch die vielen weiteren Treffer zu erklecklicher Größe angewachsenen Schneehaufen ins Wanken brachte, so dass er sich in Bewegung setzte. Erst langsam, dann immer schneller rollte er das steile Hausdach hinab und nahm dabei auch den Schnee auf seinem Weg noch auf, bis er über die Regenrinne kippte und so heftig auf dem Treppenabsatz neben einem Jungen aufschlug, der gerade selbst zum Wurf ausholte, dass er in zahllose Stücke zerbarst, die in alle Richtungen spritzten. Einige davon erreichten sogar wieder die Dachkante, wo die Schneebretter bereits bedrohlich tief hingen und nun durch den Aufprall endgültig den Halt verloren. So ging eine Lawine nieder, die das Dach fast vom gesamten Schnee befreite und die Gruppe, die sich darunter befand, mit einem weiß glitzernden Vorhang überschüttete.

Lachend befreiten sich die Kinder wieder von dem Schnee und halfen einander gegenseitig, die Kleidung abzuklopfen, bevor die Nässe nach innen vordringen konnte.

Santan lachte heimlich mit und machte sich dann wieder auf den Rückweg. Für heute war seine Mission erfüllt. Mit Blick auf die nächsten Tage sah es allerdings eher mau aus. Einmal blickte er, etwas wehmütig, noch zurück, da kam ihm plötzlich eine Idee.

5.

„Die weiteren Aussichten: sonnig, kalt – und trocken."

Die Wetterfee des lokalen Fernsehprogramms ließ keinen Zweifel an der Enttäuschung, die diese Nachricht für all jene bedeuten musste, die auf Schnee hofften. Natürlich betraf das in besonderer Weise auch Gottfried, der mit seiner Familie auf der gemütlichen Couch im Kaminzimmer der Ferienhütte saß und auf den Fernsehapparat starrte, als könne er damit Einfluss auf die ernüchternde Wettervorhersage ausüben.

„Naja, bis Weihnachten sind es ja noch ein paar Tage", versuchte der Moderator des TV-Magazins zu beschwichtigen. „Meinst du nicht, du könntest uns doch noch ein kleines bisschen Hoffnung auf weiße Weihnachten machen?", fragte er die Meteorologin mit flehendem Unterton. Diese aber blieb unerbittlich.

„Kaum. Natürlich sind Vorhersagen mit einem umso größeren Unsicherheitsfaktor behaftet, je weiter sie sich in die Zukunft richten, und es ist nicht völlig ausgeschlossen, dass der berühmte Schmetterling über dem Atlantik uns doch noch Schneegestöber an den Feiertagen beschert, aber guten Gewissens kann ich anhand der aktuellen Lage keine Illusionen nähren."

„Trotzdem vielen Dank", sagte der Moderator säuerlich und fügte dann noch trotzig hinzu: „Die Hoffnung stirbt zuletzt."

„… aber sie stirbt", ergänzte Petra lakonisch, wobei es ihr gelang, die fatalistische Bemerkung gleichzeitig mit einem Schmunzeln und ehrlichem Bedauern zu garnieren. „Wie sicher bist du noch, dass der Schnee auch in diesem Jahr zu uns kommen wird?"

„Ganz sicher", konterte Gottfried beharrlich im Brustton der Überzeugung. Er wollte noch etwas hinzufügen, aber dann horchte er auf, als die Meteorologin sich noch einmal zu Wort meldete.

„Das Ganze hat aber auch etwas Gutes", sagte sie überraschend. „Der dauerhaft klare Himmel über den Bergen liefert optimale Bedingungen für Sterngucker. Und weil wir das jetzt zumindest auf ein paar Tage im Voraus planen können, hat sich die Uni München entschlossen, die Sternwarte auf dem Wendelstein in der kommenden Woche ausnahmsweise auch an diesen Wintertagen für Besucher zu öffnen. Ab sofort können im Internet Termine für Tagesführungen gebucht werden, und als besonderes vorweihnachtliches Geschenk werden wir in der Nikolausnacht sogar den sonst bei Nacht üblichen wissenschaftlichen Betrieb unterbrechen, um Besuchern einen Blick mit dem Teleskop in den Sternenhimmel zu ermöglichen."

Petra klatschte in die Hände.

„Na, das klingt doch nach einer echten Alternative!", sagte sie. „Hat jemand Lust auf 'Sterne gucken'?"

„Au ja!", riefen die Kinder wie aus einem Mund, und auch Gottfried hob interessiert, wenn auch ein wenig zaghaft, die Hand.

„Na dann ...", sagte Petra und begann sofort geschäftig, auf ihrem Smartphone die Internetadresse einzutippen, die nun auf dem Bildschirm eingeblendet wurde. Alle Augen richteten sich auf sie, während sie die Anmeldedaten in ein Web-Formular eintrug. Dann hob sie triumphierend das Telefon in die Höhe und zeigte es in die Runde. Groß und deutlich prangte auf dem Display die Anmeldebestätigung für eine nächtliche Sternentour im Wendelstein-Observatorium.

„Der frühe Vogel fängt den Stern", lachte sie fröhlich. „Selbst wenn der Schmetterling seinen Einsatz verpassen sollte."

„Aber die Frau hat auch gesagt, dass der Schmetterling vielleicht doch noch Schnee an Weihnachten bringt“, ließ sich die fünfjährige Marie vernehmen.

„Warum eigentlich?“, fragte nun auch ihr kleiner Bruder Jonathan nach. „Was hat ein Schmetterling mit Schnee zu tun?“

„Eigentlich nichts“, erklärte Gottfried. „Was sie gemeint hat, ist, dass das Wetter auf lange Sicht nie genau vorhersagbar ist, weil kleinste Auslöser große Wirkungen haben können. Ein Forscher namens Lorenz hat das in den 70er Jahren so beschrieben, dass der Flügelschlag eines Schmetterlings über dem Meer darüber entscheiden kann, ob irgendwo anders auf der Welt – also zum Beispiel hier – ein paar Tage später die Sonne scheint oder ein Sturm entsteht oder Schnee fällt.“

„Lorenz?“, fiel ihm Petra ins Wort. „Wie der mit den Graugänsen?“

„Nein, nicht der“, korrigierte Gottfried. „Das wäre Konrad Lorenz, der österreichische Verhaltensforscher. Ich meinte Edward Lorenz, den amerikanischen Mathematiker und Meteorologen, einen Pionier der Chaostheorie.“ Als er sah, dass angesichts des Wortes „Chaos“ (das sie schon oft genug als Beschreibung des Zustands ihrer Kinderzimmer gehört hatten) selbst die Kinder interessiert zuhörten, dozierte er weiter: „Allerdings hat der wohl zuerst von einer Möwe gesprochen. Ein Schmetterling wurde erst später daraus. Wohl, weil die noch kleiner und ihre Flügel noch schwächer sind. Aber jedenfalls spricht man wegen dieses Vergleichs vom Schmetterlingseffekt.“

„Also doch ein Vogel“, warf Petra, gespielt störrisch, ein. „Wusste ich's doch!“

„Du musst aber auch immer das letzte Wort haben, stimmt's?“, seufzte Gottfried.

„Natürlich“, kam die zufriedene Antwort.

*

Luzifer schwebte im Nichts. Eine dunkle, gestaltlose Präsenz in der Weite des Weltalls. Hier bestand definitiv keine Gefahr, dass jemand vorbeikommen und ihn sehen könnte. Kein Grund also, irgendeine Form anzunehmen, die für Menschen eine Bedeutung hatte.

Trotzdem war es wichtig, dass er sich zu genau diesem Zeitpunkt an genau diesem Ort aufhielt. Wichtig für seine Pläne, das diesjährige Weihnachtsfest zu etwas Besonderem zu machen. Und das, ohne die göttliche Weisung, sich mit der Einflussnahme auf die natürliche Ordnung zurückzuhalten, zu verletzen.

Wenn er sich nicht verrechnet hatte, bedurfte es nur eines winzigen Anstoßes. Alles Weitere würde sich dann ganz von selbst ergeben. Die Menschen würden zu Weihnachten Schnee erleben. Nicht nur vereinzelt, nein; überall – wirklich überall auf der Erde. Mehr Schnee, als die irdische Atmosphäre je hergeben könnte. Schnee aus dem fernen Himmel. Extraterrestrischen Schnee.

Geduldig wartete Luzifer. Wie ein Jäger, der in der Morgendämmerung auf dem Hochstand ansitzt, wartend auf eine Beute, von der er sicher weiß, dass sie wie an jedem Morgen um diese Zeit pünktlich genau hier vorbeikommen wird.

Nach einer Weile wurde seine Ausdauer (und präzise Vorbereitung) belohnt. Rechts über ihm erschien ein winziger Punkt, zunächst kaum wahrnehmbar, doch schnell anwachsend. Sein Zielobjekt näherte sich mit hoher Geschwindigkeit.

Luzifer mochte das Chaos. In vielfacher Hinsicht spielte es ihm in die Hände. Hände, über die er gerade nicht verfügte, dachte er, in Gedanken schmunzelnd. Dann begann er Gestalt anzunehmen. Zum einen bereitete ihm der Gedanke Spaß, seine Arbeit in Teufelsgestalt zu verrichten. So wie Kleider bei Menschen sprichwörtlich „Leute machten“, konnte ein himmlisches (oder höllisches) Wesen seiner aktuellen Stimmungslage mit seiner gesamten Erscheinungsform Ausdruck verleihen. Und außerdem benötigte er eine körperliche Form, um dem Asteroiden, der aus der Leere des Raums auf ihn zugeschossen kam, den erforderlichen Schubs zu geben, ohne die Naturgesetze mehr als unbedingt notwendig zu beugen.

So wartete nun ein riesenhafter gehörnter und geflügelter Dämon auf die Ankunft eines Asteroiden, der nicht mehr war als ein großer, schmutziger Schneeball. Er wartete wie ein Baseballspieler, um den ihm zugeworfenen Ball mit einem gezielten Schlag auf eine neue Flugbahn zu schicken. Ruhig holte er mit seinem gewaltigen Flügel aus, der im luftleeren Raum eigentlich keine Funktion hatte. Aber in dem winzigen Augenblick, in dem der Asteroid an ihm vorbei raste, legte sich die ledrige Schwinge sanft über seine Oberfläche und gab ihm dabei einen Impuls, der nur ein ganz klein wenig seine Richtung veränderte.

Dann war der Asteroid vorbei und entschwand Luzifers Blick. Aber er wusste, was geschehen würde. Auf seinem weiteren Weg um die Sonne würde der kleine Himmelskörper seine eingeschwungene Bahn verlassen, auf weitere Eisbrocken seiner Art treffen, sich diese einverleiben, einen nach dem anderen, dabei immer weiter anwachsen und erneut die Richtung ändern, bis er sich schließlich als riesige Schneekugel ganz aus der Umlaufbahn um die Sonne befreien und, nach einigen Beschleunigungskurven um größere Himmelskörper an seinem Weg, direkten Kurs auf die Erde nehmen würde.

Luzifer lächelte zufrieden. Pünktlich zu Weihnachten würde es Schnee auf der Erde geben. Viel Schnee. Sehr viel Schnee.

*

Gespannt warteten fünf Juroren in der Hölle auf den ersten Bewerber. Sie saßen nebeneinander an einem breiten Tisch aus schwarz glänzendem Obsidian. Davor erstreckte sich, geringfügig gegenüber dem Jurytisch abgesenkt, eine gigantische Bühne in Form eines gleichmäßigen Fünfecks, das mit unheilvoll glimmenden Lichtbändern, die unter der transparenten Oberfläche zusammen ein Pentagramm formten, in elf verschiedene Sektoren aufgeteilt wurde. Tief unter der Bühnenplattform loderte das Höllenfeuer und beleuchtete sie von unten mit flackernden Lichtmustern. Von der Decke und allen Seiten der höhlenartigen Halle strahlten farbige Spotscheinwerfer herab auf die Bühne, wo sie scheinbar suchend umherwanderten. Ab und an schoss eine Lavafontäne fauchend neben der Plattform in die Höhe und beleuchtete die Szene mit einem kurzen Schlaglicht, bevor sie wieder in sich zusammenfiel und in der Tiefe versank.

Beelzebub saß in der Mitte. Er hatte den Vorsitz für sich beansprucht. Immerhin war das Ganze seine Idee gewesen. Zu seiner Linken Belial, sein Partner in der Doppelspitze, und daneben Asmodeus, ein gefallener Engel, der wegen seiner früheren Rolle als oberster Ankläger ausgewählt worden war. Rechts von Beelzebub saß Mephistopheles, von unangenehm ansehnlichem Äußerem, mit strohblonden Haaren und einem übertrieben fröhlichen Dauergrinsen, das sich mit tiefen Furchen in sein gebräuntes Gesicht gegraben hatte. Vor ihm stand ein Namensschild mit der Aufschrift „DIA BOLUS“. Rechts außen hatte der einzige weibliche Dämon in der Gruppe Platz gefunden: Proserpina, die Höllenprinzessin. „Eine Dämonin von fünf“, hatte sie sich beklagt, als sie von der Zusammensetzung der Jury erfahren hatte. „Eine paritätische Besetzung von Gremien ist euch wohl nicht in den Sinn gekommen.“ Aber Beelzebub hatte ihren Protest nur mit einer spöttischen Bemerkung abgetan: „Hallo?! – Wir sind in der Hölle, Baby. Der Chauvinismus wurde hier erfunden. Sei froh, dass du überhaupt dabei sein darfst!“

„Wann geht es denn endlich los?“, raunte Belial zu Beelzebub herüber. „Ich kann es kaum erwarten, die erste Performance zu erleben.“

„Nur die Ruhe“, flüsterte Beelzebub zurück. „Ein bisschen zappeln lassen zum Spannungsaufbau hat noch nie geschadet. Sobald wir so richtig ungeduldig sind, haben wir die geeignete Stimmung erreicht. Wer keine übellaunigen Juroren aushält, hat hier definitiv nichts verloren. Aber gleich ist es soweit.“

Er lehnte sich zurück und gab den Arbeitsteufeln im Hintergrund ein Zeichen. Kurz darauf schossen an den Ecken der Plattform fünf Magmasäulen empor, und mit einem Donnerschlag erschien der erste Kandidat auf der Showbühne.

6.

Santan lehnte sich entspannt zurück und ging in Gedanken noch einmal alles durch. Der Schneeball war auf dem Weg, nahm mehr und mehr an Masse zu und dank einiger „Swing-by-Manöver“ an größeren Asteroiden auch Fahrt auf. Inzwischen befand er sich auf direktem Kurs zur Erde und würde in einem weiteren Swing-by am irdischen Mond gerade soweit die Richtung wechseln, dass er dicht genug an der Erdatmosphäre vorbei schrammen würde, um wie ein interplanetarer Staubsauger einen Großteil des Weltraumschrotts aufzusammeln, der sich als Überbleibsel früherer Weltraummissionen und zerstörter Satelliten im Orbit angesammelt hatte. Dieser Vorgang würde in kleinen Portionen Schnee von seiner Substanz abschmirgeln, der dann auf die Erde niederregnen würde, ohne dass der Planet dabei Schaden nähme. Alles gut – weiße Weihnachten gerettet! Santan rieb sich zufrieden die Hände und begab sich auf den Weg in die Weihnachtsbäckerei der Nordpolfestung, um seinen Sack mit Süßigkeiten zu füllen, die er in der Nikolausnacht zu verteilen beabsichtigte.

*

Die Feuersäulen neben der Showplattform schienen verrückt zu spielen. Immer wieder türmten sie sich brüllend auf und fielen mit einem lauten Schmatzen wieder in sich zusammen, nur um sofort wieder erneut aufzusteigen. Immer schneller wurde das Stakkato der Magma-Eruptionen, bis selbst die Höllenfürsten unsicher um sich blickten und zu befürchten begannen, ihre „Lichtorgel“ könne sich gar nicht mehr beruhigen und wie ein überdrehter Motor vor dem Kollaps in einen gewaltigen Ausbruch münden. Doch dann stürzten alle Lichter gleichzeitig krachend ab, und plötzlich herrschte Dunkelheit und Stille.

Ein einzelner Spot richtete sich auf das Zentrum der Bühne, wo eine untersetzte Gestalt im dunkelblauen Anzug breitbeinig dastand und die Arme, nach Beifall heischend, in die Höhe reckte.

„Also wer immer das ist – er kann sich in Szene setzen“, flüsterte Belial Beelzebub hinter vorgehaltener Hand zu, der den ersten Kandidaten interessiert musterte. Der Mann auf der Bühne war von undefinierbarem Alter, aber zweifellos nicht mehr der Jüngste. Der teure Anzug war perfekt geschnitten, aber eine leuchtend rote Krawatte, deutlich zu lang gebunden, so dass sie auf beinahe obszöne Weise auf die Genitalien zu zeigen schien, zerstörte den ersten Eindruck von Seriosität sofort wieder. Eine unnatürlich blonde Haarmähne, wie als ein Vordach weit nach vorn gekämmt, über einem breiten, glattrasierten Gesicht von ebenso unnatürlich orangestichigem Teint, tat dazu ein Übriges. Wie um den Stilbruch komplett zu machen, thronte über dem blonden Haarschopf eine Baseballmütze mit einem Signet aus zwei verschnörkelten weißen Buchstaben, die wie ein Paar Nattern ineinander verschlungen waren, so dass es schwerfiel, sie zu entziffern.

„Na, was ist?“, fragte der Kandidat in Richtung Jury. „Wo bleibt der Applaus?“ Dabei bewegte er auffordernd die fleischigen Finger der immer noch hochgereckten Hände. „Gebt es ruhig zu: So eine Show habt ihr hier in dem traurigen Laden noch nie gesehen. Dazu musste erst einmal der größte Showman des gesamten Multiversums aus einer Nachbardimension zu euch 'rüberkommen.“

Beelzebub und Belial tauschten irritierte Blicke aus. Wusste der Typ da unten, wofür er sich hier bewarb?

„Kommt schon“, fuhr dieser unbeirrt fort. „Ich habe meine Zeit nicht gestohlen. Aber keine Sorge. Ich werde euren müden Haufen schon auf Trab bringen und euch die Hölle heiß machen. Jawohl – ich mache euch die Hölle wieder heiß!“

„OK“, grunzte Asmodeus beeindruckt. „Genau das ist es schließlich, was wir wollen. Endlich einer, der unsere Sprache spricht.“ Er begann zaghaft zu klatschen. Nach und nach fielen die anderen ein. Nur Proserpina starrte den seltsamen Mann nach wie vor reglos an, als wäre er nicht von dieser Welt (was er ja auch tatsächlich nicht war).

„Nanu?“, höhnte der Blonde. „Die Quotenfrau ist anscheinend schon eingefroren. Die ist wohl schon zu lange keinem richtigen Kerl mehr begegnet. Aber es kann halt nicht jeder der heißeste Typ aller Welten sein, nicht wahr?“

Entrüstet wollte Proserpina aufspringen. Was erdreistete sich dieser Frechdachs? Aber Mephisto hielt sie zurück.

„Lass' mal. Verlier' doch wegen so einem nicht die Contenance. Ich bin auf solche Typen spezialisiert. Pass auf, der wird gleich soo klein mit Hut.“

Gemächlich erhob sich Mephisto von seinem Sitz.

„He, Alter“, rief er fröhlich mit näselnder Stimme. „Mach mal halblang und zeig lieber, was du selbst drauf hast, statt andere 'runter zu machen. Von Blond zu Blond: Große Töne spucken kann jeder. Aber steckt da auch was dahinter?“

„Und ob! Vor euch steht der erfolgreichste Höllenmanager überhaupt. Und an deiner Stelle würde ich mir überlegen, mit wem du's verscherzt. Wenn ich erst der Chef hier bin, werde ich mich daran erinnern, wer für mich war und wer nicht.“

„Und was macht dich so sicher, dass du den Job bekommst?“, fragte Mephisto lauernd.

„Na, weil ich der Beste bin. Wenn es mit rechten Dingen zugeht, kann das niemand bestreiten. Kürzen wir doch einfach das Verfahren ab, sagen allen anderen ab und gehen wir an die Arbeit.“

„Jetzt aber nicht ganz so schnell“, sagte Mephisto und blätterte in einem dicken Aktenordner. „Werfen wir doch einmal einen Blick in deine Unterlagen.“

„Welche Unterlagen?“ fragte der Kandidat verwirrt. „Ich habe nichts eingereicht. Habe ich doch gar nicht nötig.“

„Du nicht“, bestätigte Mephisto. „Aber ich habe über alle Bewerber ein paar Erkundigungen eingeholt. Danach hast du zwar eine beeindruckende Karriere hingelegt, aber eigentlich nie selbst irgendetwas geleistet. Mehr heiße Luft als echtes Feuer, würde ich sagen. Bestenfalls ein hitziges Temperament.“

Wie um den Vorwurf zu bestätigen, stieg Zornesröte in dem Kandidaten auf. „Ich habe der Hölle mehr Seelen zugeführt als irgendwer sonst!“, tobte er.

Stimmt – und stimmt nicht“, fuhr Mephisto ungerührt fort. „Genau genommen bist du nicht einmal ein richtiger Teufel.“

„Natürlich bin ich das“, erklärte der Kandidat trotzig und zeigte auf seine Mütze mit den verschnörkelten Buchstaben. „Was meint ihr, wofür das hier steht? – Ich werde es euch sagen: Es bedeutet 'Der Teufel'.“

„Jeder kann sich eine Kappe aufsetzen“, konterte Mephisto. „Aber du hast als stinknormaler Mensch angefangen. Zu Lebzeiten hast du es zwar geschafft, in vielen anderen Menschen die schlechtesten Eigenschaften zu wecken, und das hat deiner Hölle schon einigen Zulauf beschert. Aber letztlich war das nur ein Strohfeuer und nicht mehr. Kaum hattest du dann selbst das Zeitliche gesegnet, hörte das schnell wieder auf. Man muss zwar zugeben: Wie du es vom Insassen der Hölle in deiner Welt zum Boss derselben geschafft hast, mit Lug und Trug, Intrigen, leeren Versprechungen … das nötigt einem schon Respekt ab. Aber wenn ich hier richtig sehe, sind inzwischen deine eigenen Leute mehr als unzufrieden und dabei, dich abzusägen. Du suchst hier nicht nach einem erweiterten Betätigungsfeld, sondern nach einer Zuflucht. Exil statt Expansion.“

„Lüge, Betrug, alles Fake …!“

„Genau“, stellte Mephisto fest. „Aber von dir. Wenn du wirklich der große Macker wärst, als der du dich darstellst, hättest du zumindest daran gedacht, deinen Lebenslauf anständig zu frisieren. Aber in Wirklichkeit bist du nur eine Flasche, die absolut nichts zustande bringt, außer andere aufzuhetzen. Auch wenn du einige unerschütterliche Fans hast – die Fakten sprechen gegen dich.“

„Was heißt hier 'Fakten'?“, schrie der Blonde auf der Plattform in einem verzweifelten Aufbäumen. „Ich brauche keine Fakten. Ich schaffe meine Fakten selber.“

„Aber nicht hier“, ließ sich nun auch Proserpina vernehmen, die sich angesichts der Demontage des Bewerbers wieder beruhigt und das Schauspiel sichtlich genossen hatte. „Wir mögen hier in der Hölle sein. Aber was wir brauchen, ist ein richtiger Anführer und kein selbstverliebter Trottel. Ich würde sagen: 'Du bist gefeuert.'“

Mit diesen Worten drückte sie auf den dicken roten Schalter, der vor ihr aus dem Tisch wuchs und blickte sich auffordernd zu ihren Kollegen um. Die taten es ihr gleich, teils grinsend, teils seufzend.

Als Asmodeus als Letzter seine Faust auf den Schalter hieb, klappte der Boden unter dem abgewiesenen Bewerber weg, der daraufhin mit einem Schrei, der zugleich unbändigen Zorn und namenloses Entsetzen ausdrückte, in die Tiefe stürzte. Kurz darauf schoss eine Stichflamme in die Höhe. Danach schloss sich die Falltür wieder, und die Szene wirkte so, als wäre nichts geschehen.

„Das war wirklich ein totaler Reinfall“, fasste Mephisto das Ergebnis der ersten Casting-Vorstellung doppeldeutig zusammen.

„Dass so viele Leichtgläubige – selbst unter uns Teufeln – immer wieder auf solche Windbeutel hereinfallen ...“, bemerkte Proserpina dazu kopfschüttelnd mit einem verstohlenen Blick auf Asmodeus.

„... womit seine Anhänger aber dem Höllenfeuer einheizen ...“, konterte dieser trotzig. „Immerhin ist es kurzzeitig hier ein bisschen wärmer geworden. Aber zugegeben: Als Chef möchte ich den auch nicht haben. Jedenfalls hoffe ich doch, es kommen noch ein paar wirklich ernstzunehmende Bewerber.“

„Doch, doch“, beschwichtigte Mephisto und nahm wieder Platz. „Der hier war nur zum Aufwärmen. Die richtig heißen Kandidaten stehen uns noch bevor.“

*

Der Aufstieg zum Wendelstein in der Abenddämmerung war an sich schon ein tolles Abenteuer. Es begann bereits mit den Vorbereitungen. Gottfried und Petra packten alles zusammen, was sie für eine Übernachtung auf der Forschungsstation brauchen würden, denn mit den Anmeldeinformationen war angekündigt worden, dass ein Rücktransport von der Bergspitze erst am folgenden Morgen würde erfolgen können. Gegen Mittag waren die Rucksäcke prall gefüllt. Nach dem Essen wurden die Kinder zum Schlafen genötigt, um fit für die nächtliche Sternentour zu sein. Dann ging es mit dem Auto zur Talstation am Wendelstein und anschließend mit der alten Zahnradbahn den Berg hinauf. Oben angekommen, standen sie vor der nackten, grauen Felsspitze, die wie ein scharfkantiger Zahn an die 100 Meter hoch aus dem noch spärlich mit flachem Gras bewachsenen Boden wuchs. Die Köpfe in den Nacken gelegt, konnten sie ganz oben einen rot-weiß gebänderten Mast erkennen, der sich neben einer weißen Kuppel empor reckte, während die untergehende Sonne hinter einem benachbarten Berggipfel zu versinken begann und in das dunkelnde Blau des klaren Himmels einen leicht rötlichen Schimmer mischte.

Von einem kleinen, eng an die Felswand geschmiegten Rundfunkgebäude aus schlängelte sich ein gut gesicherter Weg hinauf zum Gipfel. Nach einer halben Stunde Aufstieg hatten sie es dann geschafft. Vom Tragen der schweren Rucksäcke und zwischendurch auch der Kinder erschöpft, standen sie schnaufend vor dem verschachtelten Gebäudekomplex, der sich den Gipfelgrat entlang erstreckte und in dessen Mitte sich wie ein schneeweißer Pilz auf einem kurzen, dicken Stiel die Kuppel des Observatoriums der Universitätssternwarte München erhob.

„Immerhin gibt es hier schon mal etwas Weißes“, sagte Petra grinsend und zeigte auf die Sternwarte. „Fast wie ein großer, dicker Schneemann.“

„Wart's nur ab“, brummte Gottfried gebetsmühlenartig. Augenblicklich war er viel zu begeistert von der fantastischen Aussicht und der Erwartung einzigartiger Blicke auf die Sterne, um weiter auf Petras kleine Stichelei einzugehen. „Der Schnee kommt noch. Du wirst sehen.“

Drinnen konnten sie sich zunächst einmal in einer Cafeteria bei heißen Getränken aufwärmen. Dort sammelten sich auch die übrigen Besucher: zwei weitere Familien mit je einem Kind im Teenageralter sowie ein älteres Ehepaar und drei Einzelpersonen – zwei junge Männer und eine Frau um die 40.

„Hoffentlich wird die Führung nicht zu technisch“, flüsterte Petra Gottfried zu. „Es wäre zu schade, wenn die Kinder hinterher enttäuscht wären.“

„Nur die Kinder?“, fragte er ebenso flüsternd zurück.

„Stimmt. Ich vergaß das 'Kind im Manne'.“ Petra grinste wieder. „Aber ganz ehrlich: Ich hoffe selbst auch etwas Schönes und Beeindruckendes sehen zu können. Und damit meine ich nicht nur die technischen Einrichtungen.“

Die Befürchtungen erwiesen sich als unbegründet. Die Wissenschaftler waren sich vollkommen der besonderen Situation und der weihnachtlichen Vorfreude ihrer Gäste bewusst und gingen auch besonders auf die Kinder ein, die mit großen, staunenden Augen auf Bilder von Sternenhaufen, Galaxien und bunten Nebeln aus Sternenstaub starrten, die mit dem größten, 2 Meter durchmessenden Teleskop der Sternwarte entstanden waren. Nacheinander durften alle Besucher einen direkten Blick durch verschiedene Teleskope und auf mit anderen Teleskopen verbundene Bildschirme werfen. Sie betrachteten den mit zahllosen großen und kleinen Kratern übersäten Mond, den Jupiter mit seinem großen roten Fleck – einem Wirbelsturm, groß genug um die ganze Erde wie einen Kiesel im Strudel zu verschlingen, zählten die Ringe des Saturn und konnten den Blick kaum abwenden von Bildern und Filmaufnahmen, die mit Spezialfiltern von der Sonne gemacht worden waren. Für einige davon war mithilfe einer schwarzen Scheibe vor dem Zentrum der Linse eine künstliche Sonnenfinsternis simuliert worden, so dass im äußeren Bereich die wabernde Korona zu sehen war. Filmaufnahmen mit anderen Filtern zeigten Sonnenflecken und aus einem wogenden Meer von ultraheißen Gasen hoch ins All hervorschießende Protuberanzen. Dabei gaben die Forscher abwechselnd spannende Berichte von der Entdeckung der Sterne und Planeten, erzählten mystische Geschichten von antiken und mittelalterlichen Sterndeutern und lustige Anekdoten aus ihrem eigenen Forscheralltag. Sie erzählten von der ersten bemannten Mondlandung im Jahr 1969 und davon, wie Pluto, ein mondgroßer Himmelskörper am äußeren Rand unseres Sonnensystems, per Definition seinen Status als Planet verloren hatte und zum „Zwergplanet" herabgestuft worden war, so dass der alte Merkspruch „Mein Vater Erklärt Mir Jeden Sonntag Unsere Neun Planeten", der die Anfangsbuchstaben der Planeten in zunehmendem Abstand von der Sonne auflistete, seine Gültigkeit verloren hatte, weil es jetzt eben nur noch acht Planeten waren und für das „P" auch kein Bedarf mehr bestand. Natürlich erzählten sie auch vom „Stern von Bethlehem", der gemäß der traditionellen Weihnachtsgeschichte drei Weise aus dem Morgenland an die Krippe des neugeborenen Gottessohnes geführt hatte, nachdem sie im fernen Orient am Himmel einen ungewöhnlichen neuen Stern wahrgenommen hatten und seiner Spur über das Firmament bis nach Jerusalem und darüber hinaus gefolgt waren. Sie sprachen über die verschiedenen Deutungsversuche, mit denen sich Menschen seit Jahrhunderten um eine physikalische Erklärung der damaligen Himmelserscheinung und damit einhergehend eine genaue Datierung dieses Ereignisses bemühten und bis heute trotzdem noch keine überzeugende Lösung dieser Frage hatten finden können. Ob es nun ein Komet war, eine Planetenkonjunktion oder noch etwas anderes, das die drei Weisen vor über 2000 Jahren zu ihrer Reise veranlasst hatte, vermochte nach wie vor niemand mit Sicherheit zu sagen.

Den Forschern, von der Professorin bis zum Doktoranden, gelang es tatsächlich, alle mit ihrer Begeisterung für die Sterne anzustecken, und selbst Marie und Jonathan zeigten nicht die geringsten Anzeichen von Müdigkeit. Im Gegenteil, fasziniert betrachteten sie einen Monitor, der ein großes Bild zahlreicher weißer Punkte vor schwarzem Hintergrund zeigte.

„Damit beobachten wir den Asteroidengürtel", erklärte eine junge Astrophysikerin mit blondem Pferdeschwanz, die das Interesse der Kinder bemerkt hatte. „Wisst ihr, weit hinter dem Mars fliegen Millionen von Eis- und Felsbrocken herum, und manchmal kommt einer auch ganz nah an die Erde heran."

„Wie der, wegen dem die Dinosaurier ausgestorben sind?", fragte Marie wissbegierig.

„Genau“, sagte die Forscherin. „Der hat damals die Erde tatsächlich getroffen. Und genau deshalb suchen wir heute ständig den Himmel ab. Es ist zwar extrem unwahrscheinlich, dass so etwas wieder passiert, aber falls doch, wollen wir es so früh wie möglich wissen.“

„Und wenn doch …?“, bohrte Marie nach, während Jonathan ihr ängstlich die Finger in den Arm krallte.

„Dann gibt es verschiedene Möglichkeiten“, erklärte die junge Frau weiter. „Gerade erst haben wir eine Raumsonde zu einem harmlosen Asteroiden geschickt, um auszuprobieren, wie sich so ein Brocken im Ernstfall ablenken lassen könnte. Und es hat ziemlich gut funktioniert.“ Sie streichelte Jonathan beruhigend über den Kopf. „Also keine Angst. Was den Dinos passiert ist, müssen wir nicht fürchten. Denn wir wissen uns zu wehren.“

Jonathan blieb ein wenig skeptisch, aber bei Marie siegte schon wieder die Neugier.

„Und jeder dieser hellen Punkte hier ist ein solcher Brocken?“, fragte sie.

„Genau“, bestätigte die Forscherin, während Petra und Gottfried sich näherten, die genauer wissen wollten, was ihre Kinder gerade so spannend fanden.

„Da ist ein neuer“, sagte Jonathan plötzlich.

„Ein neuer 'was'?“

„Ein neuer heller Punkt. Also so ein Astro-Dingsbums.“

„Asteroid.“

„Genau. Jedenfalls so ein Punkt. Und eben war der noch nicht da.“

„Nanu“, sagte die Forscherin – auf ihrem Namensschild stand der Name „Dr. Julia Dachleitner“ – sichtlich überrascht. „Eigentlich kennen wir die Bahnen aller Objekte von mindestens einem Kilometer Größe da draußen – Asteroiden, Meteore, Kometen. Und da sollte jetzt gerade nichts Neues ins Bild kommen.“

„Aber der Punkt ist da“, beharrte Jonathan und zeigte mit dem Finger auf einen einsamen, winzigen hellen Punkt auf dem Bildschirm.

Julia Dachleitner schaute genau hin, setzte sich dann an einen Computer neben der Beobachtungsanzeige und tippte hektisch auf der Tastatur herum. Kurz danach erschien auf dem Computerbildschirm dasselbe Bild wie auf dem Beobachtungsmonitor – oder, genau genommen, fast dasselbe. An der Stelle, auf die nebenan immer noch Jonathans Finger wies, war nur Schwärze.

Julias Kopf zuckte mehrfach zwischen den Ansichten hin und her. Sie wollte ganz sicher gehen. Aber es gab keinen Zweifel.

„Du hast Recht“, sagte sie und strahlte Jonathan begeistert an. „Da ist ein neuer Stern am Himmel erschienen. Du hast den Weihnachtsstern entdeckt!“

7.

„Petrus, du musst mich durchlassen“, drängelte Engel 066 keuchend. „In der Hölle ist der Teufel los.“

„Na und?“, brummte der Hüter der Himmelsschlüssel gemächlich und machte keine Anstalten, das Tor zu öffnen. „Wo denn sonst?“

„Nein ich meine: Er ist nicht dort.“

„… wie immer um diese Jahreszeit“, ergänzte Petrus, nach wie vor unbeeindruckt. „Ich dachte, alle Engelischen Spione wüssten über den Weihnachtsdeal Bescheid.“

„Natürlich weiß ich Bescheid“, rief Engel 066 aufgebracht. „Aber du eben nicht. Und Luzifer offenbar auch nicht. Während der Herr der Hölle sich eine weihnachtliche Auszeit gönnt, rebellieren seine Untergebenen. Beelzebub und Belial haben die Stelle zur Neubesetzung ausgeschrieben.“

„Na, denen wird Luzifer nach seiner Rückkehr ordentlich den Marsch blasen“, prognostizierte Petrus ungerührt. „Ich mag ihn zwar nicht besonders, aber er ist einer der mächtigsten Engel gewesen und zweifellos kann ihm keiner der anderen da unten das Feuer reichen.“

„Wenn du dich da mal nicht irrst ...“

„Wieso? Was gibt es denn sonst noch, das wir wissen sollten?“

„Hast du in letzter Zeit mal einen Blick auf den Multiversalkalender geworfen? Eine 'Große Konjunktion' bringt gerade einige Universen zusammen. Die Oberteufel von einem guten Dutzend Welten geben sich derzeit in unserer Hölle ein Stelldichein, um Luzifers Platz einzunehmen.“

„Mist“, knurrte Petrus und fingerte nervös an seinem Schlüsselbund herum. Auf einmal hatte er es doch eilig, den Botenengel einzulassen.

*

Derweil präsentierte sich ein athletisch gebauter Kandidat mit weißer Toga und griechischem Profil auf der höllischen Showbühne. Seine fein geschnittenen Züge wirkten wie aus schwarzem Marmor gemeißelt. Die Augen strahlten aus tiefen Höhlen dunkelrot wie glühende Kohlen.

Ohne etwas zu sagen, erhob der Kandidat Kopf und Arme, als wolle er die Energie des ganzen Universums in sich aufnehmen. Dann rollte er langsam die Finger ein, führte mit geschlossenen Fäusten die Arme vor der Brust zusammen und senkte dabei auch den Blick wieder wie zur inneren Einkehr. Während er das tat, verblassten zunächst die Spotlichter, dann die Lavasäulen und schließlich auch das unter der Plattform lodernde Höllenfeuer selbst, bis der gesamte Raum in vollständige Dunkelheit gehüllt war. Doch auch dann nahm die Verdunkelung noch kein Ende. Selbst aus der totalen Abwesenheit von Licht sog die Ungestalt noch etwas ab und zeichnete seine Kontur ins Nichts, schwärzer als schwarz. Nur die glutroten Augen brannten schmerzhaft inmitten der ihn wie eine negative Aura umgebenden invertierten Beleuchtung.

„Es werde Dunkelheit", hallte es donnernd durch den Raum.

Eine Weile verharrte er in seiner zusammengekrümmten Haltung, dann richtete er sich langsam wieder auf und gab dem Raum langsam das Licht zurück. Nachdem sich ihre Augen an die wiedergekehrte Beleuchtung gewöhnt hatten, begannen die Jurymitglieder zu applaudieren.

Der Dunkle verneigte sich.

„Darf ich mich vorstellen?", dröhnte seine klangvolle Stimme mit donnerndem Bass. „Hades, Herrscher der Unterwelt in einem Universum, das die alten Götter nicht abgeschafft hat. Andernorts auch bekannt unter dem Namen Pluto."

„Pluto", rief ihm Asmodeus anerkennend zu. „Nach dir hat man hier einen Planeten benannt."

„Ah, ein Planet." Pluto war sichtlich erfreut. „Offenbar sind die alten Götter auch in dieser Welt nicht ganz vergessen."

„Inzwischen nur noch Zwergplanet", warf Mephisto grinsend ein. „Aber einer mit Herz."

„Zwergplanet?"

„Ja. Du wurdest vor ein paar Jahren degradiert. Also nicht du persönlich, aber ..."

„Wie bitte – DEGRADIERT?!"

„Naja", winkte Mephisto, scheinbar beschwichtigend, ab. „Genau genommen war es ja auch nur ein ziemlich mickriger Planet, ganz weit draußen. Und zusammen mit seinem kaum kleineren Mond Charon gerade einmal etwa so groß wie Luna, der irdische Mond."

Bei dem Wort „mickrig" flammten Plutos Augen auf wie kleine Sonnen. Es fiel ihm schwer, seine Wut zu bezähmen. Aber Mephisto dozierte unbeirrt weiter.

„Vor ein paar Jahren haben Astronomen den Begriff 'Planet' neu definiert. Und deiner war dann halt keiner mehr."

Die Nonchalance, mit der Mephisto dem innerlich kochenden Pluto den Verlust des Planetenstatus beibrachte, gab diesem den Rest. In einem Wutausbruch, der die Magmafontäne, mit welcher das Höllenfeuer den ersten Kandidaten verschlungen hatte, locker in den Schatten stellte, schoss der dunkle Gott der Unterwelt der griechisch-römischen Mythologie wie eine Rakete empor und verschwand in der Ferne des Weltalls.

Die Jurymitglieder sahen abwechselnd Mephisto und einander fragend an.

„Was war das denn?", ließ sich zuerst Proserpina vernehmen. „Der wirkte doch gar nicht so uninteressant. Hatte eine enorme Ausstrahlung."

„Als hätte er Plutonium gefrühstückt", unterbrach Mephisto kichernd. Proserpina warf ihm einen missbilligenden Blick zu und fuhr fort.

„Aber dann ging er ja buchstäblich durch die Decke. Warum hast du ihn denn dermaßen gepiesackt?"

„Erstens", begann Mephisto entschuldigend, „kann ich einfach nicht anders. Wenn ich einmal die Schwachstelle von jemandem ausfindig gemacht habe, muss ich ihn einfach triezen, bis er die Beherrschung verliert. Aber dass es bei ihm hier so schnell gehen würde, hätte nicht einmal ich erwartet. Und wollt ihr wirklich von jemandem regiert werden, der sofort ausrastet, wenn man mal ein bisschen an seinem Ego kratzt?"

Nachdenklich schüttelten die Übrigen, einer nach dem Anderen, den Kopf und auch Proserpina musste Mephisto zustimmen.

„Na schön", brach Belial das Schweigen. „Der war's also auch nicht. Mal sehen, wen wir noch haben …"

*

Kurze Zeit später musste ein immer noch erboster Pluto auf dem Weg zu „seinem" Planeten, den er doch nun einmal selbst in Augenschein nehmen wollte, einem riesigen Eisbrocken ausweichen, der auf einmal seine Bahn kreuzte.

„Zwergplanet!", fauchte er und versetzte dem Brocken im Vorbeiflug einen heftigen Tritt. „Ich werde euch einen Zwergplaneten geben!"

Der Tritt hatte die Bahn des zuvor von Luzifer in Bewegung gesetzten Asteroiden nur minimal verändert. Allerdings würde er nun das zur

Kurskorrektur vorgesehene Rendezvous mit dem irdischen Mond knapp verpassen. Vor allem aber hatte der Tritt dem Eisbrocken einen Drehimpuls mitgegeben, der ihn in schnelle Rotation um die eigene Achse versetzte. Die damit in Gang gesetzten Fliehkräfte schleuderten einiges lose an seine Oberfläche gebundenes Material in einen Orbit um den massiveren Kern herum, wo es durch die heißen Partikelströme im Sonnenwind von festen Eiskristallen in eine Gaswolke verwandelt wurde, die sich augenblicklich entzündete wie eine Wunderkerze an einer Streichholzflamme – kurz bevor ein neugieriger Junge das Aufflammen eines Lichtpunktes auf dem Monitor einer Sternbeobachtungsstation bemerkte.

*

„Der Herr Professor hat jetzt Zeit für Sie", sagte die Sekretärin im Vorzimmer des Leiters der Wendelstein-Sternwarte zu Julia Dachleitner und öffnete die Tür zu dessen Büro an der physikalischen Fakultät der Ludwigs-Maximilians-Universität in München.

Julia betrat das geräumige Büro und bemerkte kaum, wie die Tür zum Sekretariat hinter ihr geschlossen wurde. Nervös ging sie in Gedanken noch einmal alles durch, konnte aber keinen Fehler entdecken. Fahrig ergriff sie die ihr dargebotene Hand des Professors und schämte sich für ihre feuchte Handfläche. Übernächtigt und nur von einem Übermaß an Koffein aufrecht gehalten, hatte sie um das Gespräch gebeten und keine Zeit verloren, als ihr kurzfristig ein Termin angeboten wurde. Offenbar war die Dringlichkeit ihrer Bitte angekommen. Nur zu gerne hätte sie zuvor mindestens zwölf Stunden durchgeschlafen oder sich wenigstens noch etwas frisch gemacht, aber ihre Entdeckung duldete keinen Aufschub. Tag und Nacht hatte die junge Wissenschaftlerin zahllose Aufzeichnungen analysiert, Berechnungen angestellt und Simulationen durch die Computer gejagt. Schließlich ließen die Ergebnisse ihrer Untersuchungen auch nach mehrmaliger Prüfung nur noch einen Schluss zu. Was von nun an geschehen sollte, lag weit außerhalb ihres Kompetenzbereichs.

„Es gibt also Neuigkeiten über unseren Weihnachtsstern?", begrüßte sie Horst Lischting, leitender Astronom der Wendelstein-Sternwarte, ohne lange Umschweife mit einer Feststellung, die zugleich eine Frage war.

„Oder besser: Ihren Weihnachtsstern", korrigierte er sich. „Schließlich haben Sie ihn entdeckt."

„Genau genommen auch nicht ich, Herr Professor“, verbesserte Julia wiederum. „Ein kleiner Junge und seine Schwester haben ihn bei der Nikolaus-Führung zuerst auf dem Schirm gesehen.“

„Lischting“, sagte der Institutsleiter freundlich. „Sparen Sie sich den 'Professor', Frau Doktor Dachleitner.“ Dann kam er zurück zum Thema: „Es gibt also wichtige Neuigkeiten. Gute oder schlechte?“

„Beides“, sagte Julia knapp. „Welche wollen Sie zuerst hören?“

„Die gute, natürlich“.

„Die gute – OK.“ Julia musste sich kurz sammeln. Dann begann sie mit ihrem Bericht.

„Es ist mir gelungen, herauszufinden, woher das Objekt kommt, und ich habe eine – wie ich glaube, ziemlich plausible – Erklärung dafür, warum wir es bisher nicht bemerkt haben.“

„Dann schießen Sie mal los“, forderte Lischting die Forscherin auf und bot ihr zugleich einen Platz an dem gemütlichen Besprechungstisch an, der in einer Ecke des Büros unter verschiedenen großformatigen Bildtafeln mit Aufnahmen aus dem Observatorium stand.

„Es gibt keinen Zweifel“, begann sie müde, aber zugleich auch aufgeregt. „Das Objekt kommt aus dem Hauptgürtel zwischen Mars und Jupiter. Aber es ist größer als alles dort, was wir bisher noch nicht katalogisiert hatten. Als wäre es angewachsen wie ein interplanetarer Schneeball, der einen verschneiten Hang herunterrollt. Irgendwie muss ein kleinerer Eis-Asteroid aus der Bahn geraten und sich auf dem Weg andere Eisbrocken wie ein Staubmagnet einverleibt haben.“

„Dann besteht er also hauptsächlich aus Eis“, vergewisserte sich Lischting.

„Muss er wohl“, sagte Julia. „Denn obwohl er aus dem Asteroidengürtel stammt, hat er sich kürzlich in einen Kometen verwandelt. Das hat ihn trotz der Entfernung plötzlich auf dem Überwachungsschirm sichtbar werden lassen.“

„Ein Asteroid, der zum Komet wurde. Wie (248370) 2005 QN17. Beeindruckend“, konstatierte der Professor anerkennend. „Gerade in dieser Jahreszeit ist Ihr Kinderlein-Komet zweifellos für einige Schlagzeilen gut.“ Er zögerte kurz. „Und die schlechte Nachricht?“, wollte er dann doch noch wissen.

„Er kommt genau auf uns zu.“

In Professor Lischtings Gesicht zeigte sich keine Regung. Einige Sekunden lang wirkte seine Miene wie eingefroren.

„Wie genau?“, fragte er dann nach.

„So genau, wie es die derzeitigen Berechnungen prognostizieren lassen", erwiderte Julia Dachleitner mit fester Stimme, die doch ein leichtes Zittern nicht überspielen konnte. Sie begann heftig zu schwitzen. „Nach meinen Berechnungen – und Sie können mir glauben, dass ich das mehrfach überprüft habe – besteht eine reale Gefahr, dass dieser Komet die Erde trifft."

Lischting holte tief Luft und blies sie langsam mit geblähten Backen wieder aus.

„Wieviel Zeit haben wir noch?"

„Bis Weihnachten", antwortete Julia und war sich der Brisanz dieser Mitteilung bewusst. „An Heiligabend wird es passieren – wenn es tatsächlich zu einer Kollision kommt."

„Vielen Dank, Frau Dachleitner", sagte Lischting entschlossen und erhob sich von seinem Sitz am Besprechungstisch. „Es war gut, dass Sie mir das sofort mitgeteilt haben. Ich muss jetzt überlegen, wen ich zuerst anrufe: die ESA oder die Regierung. Jedenfalls besser zuerst einmal doch nicht die Presse. Bevor wir uns deren Fragen stellen, sollten wir ein paar gute Antworten parat haben."

Auf dem Weg zum Schreibtisch drehte er sich noch einmal zu Julia um.

„Gehen Sie jetzt nach Hause, Frau Dachleitner. Schlafen Sie sich erst einmal gründlich aus."

„Glauben Sie wirklich, ich könnte jetzt schlafen?"

„Sie müssen! In Ihrem jetzigen Zustand können Sie jeden Moment zusammenklappen. So wären Sie keine große Hilfe. Aber danach gehen Sie wieder an die Arbeit. Wir brauchen Sie. Unbedingt. Sie wissen am besten über das Ding Bescheid, das in gut zwei Wochen auf der Erde aufschlagen könnte. Und wundern Sie sich nicht, wenn Sie morgen ein paar Anfragen von ESA, NASA und wem auch immer sonst noch auf dem Tisch haben. Halten Sie mich auf dem Laufenden."

8.

„Das war der letzte."

Seufzend klappte Beelzebub den dicken Aktenordner zu, in dem sich die gesammelten Unterlagen zu den Bewerbungen auf den Höllenthron befanden.

„Das Letzte", verbesserte Proserpina mürrisch und erntete damit irritierte Blicke.

Asmodeus bemerkte als Erster, dass sie gerade nicht die mangelnde Gendersprache kritisiert hatte, sondern die letzte teuflische Wesenheit aus einem anderen Universum, die sich der Höllen-Jury präsentiert hatte. Loki, die zwiespältige nordische Gottheit zwischen den göttlichen Aesir und den urgewaltigen Eisriesen, Vater und Mutter von Welten verschlingenden Monstern wie der Midgardschlange oder dem Fenriswolf, Trickser, Inbegriff von Intrigen, tabulosen Späßen und des Verrats, hatte sich als androgyne Clownsfigur inszeniert und mit der Jury boshafte Scherze getrieben, die am Ende sogar Mephistopheles Tränen in die Augen getrieben hatten, die zu gleichen Teilen Lachen, Scham und Zorn entsprangen. Schließlich hatte er das Urteil über seine Darbietung nicht einmal abgewartet und sich mit irre kreischendem Gelächter verabschiedet, das von sämtlichen Wänden des höllischen Gewölbes widerhallte und die teuflischen Juroren fassungslos zurückließ.

„In der Tat", sinnierte der Höllenrichter kopfschüttelnd. „Das war keine ernsthafte Bewerbung, sondern nur eine gewaltige Verlade. Offenbar ging es ihm nur darum, uns alle vorzuführen und bis auf die Knochen zu beschämen."

„… was ihm zweifellos gelungen ist", setzte Proserpina anerkennend hinzu. „Aber als Vorgesetzten möchte ich mir diesen bösartigen Scherzbold auch nicht vorstellen. Gut, dass er weg ist."

„Das sehe ich auch so", meldete sich Belial zustimmend zu Wort. „Aber was tun wir jetzt? Die Kandidatenliste ist abgehakt, aber ich für mein Teil habe, ehrlich gesagt, nicht den Eindruck, dass sich irgendjemand hier wirklich als unser neuer Anführer qualifiziert hat."

„Stimmt", bestätigte Beelzebub bedauernd. „Manche strotzten nur so von Eitelkeit ..."

„… mit nichts dahinter", resümierte Asmodeus streng.

„… oder mit der eigenen Selbstverliebtheit leicht aus der Bahn zu werfen", ergänzte Proserpina bitter.

„Dabei waren einige ja durchaus beeindruckend", warf Mephisto ein.

„Zumindest am Anfang", relativierte Belial. „Aber ich glaube, niemand hat hier wirklich die Wahrheit über sich gesagt."

„Ich frage mich allmählich, ob überhaupt irgendwer unser Angebot wirklich ernst genommen hat", sinnierte Proserpina. „Ich meine: seien zumindest wir doch mal ehrlich. Was haben wir denn erwartet? Wir haben die größten Verführer, Betrüger, Egozentriker und Foltermeister aller Welten eingeladen, eine augenscheinlich desolate (weil führerlose) Hölle zu übernehmen, obwohl sie alle – den Ersten vielleicht ausgenommen – bereits über eine eigene, gut funktionierende und auf sie eingespielte, Unterwelt herrschen. Was hätte sie verleiten sollen, diese eigene Hölle gegen unsere auszutauschen?"

„Du hast Recht", gab Beelzebub zähneknirschend zu. „Höchstens ein zuhause erfolgloser Teufel hätte ein Interesse daran haben können, in unsere Welt zu wechseln."

„Und genau das wäre letztlich nötig gewesen", stellte Asmodeus messerscharf klar. „Denn sobald sich das Tor der Großen Konjunktion wieder schließt, könnte niemand mehr in seine Ursprungswelt und deren Hölle zurückkehren."

„Du hast Recht!", bekannte Beelzebub erschrocken. „Daran hat niemand von uns gedacht, als wir die Einladungen verschickt haben. Hoffentlich fällt das auch den Kandidaten rechtzeitig ein. Sonst haben wir in den nächsten paar Tausend Jahren durch die Gestrandeten mit ernsthafter Konkurrenz in unserem Universum zu rechnen."

„Mach dir da mal nicht zu viele trübe Gedanken", sagte Mephisto. „Die hatten ihren Spaß und sind inzwischen bestimmt alle schon wieder auf dem Heimweg."

„Und wenn nicht …?!"

„Dann macht Luzifer mit ihnen notfalls kurzen Prozess, wenn er wieder zurück ist. Unser 'Grand Prix Feurovision' mag ein großer Flop gewesen sein, aber er hat uns zumindest vor Augen geführt, was wir an unserem Boss haben. Er mag ja seine Marotten haben, aber für uns ist er genau richtig, und ich bin davon überzeugt, dass er alle, die sich hier präsentiert haben, locker in die Tasche steckt. Wir haben ihn schließlich oft genug in Aktion erlebt."

„Mag ja sein", seufzte Belial zweifelnd. „Aber die meisten von denen waren nun auch keine Luschen und alle zusammen ..." Er ließ den Satz unvollendet. Dann erhob er sich schwerfällig von seinem Sitz.

„Jedenfalls würde ich mich deutlich wohler fühlen, wenn ich sicher sein könnte, dass sie unser Universum wieder verlassen haben. Ich gehe mal nachsehen."

Belial schlurfte davon, während die Anderen betreten an dem monolithischen Obsidiantisch sitzen blieben. Nach einer Weile kehrte er zurück, außer Atem und gar nicht mehr behäbig. Auf seinem Gesicht hielten sich Zorn und Entsetzen die Waage.

„Loki, dieser Drecksack!“, keuchte Belial heiser. „Er hat uns eingeschlossen. Wir sind Gefangene in unserer eigenen Hölle!“

*

Pluto schwebte nachdenklich über dem Ex-Planeten, der seinen Namen trug. Er blickte hinab auf die herzförmige Oberflächenstruktur aus gefrorenem Stickstoff, die einen großen Anteil der Oberfläche bedeckte und die Mephisto wohl zu seiner Anspielung „... aber mit Herz ...“ veranlasst hatte. Wieder stieg Zorn in dem Dunklen Herrn der toten Seelen auf, als er sich daran erinnerte, wie ihn die Sticheleien des Jurors zur Weißglut getrieben hatten. Doch dann gelang es ihm, sich wieder zu beruhigen. Hier, in der Abgeschiedenheit des äußeren Sonnensystems, fernab von Licht und Wärme der zentralen Sonne, die nur noch als schwach glimmender Lichtpunkt am Himmel schimmerte, fühlte sich der Herr der Dunkelheit wohl. Ein Fels im Dunkel mit einem Herzen aus Eis erschien ihm irgendwie doch angemessen, um ihn in diesem Universum zu repräsentieren. So fand er Ruhe im Betrachten des eisigen Herzschlags, wenn bei Tag das müde Licht der Sonne eben ausreichte, um ein wenig Stickstoff zu verdampfen, der dann in die dünne Atmosphäre entwich, um als Wind seine Runde um den mondgroßen Himmelskörper anzutreten, bis er bei Nacht auf die Oberfläche herunter schneite und sich bis zum nächsten Morgen wieder auf dem weißen Herzen zur Ruhe legte.

„Hallöchen“, säuselte plötzlich hinter ihm eine Stimme. „Ich dachte mir doch, dass ich dich hier treffen würde.“

„Was willst du hier, Nergal?“, fragte Pluto ungehalten. „Hast du dich auch von diesen Ignoranten ködern lassen?“

„Leider ja“, gab der altsumerische Dämon zurück, der es in seiner Instanz des Multiversums zum obersten Herrscher der Unterwelt gebracht hatte. „Zuerst hat mich diese Proserpina ja sogar angemacht. Ich glaube, die stand auf mich. Aber als ich dann meine Seuchen-Show abgezogen habe, hat sie sich plötzlich angewidert abgewandt. Vielleicht hätte ich mit den Pestbeulen nicht gar so dick auftragen sollen. Eine etwas dezentere Krankheit hätte es vielleicht auch getan. Eine, die zuerst als harmloser Husten daherkommt, sich aber dann über die ganze

Welt ausbreitet und Millionen dahinrafft … Aber jedenfalls haben sie mich schließlich zum Teufel gejagt. Und hier bin ich!"

„Dann sind wir schon zu dritt", zischte Seth, ein weiterer abgewiesener Bewerber aus einer von ägyptischer Mythologie dominierten Welt, und schlängelte sich zwischen den anderen Beiden hindurch.

Immer mehr Dämonenfürsten aus den verschiedensten Dimensionen fanden sich ein. Offenbar hatte es sich irgendwie herumgesprochen, dass sich bei dem Doppelsystem aus Pluto und seinem Mond Charon all jene ein Stelldichein gaben, die bei der Wahl zum CEO der Hölle gescheitert waren oder sich aus eigenem Antrieb zurückgezogen hatten. Bald schnatterten sie angeregt durcheinander und begannen sich gegenseitig aufzustacheln. Es dauerte nicht lange, da übertrafen sie sich gegenseitig darin, die eigenen Vorzüge hervorzuheben und auch die anderen in der Auffassung zu bestätigen, dass jeder Einzelne von ihnen mehr wert sei als alle Vertreter der hiesigen Hölle, und dass es überaus angemessen sei, letzteren einen gehörigen Denkzettel zu verpassen.

„Da trifft es sich gut", sagte Ahriman, der in der persischen Dialektik das zerstörerische Element verkörperte, „dass ich auf dem Weg hierher einem glühenden Eisbrocken begegnet bin, der sich auf Kollisionskurs mit der Erde befindet. In wenigen Tagen wird er auf der Heimatwelt der Menschen einschlagen und dort sämtliches Leben auslöschen."

„Das klingt nach einem großen Spaß", krähte der dreiköpfige Baal fröhlich im Chor mit sich selbst. „Aber wenn so viele Seelen auf einmal aus ihren Körpern vertrieben werden, landen davon bestimmt auch so viele in der Hölle, dass denen da unten richtig schön warm wird. Wollen wir das?"

„Denk doch mal nach", schalt Ahriman. „Natürlich gibt das zuerst einmal einen ordentlichen Hitzeschub im Höllenfeuer und es wird dort mollig warm werden. Aber wenn alle tot sind, kommt anschließend nichts mehr hinterher. Dann kühlt die Hölle langsam, aber sicher aus, ohne jegliche Aussicht auf Nachschub. Wir sind bis dahin längst alle zurück in unseren kuscheligen Universen, aber hier wird sich eine immerwährende Eiszeit einstellen. Was haltet ihr davon?"

Begeisterter Jubel brandete auf, bis Nergal sich mit einem Einwand zu Wort meldete: „Aber werden unsere hiesigen Kollegen das nicht auch bemerken und etwas dagegen unternehmen? Sie sind sicher nicht die Hellsten – da sind wir uns einig –, aber zum Abwenden einer Bedrohung ihrer Existenzgrundlage wird es wohl trotzdem reichen."

„Das würde es vielleicht“, lachte Loki, der gerade rechtzeitig angekommen war, um die wichtigsten Teile des Gesprächs mitzubekommen. „Aber die können im Moment überhaupt nichts tun. Ich habe sie nämlich in ihrer eigenen Hölle eingesperrt. Bis sie da wieder herauskommen, ist alles vorbei.“

„Großartig“, ließ sich Ahriman mit dröhnendem Bass vernehmen. „Dann sollten wir nur noch dafür sorgen, dass möglichst viele Seelen nach dem großen Knall in der Hölle landen. Das verschafft den Teufelchen im Käfig noch viel Zeit, um die Erkenntnis ihres Untergangs zu genießen, bevor ihnen endgültig das Licht ausgeht.“

„Aber wie schaffen wir das?“, überlegte Nergal. „Sobald die Menschen spitzkriegen, dass ihr Ende naht, werden sie versuchen, sich noch schnell mit ein paar guten Tagen in den Himmel zu retten – oder zumindest ins Fegefeuer, um der ewigen Verdammnis zu entgehen.“

„Nicht, wenn ihnen ein Schuldiger präsentiert wird“, schlug Seth vor. „Dann werden sie sich alle voller Zorn auf diejenigen stürzen, die sie für die Katastrophe verantwortlich machen.“

„Und wer sollte das sein?“, fragte Pluto zweifelnd. „Wem, wenn nicht uns, könnten sie die Schuld an einem Kometeneinschlag geben?“

„Völlig egal“, kicherte Loki. „Es muss nur jemand mit dem Finger auf irgendwen zeigen. Je absurder, desto besser. Dann werden alle glauben, es müsse etwas dran sein, weil doch sonst niemand so etwas behaupten würde. Das hat in meiner Welt jedenfalls, bei Menschen wie Göttern, immer wieder funktioniert.“

„Eine großartige Idee“, waren sich nun alle einig und schmiedeten gemeinsam weiter an einem Plan zur Maximierung menschlicher Bosheit vor dem unmittelbar bevorstehenden Weltuntergang.

*

Julia Dachleitner schloss das Videokonferenzfenster auf ihrem Computer und rieb sich die Stirn. Die aufreibenden Gespräche mit ihren Kolleginnen und Kollegen in aller Welt hatten sie mehr erschöpft als die nächtelange Untersuchung des Kometen. Geschlagene vier Stunden lang hatte sie in einer Konferenzschaltung mit Astrophysikern auf allen Kontinenten verbracht, hatte mit amerikanischen, russischen, chinesischen und zahllosen weiteren Fachleuten Daten und Erkenntnisse ausgetauscht, Simulationsmodelle durchgespielt und Optionen diskutiert.

Der Komet kam einfach zu früh. Während NASA und ESA erste zaghafte Versuche unternahmen, die Bahn erdnaher Himmelskörper durch den Einschlag gezielt auf Kurs gebrachter Sonden zu beeinflussen, während man alternative Szenarien diskutierte, in denen Atomsprengköpfe in der Nähe bedrohlicher Asteroiden gezündet werden und diese durch die Druckwelle der Explosion ablenken könnten, statt sie mit einer Sprengung des Zielobjektes selbst in mehrere, unberechenbare und womöglich weiter gefährliche Bruchstücke zu zersprengen, während man sogar darüber nachdachte, auf einem sich nähernden Gesteinsbrocken ein Triebwerk zu installieren, das es in eine ungefährliche Bahn umlenken könnte, waren sich alle einig, dass diese Ansätze vielleicht für die Zukunft vielversprechend sein mochten, aktuell aber nicht taugten. Der Stern des Jüngsten Gerichts (oder „Doomsday Comet", wie ihn ein amerikanischer Kollege genannt hatte), war bereits zu nah und näherte sich zu schnell, um irgendetwas davon noch realisieren zu können. In wenigen Tagen würde er mit bloßem Auge am Himmel sichtbar sein und wenige weitere Tage später auf der Erde einschlagen. Und es gab nichts, das irgendjemand dagegen würde tun können.

Julia nahm den Telefonhörer ab und wählte die Nummer ihres Vorgesetzten. Was nun auf politischer Ebene zu tun war, sollte der entscheiden.

Horst Lischtings Telefon klingelte. „Frau Dr. Dachleitner für Sie", sagte die Sekretärin.

„Stellen Sie durch", befahl er knapp. Auf diesen Anruf hatte er ängstlich gewartet, während auch er selbst in diversen Videokonferenzen mit den Führungsebenen von Forschung und Politik verhandelt hatte.

„Sagen Sie mir bitte, dass Sie diesmal nur eine gute Nachricht für mich haben", bat er ohne weitere Begrüßung. Julia hörte den fatalistischen Ton seiner Stimme und wusste, dass er selbst nicht wirklich mit einer positiven Meldung rechnete.

„Leider nicht", sagte sie mit einem Kloß im Hals. „Der Komet ist auf Kollisionskurs und groß genug, um den Weltuntergang auszulösen, und niemand hat eine Idee, wie man ihn aufhalten oder umlenken könnte. An Weihnachten ist alles vorbei."

„Das deckt sich leider auch mit meinen Informationen", seufzte Lischting. Jetzt reden sie schon nur noch darüber, ob und wann und wie man es der Bevölkerung mitteilt."

Beide schwiegen, die Telefonhörer weiter ans Ohr gedrückt, als würde erst ihr Auflegen das Ende der Menschheit endgültig besiegeln. Julias Blick schweifte umher und streifte den Monitor, der die Messwerte der Kometenbewegung in den vergangenen Stunden festgehalten hatte und kontinuierlich weiterverfolgte. Ihre Augen waren schon weiter zum Fenster gewandert und sie dachte über die vergängliche Schönheit des Bergpanoramas nach, das sich ihr im goldenen Licht der untergehenden Sonne präsentierte, da fraß sich die Erkenntnis in ihr Bewusstsein, dass an dem Bild auf dem Monitor etwas nicht stimmen konnte. Ihr Blick schwenkte zurück.

„Einen Moment mal!", rief sie so laut, dass Horst Lischting erschreckt den Hörer auf Abstand brachte. „Das glaube ich jetzt nicht!"

„Was ist los?", fragte Lischting und führte den Telefonhörer vorsichtig wieder ans Ohr.

„Entweder ich spinne bereits, oder der Komet hat die Richtung geändert."

„Im Ernst? Hat ihn womöglich die Gravitation eines anderen massereichen Himmelskörpers auf seinem Weg, den wir auch bisher übersehen haben, abgelenkt?", fragte Lischting hoffnungsvoll, wenn auch ungläubig.

„Nein", antwortete Julia Dachleitner, die ihren eigenen Augen nicht traute. „Jedenfalls sieht es nicht danach aus. Wenn die Messwerte nicht verrückt spielen, hat der Komet beinahe eine Kehrtwende gemacht … und dann noch einen weiteren Richtungswechsel vollzogen, der ihn zwar nicht ganz auf die alte Bahn bringt, aber nahe daran. Es sieht so aus, als ob da oben jemand mit ihm Flipper spielt ..." Sie hielt inne, als der Komet auf dem Bildschirm gerade wieder eine neue Richtung einschlug, nur um kurz darauf erneut abgelenkt zu werden. „Oder Fußball, nur sehen wir die Spieler nicht", murmelte sie dann kopfschüttelnd.

9.

„Flanke von Seth mit zielgenauem Pass zu Nergal", kommentierte Baal mit dem mittleren seiner drei Köpfe die Aktion, mit der seine Mitstreiter versuchten, den Kometen wieder auf seinen ursprünglichen Kurs zu bringen.

Eigentlich hatten sie sich gerade zur Erde aufgemacht, um dort einigen Menschen in geeigneter Position die Idee einzuflüstern, der Komet der Apokalypse sei das Ergebnis eines misslungenen wissenschaftlichen Experiments, ein unglücklich verlaufener Versuch, probeweise den Lauf eines Himmelskörpers zu verändern, um gegen eine eventuelle zukünftige Bedrohung aus dem All gewappnet zu sein. Ein Forschungsansatz zum Schutz der Erde, der sich stattdessen ins Gegenteil verkehrt und das Zielobjekt versehentlich erst zur tatsächlichen Gefahr gemacht hatte. Zweifellos wäre die Saat des Zorns auf fruchtbaren Boden gefallen. Verschwörungstheorien funktionierten immer. In diesem Fall umso besser, wenn es gelänge, den Unmut zu wecken, bevor die Regierenden der Erde sich entschließen konnten, die Bevölkerung über das bevorstehende Unheil aufzuklären. So würde erst recht der Eindruck entstehen, die Wissenden hätten ihren tödlichen Fehlschlag bis zuletzt vertuschen wollen. Sobald dann der nahende Weltuntergang für jedermann sichtbar den Himmel erhellte, würde niemand mehr daran glauben, dass ein derartiges Experiment weit jenseits der Möglichkeiten bestehender Technologie läge, zumal die Presse erst vor Kurzem stolz von einem tatsächlichen, im Prinzip ähnlich gelagerten, Forschungsvorhaben, wenn auch in weitaus kleinerem Maßstab, berichtet hatte. Wahnsinnig vor Angst und Zorn würde sich der Mob blindwütig auf alle Vertreter der Wissenschaft stürzen und diese damit der letzten, sofern überhaupt noch vorhandenen, Chance berauben, das Unheil doch noch abzuwehren. Während die einen die wenigen noch verbleibenden Tage in ausschweifenden Orgien ausleben würden, wären andere damit beschäftigt, präventive Rache an denen zu üben, die sie für schuldig hielten, und dabei zahllose Unentschlossene im Strudel der Gewalt mitreißen und in den kollektiven Untergang führen.

Doch dann waren ihnen die Engel dazwischengekommen. Waren einfach von einem Moment zum anderen bei dem Kometen erschienen und hatten dessen Kurs abgeändert. Ein solches Hintertreiben ihrer Pläne konnten die Teufel auf keinen Fall zulassen. Daher hatten sie augenblicklich Kehrt gemacht und den rasenden Schneeball erneut umgelenkt, was wiederum die Engel zu weiteren Gegenaktionen veranlasst hatte. So standen nun zwei Mannschaften einander auf dem interplanetaren Spielfeld gegenüber, beide darum bemüht, den glühenden Ball, an der gegnerischen Verteidigung vorbei, auf ein fernes Ziel zu schießen.

Nergal dribbelte meisterhaft an zwei Gegenspielern vorbei, als ein stämmiger rothaariger Erzengel sich ihm in den Weg stellte und ihn mit einem harten Bodycheck von dem Kometen trennte.

„Foul! Blutgrätsche! Schiedsrichter ans Telefon!“, brüllte Baal aufgebracht.

„Ich höre keine Trillerpfeife“, lachte Michael, stoppte den Kometen gekonnt ab und schickte ihn mit einem mächtigen Tritt auf den Weg zurück in Richtung Asteroidengürtel. „Für dieses Spiel hat unser Chef alle Regeln aufgehoben. Endlich wieder einmal freie Fahrt für das MG-Team!“

Mit einem wuchtigen Flügelschlag klatschte er Gabriel ab. „Klasse Aktion, Gabe!“, rief er seinem Mitspieler zu, während sich andere Engel bemühten, die Teufel daran zu hindern, wieder in Ballbesitz zu kommen.

*

Drohend näherte sich der Komet einem Engel, der unmittelbar davor stand, sich in Sicherheit zu bringen. Doch nun wuchs die Befürchtung, dass er es trotz eines beispiellosen Laufs über das Spielfeld womöglich doch nicht mehr schaffen könnte. Aber noch hatte der Komet ihn nicht erreicht. Mit etwas Glück konnte es noch gelingen …

„Der Würfel ist gefallen“, sagte Gottfried bedeutungsschwanger, während der rot lackierte Holzwürfel über das Spielbrett kullerte. Als er liegen blieb, zeigten fünf Augen nach oben.

„Zuviel!“, jammerte Gottfried, der direkt vor dem Abstellplatz für seine Figuren stand und entweder eine Drei oder eine Vier gebraucht hätte. Nun musste er seine Figur vor den rettenden Zielfeldern stehen lassen und mit einer anderen ziehen.

„Ganz ruhig bleiben“, sagte Petra lächelnd. „Schließlich heißt das Spiel doch 'Mensch, ärgere dich nicht'.“ Sie schüttelte den Würfel in dem Hohlraum, den sie mit beiden Händen geformt hatte, und ließ ihn schließlich schwungvoll auf das Spielfeld fallen. „Zwei!“, jubilierte sie, zog ihren Kometen zwei Felder weiter dorthin, wo sich soeben noch Gottfrieds Engel befunden hatte, den sie nun mit der anderen Hand aufnahm und sich genüsslich in den Mund steckte. Marie und Jonathan applaudierten, nur Gottfried zog bedauernd die Mundwinkel herab. Teils, weil es von ihm erwartet wurde, teils aber auch, weil er sich doch ein klein wenig ärgerte. Aber das verflog schnell, als er einen neuen Keks in Engelform aus der Schale zog und in seinem Wartebereich auf das Spielfeld legte. Als Jonathan bei einer früheren Partie in Tränen ausgebrochen war, hatte Marie die Idee gehabt, die Spielfiguren durch frisch gebackene Weihnachtsplätzchen zu ersetzen, die gegessen werden durften, sobald sie im Spiel vom Brett genommen wurden. Das nahm dem Vorgang des „Schlagens“ von Spielfiguren die Spitze und ersetzte den Ärger des Verlusts einer erreichten Position durch den Spaß beim Plätzchenessen, zumal die Regel nicht allzu streng genommen wurde und sich alle nach Belieben auch direkt aus der Schale bedienen durften. „Mensch, freu dich!“ hatte sie die veränderte Spielvariante genannt, bei der sie selbst jetzt Weihnachtsbäume über das Spielbrett schob und ihr Bruder Zimtsterne.

Wenige Runden später näherte sich der letzte Zimtstern seiner Ruheposition und Jonathan damit dem Sieg. Zwar stand ein Komet in einigem Abstand hinter ihm, da dieser den Stern aber mit einem einzelnen Wurf nicht erreichen konnte, sah der Junge seinen Sieg in greifbare Nähe rücken. Doch zunächst war Petra an der Reihe und Jonathan wartete gebannt auf den Wurf, um zu sehen, wie nahe sie seinem Stern kommen würde. Dann zeigte der Würfel eine Sechs, die Petras letzte Figur aufs Spielfeld beförderte und ihr einen weiteren Wurf direkt im Anschluss verschaffte. Wieder warf sie eine Sechs, die sie diesmal mit keiner anderen Figur umsetzen konnte, weil der Verfolgerkomet die Position besetzte, auf die der neu ins Spiel gekommene jetzt hätte ziehen müssen. So kam sie gefährlich nah an Jonathans Zimtstern heran und durfte direkt noch ein weiteres Mal würfeln. Mit einer weiteren Sechs würde sie den Stern unmittelbar vor dem Ziel aus dem Spiel katapultieren. Ängstlich hielt Jonathan den Atem an.

Tatsächlich erschien die magische Zahl ein drittes Mal, doch statt den Zimtstern auf seinem Lauf zum Sieg zu stoppen, verschwand der Kekskomet in Petras Mund.

„Schwarzes Loch“, erklärte sie kauend. „So etwas kann auch mal einen Kometen verschlingen.“

„Naja, so ganz regelkonform war das ja nicht“, tadelte Gottfried halbherzig, der doch auch froh war, dass für die Tränen, die bereits in Jonathans Augenwinkeln funkelten, nun doch kein Anlass mehr bestand.

„Und unnötig“, sagte Marie. „Du hättest diesmal mit dem anderen ziehen können.“

„Stimmt“, gab Petra zu. „Hat aber Spaß gemacht. Und darum geht es doch, oder?“

„Genau!“, stimmten alle anderen zu und nahmen sich wie zur Bekräftigung je einen Keks aus der Schüssel, bevor sie das Spiel fortsetzten.

*

Schon von weitem sah Luzifer die Nordpolfestung tief unter sich in der Weite des ewigen Eises liegen. Wie eine bizarr gewachsene Form ragte sie aus der weiten weißen Ebene hervor. Die weißen Türme reckten sich empor in den Himmel, aus dem er nun mit dem Rentierschlitten in einem langgezogenen Bogen herabstürzte. Weit zurückgelehnt, die Füße breitbeinig nach vorn gestreckt, die klobigen behandschuhten Pranken lässig auf den Griffen am Ende der geschwungenen Lenkergabel seines Chopperkutschbocks liegend, ließ er sich den eisigen Wind um die spitzen Ohren pfeifen, der flauschige Bommel am Ende der Zipfelmütze tanzte lustig auf und ab.

Mit einem eleganten Schwung landete Luzifer – nun wieder in der Gestalt des Weihnachtsmannes – den Schlitten auf der Rampe der Nordpolfestung. In der kuppelförmigen Eingangshalle wurde er bereits von einer Gruppe Elfen ungeduldig erwartet. Ein Engel stand auch dabei.

„Nanu?“, murmelte Luzifer verblüfft. „Was hat das denn zu bedeuten? So lange war ich doch gar nicht weg.“

Er schwang das Bein über die Deichsel und sprang vom Schlitten.

„Also raus mit der Sprache“, rief er. „So ein Empfangskomitee stellt ihr nicht auf, nur weil ihr Sehnsucht nach mir habt. Was ist los?“

„Die Hölle“, sagte der Engel lapidar und trat vor in die erste Reihe.

„Blödsinn!“, herrschte Santan ihn an. „Das wüsste ich aber.“

„Eben nicht.“

Der Engel blieb ganz ruhig und blickte Santan fest in die Augen.

„Deine Untergebenen sind anscheinend mit deinem Führungsstil unzufrieden und proben den Aufstand. Sie wollen deinen Posten neu besetzen und haben über das Multiversum eine Stellenanzeige gestreut. Offenbar hast du deinen Laden nicht richtig im Griff. Jedenfalls machen einige abgeblitzte Bewerber aus den Paralleluniversen jetzt die Gegend unsicher und versuchen deinen Kometen so umzuleiten, dass er die Erde pulverisiert.“

„Das ist nicht dein Ernst …!?“

„Doch“, sagte der Engel. „Mit so etwas treiben wir keine Scherze – wenn überhaupt. Das wäre doch wohl auch eher dein Ding, oder?“

Für einen Moment rang Santan um seine Fassung. Die umstehenden Elfen verstanden nichts und begannen die Rentiere abzuschirren. Zweifellos war es im Augenblick besser, sich mit Routinetätigkeiten zu beschäftigen, als in der unmittelbaren Schusslinie zu stehen, wenn ihr Chef einen seiner zwar seltenen, dafür aber umso berüchtigteren Wutanfälle bekam. Und er schien gerade kurz vor einer Explosion zu stehen.

„Komm, lass uns in meinem Büro weiter reden“, seufzte Santan, nachdem er sich wieder gesammelt hatte. Er fasste den Engel an der Schulter und führte ihn aus der Kuppel.

Kurze Zeit später war Luzifer auf dem Laufenden. In knappen, klaren Worten hatte der Engel ihm die Situation geschildert und es auch nicht versäumt, darauf hinzuweisen, dass sich seine Kollegen bereits darum kümmerten, die Bedrohung durch den Kometen abzuwenden.

„Du kannst darauf vertrauen“, schloss er seinen Bericht, „dass das MG-Team und der Rest unserer Mannschaft das Ding nach Hause holen. Kümmere du dich lieber darum, dass deine Leute dir nicht auf der Nase herumtanzen. Du solltest in deinem Laden mal ordentlich aufräumen, würde ich meinen.“

„Worauf du dich verlassen kannst“, sagte Luzifer grimmig. „Denen werde ich gewaltig einheizen. Was bilden die sich eigentlich ein?! Aber was die Besucher aus den Parallelhöllen angeht, bin ich nicht ganz so optimistisch. Kein Zweifel, dass eure himmlische Elf das Spiel unter Kontrolle zu haben glaubt, aber ich müsste mich schon sehr in meinen Doppelgängern irren, wenn nicht der eine oder andere unter ihnen sich längst irgendeine Teufelei ausgedacht hätte und schon dabei wäre, sie in die Tat umzusetzen, während eure Mannschaft weiter munter vor sich hin kickt. Ich kenne diese Typen, immerhin bin ich auch einer davon. Die lassen sich nicht gerne vorführen und – wie gut ihr auch im sportlichen Wettstreit sein mögt – was das Schummeln angeht, spielen die – wir – in einer ganz anderen Liga.“

*

Derweil hatten sich Ahriman und Baal unbemerkt abgesetzt, während die übrigen weiter um die Kontrolle über den Kometen wetteiferten.

„So wird das nichts“, erklärte Ahriman trocken. „Auf diese Weise kann das noch ewig hin und her gehen, und uns läuft die Zeit davon, wenn wir die letzte Bahn zurück in unsere Universen nicht verpassen wollen.“

„Aber wir geben nicht auf, oder?“, fragte Baal neugierig.

„Natürlich nicht“, bekräftigte Ahriman. „Es ist erst vorbei, wenn's vorbei ist. Die mögen vielleicht glauben, sie hätten uns ausgespielt, aber noch haben wir ein paar Trümpfe im Ärmel. Und die spielen wir jetzt aus. Nach all dem Aufwand und Ärger soll diese Reise schließlich nicht völlig umsonst gewesen sein.“

„Und was tun wir jetzt?“

„Während unsere Doubles sich mit den Engeln um den Kometen balgen, kümmere ich mich um Ersatz. Und für dich habe ich inzwischen eine andere Aufgabe. Hör zu ...“

Baal lauschte aufmerksam Ahrimans Plan und je mehr er davon erfuhr, desto breiter verzogen sich seine drei Münder zu einem schadenfrohen Grinsen.

10.

Während Julia Dachleitner beobachtete, wie der leuchtende Punkt auf ihrem Monitor immer noch hin und her tanzte, drangen zornige Rufe vom Vorplatz des Universitätsgebäudes gedämpft durch die geschlossenen Fenster. Draußen hatte sich eine Menschenmenge versammelt, die irgendwelche Proteste skandierte. Julia hatte dafür aber keinen Sinn. Ebenso fasziniert wie verständnislos betrachtete sie die Aufzeichnung der Bewegungen, die der Weihnachtskomet in den letzten Stunden vollführt hatte, und konnte sich einfach keinen Reim darauf machen. Die unvorhersehbar zappelnde Bahn des außergewöhnlichen Himmelskörpers widersprach sämtlichen bekannten physikalischen Gesetzen.

Professor Lischting hatte – ebenso wie weltweit alle seine Fachkollegen – sich bislang nicht dazu durchringen können, die Beobachtungen zu veröffentlichen. Es fehlte einfach zu sehr an jeglicher Erklärung für das Phänomen. Und immerhin schien der Komet mit seinem derzeitigen Verhalten keine akute Bedrohung mehr darzustellen. Aber irgendwie musste die Öffentlichkeit dennoch davon erfahren haben, denn urplötzlich hatten sich über Chat-Gruppen in verschiedenen sozialen Medien Proteste organisiert, die den Wissenschaftlern gezielte Desinformation zur Verschleierung eigener Fehlentscheidungen vorwarfen und vor einem drohenden Weltuntergang warnten. Und nun gingen in allen Ländern Menschen auf die Straßen und verlangten Erklärungen. Religiöse Fanatiker marschierten neben Verschwörungstheoretikern, Hooligans neben Punks, Anarchisten neben Neonazis. Begleitet wurden sie von einer aufgebrachten Masse verängstigter Bürger, die nicht wussten, welcher Begründung für ihren Zorn sie den Vorrang geben sollten, aber davon überzeugt waren, dass es wohl irgendeinen legitimen Anlass geben müsse, wenn doch so viele die Stimme erhoben. Sie alle wurden vereint durch die angestachelte Wut auf ein gemeinsames

Feindbild: eine vermeintliche wissenschaftliche Elite, die jenseits der Verständlichkeit für „normale Sterbliche" im Elfenbeinturm der abgehobenen Forschung ihre intellektuelle Überlegenheit zelebrierte und es billigend in Kauf nahm, mit rücksichtslosen Experimenten, die sich ihrer eigenen Kontrolle entzogen, das Ende der Menschheit herbeizuführen. Lückenlose Aufklärung erschien das Mindeste zu sein, das man fordern konnte, vereint im gerechten Zorn einer Menge, die sich absichtlich in Unwissenheit gehalten fühlte. Ein Aufstand derer „hier unten" gegen „die da oben".

Klirrend splitterte Glas, als ein Stein durch das Fenster von Julias Labor geworfen wurde. Schnell verschanzte sie sich hinter ihrem Schreibtisch. Durch die geborstene Scheibe drangen außer der winterlichen Kälte nun auch noch lauter als zuvor die Stimmen des wütenden Mobs herein. „Knackt die Eierköpfe!", hörte sie jemanden rufen.

„Was ist nur in die alle gefahren?", fragte sich Julia entsetzt. „Und wo soll das noch hinführen?"

Sie überlegte, ob sie zum Telefon greifen und den Notruf wählen sollte, aber da vernahm sie schon nahende Polizeisirenen. Offenbar hatte jemand bereits früher dieselbe Idee gehabt und war ihr zuvorgekommen. Sie atmete auf, als die herbei gerufenen Sicherheitskräfte die Proteste auflösten. Aber während sie nach Folie und Klebeband suchte, um die offene Fensterscheibe abzudichten, war ihr klar, dass dies erst der Anfang war. Vielleicht wäre es eine gute Idee, sich auf das Wendelstein-Observatorium zurückzuziehen. Dass sich dort eine wütende Menschenmenge versammeln würde, war angesichts des mühsamen Aufstiegs eher unwahrscheinlich.

*

„Polizeistaat!", protestierte ein fülliger, grobschlächtiger Mann mit speckiger Lederjacke und hob drohend die Faust, ließ sich aber ansonsten widerstandslos im Pulk der zurückweichenden Demonstranten mittreiben.

„Zensur!", rief ein weiterer, dem ersten auffallend ähnlicher, Teilnehmer des Protestmarsches ein Stück weit entfernt.

„Grundgesetz!", tönte die Stimme eines Dritten aus noch größerer Distanz, während die Menge von den Ordnungskräften in verschiedene kleinere Grüppchen zerstreut wurde.

Etwas später fanden die Drei vor dem Verwaltungsgebäude der Universität wieder zusammen, nachdem auch die Grüppchen sich vollständig aufgelöst oder den Heimweg angetreten hatten.

Zufrieden grinsend schritten die drei Männer, die wie Brüder wirkten, aufeinander zu, die Hände erhoben, als wollten sie wie nach einem sportlichen Erfolg abklatschen. Als sie sich jedoch erreicht hatten und ihre Handflächen sich berührten, hielten sie nicht etwa an, sondern gingen einfach weiter, prallten aber auch nicht an ihren mächtigen Bäuchen ab, sondern durchdrangen einander, bis nur noch ein einziger Mann – man hätte nicht sagen können, um welchen der drei es sich handelte – auf dem Platz stand.

Baal rieb sich voller Genugtuung die Hände. Seine drei Teilpersönlichkeiten waren wieder zu einer Einheit verschmolzen, nachdem sie sich zwecks größeren Wirkungsbereiches aufgeteilt und erfolgreich an unterschiedlichen, strategisch ausgewählten Positionen den Mob aufgestachelt hatten. Alles in allem konnte er die Aktion als vollen Erfolg verbuchen. Natürlich hätte er es begrüßt, wenn die gerade einmal begonnenen Gewalttätigkeiten noch ein bisschen weiter ausgeufert wären. Auch eine Straßenschlacht mit der Polizei wäre ihm durchaus zupassgekommen. Aber so weit musste es im ersten Ansatz gar nicht kommen. Vielleicht war es sogar besser, wenn sich der Aufruhr langsam steigerte und nicht gleich zu Beginn eskalierte, so dass eine noch verhaltene Mehrheit sich angesichts des unerwarteten Ausmaßes von Gewalt entsetzt wieder zurückgezogen hätte.

Baal lächelte in dem Bewusstsein, dass sich überall auf dem Globus in diesen Stunden und Tagen ähnliche Szenen abspielen würden. Hier, in der Keimzelle der Erstentdeckung des Weihnachtskometen, hatte er sich entschieden, selbst tätig zu werden. Zuvor hatte er aber noch, wie Ahriman ihm aufgetragen hatte, die Angehörigen der lokalen Hölle aktiviert, während deren Leitungspersonal immer noch in der Casting-Location eingeschlossen war. In Unwissenheit über die tatsächliche Lage und seine Herkunft aus einem anderen Universum, hatte niemand seine Autorität infrage gestellt. Zudem hatten die frierenden Teufel nur allzu gerne angenommen, er sei im Auftrag von Luzifer persönlich unterwegs, um allen unterkühlten Dämonen Gelegenheit zu geben, das Höllenfeuer wieder anzuheizen und selbst auf ihre ureigene Art den Advent zu feiern. So waren sie in alle Richtungen ausgeschwärmt, um mit der Nachricht einer von der Wissenschaft vertuschten, aus eigener Überheblichkeit gedankenlos herbeigeführten Bedrohung der ganzen

Menschheit, Empörung, Zorn und schließlich Gewalt zu säen. Sein eigener Erfolg in München bestärkte ihn in der Überzeugung, dass diese Agitationen auch andernorts bei den zahllosen Menschen, die gerne an Verschwörungstheorien glauben wollten, auf fruchtbaren Boden fallen würden.

*

Die Pforten der Hölle standen offen. Weit offen.

Zuerst starrte Luzifer fassungslos in den tiefen, schwarzen Schlund, dann riss er sich zornig die Mütze vom Kopf und schleuderte sie fluchend zu Boden. Er schloss kurz die Augen, dann schritt er schwer atmend den Tunnel hinab in die Unterwelt. In seinem Inneren brodelte es. Heißer als das Höllenfeuer, welches – das spürte er selbst bis hierhin – bereits wieder deutlich an Wärme gewonnen hatte. Wie hatte er es nur zulassen können, dass es so weit kommen konnte! Alles schien ihm zu entgleiten. Der Trelf hatte seinen Platz im Weihnachtspalast übernommen und füllte seine Rolle mehr als gut aus. So perfekt, dass er, Luzifer, es sich leisten konnte, im Rentierschlitten sorglos über das Firmament zu gleiten, hie und da ein bisschen Schnee zu verteilen und die vorweihnachtliche Stimmung zu genießen. Als Weihnachtsmann wurde er offensichtlich nicht mehr gebraucht. Wahrscheinlich hätte er am Nordpol die makellos durchorganisierten Abläufe nur gestört. Vermutlich waren sie alle froh, dass er sich auf eine Vergnügungsfahrt begeben hatte und niemandem zwischen den Füßen herumlief. Der Trelf, Elijanda, die Weihnachtselfen hatten alles bestens im Griff. Doch während er sich entspannt vergnügte, ging an seinem angestammten Platz alles drunter und drüber. Kaum war die Katze aus dem Haus, tanzten die Mäuse auf dem Tisch. Nun ja, es war wohl mehr ein Tanz der Teufel als der Mäuse. Aber auch die schienen inzwischen ausgeflogen zu sein. Die Hölle war leer. Wie ausgestorben.

Ausgestorben. Bei dem Wort stahl sich angesichts der Doppeldeutigkeit für einen winzigen Moment ein Lächeln auf seine Züge. Doch sofort wurde er wieder ernst. Das alles war kein Spaß. Er hatte eine Vereinbarung mit dem Himmel. Vom ersten Advent bis zur Heiligen Nacht durfte er die Welt der Feen und die der Menschen aufsuchen und als Weihnachtsmann agieren – und die himmlischen Mächte ließen ihn gewähren. Aber die Übereinkunft beruhte darauf, dass nicht nur er selbst sich in dieser Zeit jeglicher Bemühungen enthielt, Menschen zur Sünde zu verführen. Ebenso galt das für seine Gefolgschaft. Auch das gesamte höllische Personal hatte sich gefälligst zurückzuhalten. Danach sah es allerdings gegenwärtig ganz und gar nicht aus.

Bei dem Gedanken daran, auf welche Weise seine Teufel gerade ein Weihnachtsfest nach ihrem Geschmack zelebrierten, kam Luzifer ins Schwitzen. Oder lag es doch daran, dass er dem höllischen Glutofen immer näher kam?

Gerade dachte er darüber nach, ob außer den Wächtern nun in der Welt der Menschen auch sämtliche verdammten Seelen ihr Unwesen treiben mochten, die in der Hölle die Strafe für alle Verfehlungen verbüßten, die sie sich zu Lebzeiten hatten zuschulden kommen lassen, da hörte er ein vertrautes Heulen. Kerberos, der Höllenhund, war also noch auf seinem Posten. Der treueste aller Wächter der Unterwelt hatte seinen Herrn schon von Weitem gewittert, und wenigstens er schien sich ehrlich zu freuen, ihn wiederzusehen.

Luzifer atmete erleichtert auf. Solange Kerberos auf dem Posten war, würde niemand der Insassen auch nur einen Fuß vor die Pforten der Hölle setzen. Wenigstens diese Sorge war unbegründet.

Schon hatte er das Ende des langen, schlauchartigen Ganges erreicht und trat in die Eingangshalle, die sich weit vor ihm öffnete. Im selben Moment traf ihn im Sprung ein pelziger, schwarzer Körper mit Wucht und warf ihn rücklings zu Boden. Heißer Atem schlug ihm entgegen und drei klebrige, schleimige Zungen schleckten ihm abwechselnd übers Gesicht.

„Ist ja schon gut, mein Alter", sagte Luzifer zu der sabbernden Bestie, nachdem er sich mühsam wieder aufgerichtet hatte. Gerührt tätschelte er einen der drei klobigen Schädel seines vierbeinigen Torwächters. „Wenigstens auf dich kann ich mich noch verlassen."

Kerberos hechelte zustimmend. Die Schlangenhaare in seinem Nacken zischten.

„Schade nur, Kerbie, dass du mir nicht erzählen kannst, was hier eigentlich passiert ist", lamentierte Luzifer und kraulte gedankenverloren durch das struppige Fell am Bauch des Höllenhundes, der sich erwartungsvoll auf den Rücken gewälzt hatte und nun begeistert mit den Beinen strampelte.

„Er nicht, ich schon", brummte eine mürrische Stimme, begleitet von einem Plätschern, als eine klapprige, zerlumpte Gestalt nicht weit entfernt einem löchrigen Kahn entstieg. Auf seine lange Schifferstange gestützt, tappte der greise Fährmann auf Luzifer zu. Seine blinden Augen strahlten grell in der Dunkelheit, die ihn wie eine Aura umgab und die er von der Anlegestelle am schwarzen Fluss Styx mitgenommen zu haben schien. Die düsteren, wabernden Schwaden klebten an ihm wie ein zäher Nebel. Oder wie Ausdünstungen seines schäbigen, in Fetzen um seine schlottrigen Glieder flatternden Umhangs.

„Charon!“, rief Luzifer erfreut, als er den Alten sah. „Schön, dass auch du geblieben bist.“

„Wohin hätte ich schon gehen sollen?“, knurrte der zerlumpte Greis und zauste mit knochigen Fingern durch seinen langen, verfilzten Bart. „Ich bin es, der alle irgendwohin bringt. Aber mich nimmt nie jemand mit.“

„Wer geht schon mit einer Spaßbremse zur Party?“, hätte Luzifer beinahe geantwortet, schluckte die Worte aber im letzten Moment herunter. Es war wohl keine gute Idee, gerade jetzt ausgerechnet die einzige Person zu brüskieren, von der er sich die für ihn so wichtigen Informationen erhoffen konnte.

„Wohin sind denn all die anderen verschwunden?“, fragte er daher stattdessen.

„Zur Erde“, antwortete Charon, wie üblich kurz angebunden. „Weihnachten feiern.“

„Weihnachten feiern – sämtliche Teufel der Hölle?!“

„Naja, 'höllische Weihnachten' eben. Sagten zumindest einige, als sie gingen.“

„Und was genau meinten sie damit?“

„Woher soll ich das wissen? Aber der Typ, der ihnen diesen Floh ins Ohr gesetzt hat, meinte, wenn der Chef sich schon bei den Menschen vergnüge, müssten sie doch nicht zurückstehen.“

„Soso“, grübelte Luzifer nachdenklich. „Und was für ein 'Typ' war das?“

„Ein komischer Kerl. Hatte drei Köpfe – so wie dein Wuffi hier. Ansonsten aber nicht viel Ähnlichkeit. Stammt definitiv nicht von hier. Aber er trat mit einer Selbstsicherheit auf, als wäre er hier zuhause. Jedenfalls rief er alle Teufel zusammen, und sie sind auch gekommen. Dann hat er ihnen etwas von 'Höllenfeuer anheizen' und 'Winterurlaub' erzählt und 'was dem Boss recht sei, sei den Angestellten billig'. Hat wohl den richtigen Ton getroffen. Denn dann sind sie johlend davongezogen.“

Charon schnaufte angestrengt nach dieser für ihn ungewohnt langen Rede. Luzifer schwieg indessen und versuchte sich auf den Bericht einen Reim zu machen.

„Mit Gewerkschaften hatten wir bisher hier unten nie ein Problem", stellte der Herr der Hölle schließlich verärgert fest und brabbelte fragend weiter zu sich selbst: „Aber wer traut sich, so etwas einführen zu wollen? Wie hat er hierher gefunden? Und wer war das überhaupt?"

„Baal", grunzte der Fährmann lapidar.

„Du kennst ihn?", fragte Luzifer entgeistert.

„Klar. Hatte ihn ja vorher zum Casting gefahren."

„Welches Casting?"

„DHSDST."

„Häh?"

„'Die Hölle sucht den Super-Teufel'. Beelzebub und Belial haben die Höllenfürsten der benachbarten Universen zum Vorsprechen eingeladen."

„Die beiden also", knurrte Luzifer, der sich, zusammen mit dem, was ihm der Engel am Nordpol berichtet hatte, allmählich ein klareres Bild der Lage machen konnte.

„Und wo sind die Verräter jetzt? – Mit den anderen auf Mobbing-Tour?"

„Nein", schnarrte Charon, wie immer ohne erkennbare Regung. „Loki hat sie zusammen mit der restlichen Jury im Studio eingesperrt."

„Er hat WAS?"

Luzifer riss die Augen weit auf, doch bevor Charon antworten konnte, entspannte sich seine Miene und er begann schallend zu lachen. Mit dem Echo in der höllischen Empfangshalle dröhnte das teuflische Gelächter wie ein Feuerwerk.

„Na, das geschieht ihnen recht", prustete er zwischen zwei Lachanfällen

„Ich denke, wir lassen sie ruhig noch eine Weile schmoren", sagte er später, als er sich wieder beruhigt hatte. „Ich muss jetzt allerdings erstmal meine restlichen Teufelchen wieder einfangen. Was kein leichtes Unterfangen werden dürfte." Er richtete sich kopfschüttelnd auf und wandte sich zum Gehen. Doch dann drehte er sich noch einmal zu Charon und Kerberos um.

„Haltet ihr beiden inzwischen hier die Stellung. Und, Charon, bevor ich gehe: Gibt es noch etwas, das ich wissen sollte?"

„Nichts, was mir einfiele". Der greise Fährmann schüttelte den Kopf, wobei sein langer, zerzauster Bart wie eine zerrissene Standarte hin und her schwenkte. „Höchstens ..."

„Ja?"

„Als alle weg waren, hat Baal ganz komisch gekichert. Als sei das Loslassen der höllischen Belegschaft auf die Menschheit noch nicht alles gewesen. Vielleicht nicht einmal das Schlimmste."

„Soso", brummte Luzifer nachdenklich. „Was immer das bedeuten mag. Aber jedenfalls gut zu wissen. Besten Dank."

Dann machte er sich wieder auf den Rückweg zur Oberwelt. Ohne sich noch einmal umzusehen, winkte er dabei den Zurückgelassenen zum Abschied. Kerberos winselte enttäuscht, trottete dann aber wieder zu seinem Posten am eisernen Gitter vor dem Totenreich, während Charon zurück zur Anlegestelle stakste und stumm sein Boot bestieg.

11.

Im Tal zog sich abendlicher Nebel zusammen. Von der Spitze des Wendelsteins aus konnte Julia auf die diesigen Schwaden hinabsehen, die sich immer mehr zu Wolken verdichteten. Sie stand neben dem Gebäudekomplex am Rande des Gipfelkamms und starrte versonnen in die Tiefe.

„Wie eine Barriere, die uns von der Unterwelt abschottet", dachte sie, irgendwie erleichtert. „Gut so. Dann können wir uns bald wieder unserer Forschung widmen. Ungestört. Unbehelligt. Ungefährdet."

Die Erinnerung an den Steinwurf fühlte sich noch erschreckend real an. Nachdenklich betrachtete sie das Pflaster auf ihrem Arm. Dort hatte sie ein Glassplitter gestreift. Sie hatte es aber erst eine halbe Stunde später bemerkt, als sie den roten Fleck auf ihrer weißen Bluse entdeckte. Ebenso rot wie die untergehende Sonne jetzt die Nebelbank einfärbte – dort, wo sie zwischen den Bergzinnen hindurch ins Tal strahlte. Julia schaute hoch zu dem riesigen roten Ball, der sich wie aufgespießt über den Gipfel einer benachbarten Bergspitze wölbte. Ein kurzer Schauer durchlief ihren Körper. Dann zog sie ihre dicke Daunenjacke enger zusammen und ging nach drinnen.

Während sie ungeduldig darauf wartete, dass der Himmel dunkel genug für neue Beobachtungen wurde, spielte Julia wieder und wieder die Aufzeichnungen der letzten Nacht ab und versuchte in den chaotischen Bewegungen des Kometen irgendein Muster zu erkennen. Chaotische Systeme waren ihr keineswegs fremd. Waren hinreichend viele Parameter bekannt, dann ließ sich damit sogar der Schmetterlingseffekt berechnen. Mithilfe genau bestimmter Bedingungen und der geeigneten Formeln hatte sie die Herkunft des Weihnachtskometen bestimmt. Zwar hatte sie das Ereignis, das ihn aus seiner Bahn im Asteroidengürtel geworfen hatte, nicht ausfindig machen können – vielleicht die Kollision mit einem sehr viel kleineren, aber dafür außergewöhnlich schnellen Objekt in einer nahe gelegenen Umlaufbahn. Nachdem sie auf den auslösenden Impuls zurück gerechnet hatte, hatte sich aber alles Weitere wie durch Magie ergeben. Die Magie der Mathematik war immer schon ihre Leidenschaft gewesen. Der irre Tanz, den dieser mysteriöse Himmelskörper nun vollkommen ohne erkennbare Einflüsse in seiner Umgebung aufführte, schien dagegen allem zu widersprechen, was sie jemals gelernt hatte.

Sie konnte es kaum erwarten, endlich wieder einen aktuellen Blick auf das Geschehen zu werfen. Gleichzeitig fürchtete sie sich davor, keine Antwort finden zu können. Die Nebelwolke verbarg nur scheinbar die Bedrohung, die im Tal, in der Stadt und – wie sie aus dem Radio erfahren hatte – überall auf der Welt lauerte und sich wie ein Krebsgeschwür ausbreitete. Sie kam sich vor wie ein kleines Kind, das sich beim Versteckspielen die Augen zuhält, um nicht gefunden zu werden. Wahrscheinlich würde niemand wegen einer Handvoll Forscher den mühsamen Weg zum Wendelsteingipfel auf sich nehmen, aber was anderswo geschehen mochte, während sie hier vergeblich nach Antworten auf die drängenden Fragen der verängstigten Menschen suchte, wollte sie sich nicht ausmalen.

Julia wusste, dass auch der Professor darüber grübelte, was er der Menge entgegnen konnte: „Ja, es hat tatsächlich eine Sichtung gegeben und ja, es handelt sich um einen Kometen von beträchtlicher Größe. Ja, er befand sich tatsächlich auf Kollisionskurs zur Erde, aber … nein, jetzt nicht mehr. Und nein, wir haben absolut nichts damit zu tun, aber wir wissen auch nicht, was da passiert sein könnte. Nein, wir können es nicht erklären …"

Keine gute Idee!

Aber eine gute Idee war genau das, was die Wissenschaftler jetzt brauchten. Was Julia jetzt brauchte. Mehrfach hatte sie geglaubt, der richtige Gedanke, die Auflösung des Knotens sei ganz nah. Als husche er an ihrem geistigen Auge vorbei und sie müsse nur im richtigen Moment zugreifen, um ihn zu schnappen. Mehrfach hatte sie schon die Hand nach dem Telefonhörer ausgestreckt, um Professor Lischting anzurufen, aber ebenso oft hatte sie sie wieder zurückgezogen, weil ihr die rettende Idee doch stets aufs Neue entwischte.

So war sie für die Abwechslung dankbar, als endlich wieder neue Signale auf dem Bildschirm erschienen und sie ihre Analyse mit aktuellen Daten fortsetzen konnte. Gebannt starrte sie auf den Bildschirm und suchte weiter nach einem verborgenen Muster, bis etwas gänzlich Unerwartetes geschah.

„Wie verrückt ist das denn?!", rief Julia Dachleitner entgeistert aus. „Und die wütende Meute da unten bestimmt erst recht nicht", fügte sie in Gedanken hinzu.

Der kleine Lichtpunkt, der den seltsamen Kometen darstellte und der eben noch seine Ping-Pong-Bewegungen vollführt hatte, war plötzlich – von einem Augenblick zum anderen – verschwunden.

Als er auch eine halbe Stunde später nicht wieder aufgetaucht war, griff Julia zum Telefon.

*

Mit halsbrecherischem Tempo pflügte Gottfried durch den frischen Pulverschnee. Links und rechts stoben in jeder Kurve glitzernde Schneefontänen empor und hüllten ihn für einen Moment ein wie ein gleißender Nebel aus tausenden winziger Diamanten, alle durch zahllose Facetten bunt leuchtend, so dass er auf allen Seiten von Licht umgeben war, eingehüllt in eine bunt strahlende Matrix, bis er wieder daraus hervorbrach, auf seiner wilden Fahrt ins Tal, weiter hinab unter strahlend blauem Himmel zwischen tief verschneiten Bergkuppen. Das Snowboard an seinen Füßen fühlte sich an, als sei es ein Teil von ihm. Wieder schnitt die Kante in den Schnee, als er sich in rasender Fahrt scharf in die nächste Kurve legte. Es folgte eine steile Gerade, der Pulverschnee verwandelte sich in eine eingefahrene Bahn, Gottfried nahm weiter Fahrt auf, sauste geradewegs auf einen Hügel zu, streckte sich auf dessen Scheitelpunkt, hob ab, flog, immer weiter, während die Piste unter ihm wegtauchte. Ein Augenblick dehnte sich zur Unendlichkeit. Gottfried sank nicht, sondern schwebte, surfte auf dem Wind, der Sonne entgegen, die wie eine riesige, goldene Christbaumkugel am Firmament hing.

Auf diese Kugel, deren goldener Glanz von innen heraus strahlte, hielt Gottfried unbeirrt zu. Dann erschien neben der Kugel ein kleiner Lichtpunkt am Himmel, der sich schnell näherte, dabei immer größer wurde und eine leuchtende Spur hinter sich her zog. In einigem Abstand zerfaserte die Spur wie der Kondensstreifen eines Düsenflugzeugs. Immer schneller wuchs das sich nähernde Objekt, dessen Form sich ständig veränderte, umgeben von einer wabernden Korona, flackernd im Licht der inzwischen rotgoldenen Sonne. Ein Geschoss, ein flammender Pfeil. Ein wütender Löwe im Sprung, mit wehender Mähne. „Kein Wunder“, dachte Gottfried, „dass die Sterndeuter vergangener Zeiten Kometen als Mähnensterne bezeichneten!“

Der lodernde Stern schoss vorbei an der Sonne und schwenkte auf einen neuen Kurs, direkt auf Gottfried zu, weiter anwachsend, bis er die Sonne fast ganz verdeckte und nur noch sein von hinten angestrahlter Flammenkranz den Schnee in wogendem Farbspiel wie unter einer Discokugel glitzernd aufleuchten ließ.

Die Leichtigkeit, mit der er dem Himmel entgegengetragen worden war, wurde Gottfried erst bewusst, als sie endete. Auf einmal spürte er den Druck, der ihn von oben traf und wieder zur Erde herabsinken ließ, schwer und beklemmend, wie bei einem Tauchgang mit bleiernem Gewicht, das ihn immer weiter in die Tiefe zog. Dorthin, wo der zunehmende Wasserdruck ihm den Brustkorb zusammenpresste.

Er landete schwungvoll am Ende der Piste. Es gelang ihm, in einem weiten Bogen auszugleiten und zum Stehen zu kommen, doch der Druck auf seine Schultern hörte nicht auf und das Board versank zusammen mit seinen Füßen im Schnee.

Und dann stand dieser Mann vor ihm. Untersetzt und grobschlächtig, in schwarzer Lederkluft, mit dunklem, struppigem Bart und klobigen Händen.

„Entschuldige die Störung“, sagte der Mann, doch Gottfried wusste, dass er es nicht meinte, „aber ich muss mir etwas von dir ausborgen – oder besser: jemand.“

Im selben Moment stand Jonathan neben dem Fremden, frierend und ängstlich, im Pyjama. Die kleine Kinderhand verschwand in der Pranke des Mannes.

„Dein Sohn hat den Kometen entdeckt, nicht wahr?“

Gottfried nickte unwillkürlich, obwohl er eigentlich zu einer erzürnten Aufforderung angesetzt hatte, seinen Sohn sofort loszulassen.

„Ich brauche nämlich einen Zeugen für die Sichtung“, erklärte der Fremde. „Einen verlässlichen Zeugen. Und 'Kindermund tut Wahrheit kund'.“

„Oder besser noch: zwei Zeugen“, sagte ein zweiter Mann, der dem ersten auf irgendwie verstörende Weise ähnelte und plötzlich neben ihm stand, an der Hand die zappelnde Marie, die sich ebenso verzweifelt wie vergeblich aus seinem eisernen Griff zu befreien versuchte. „Deine Tochter war schließlich auch dabei.“

„Ebenso wie ihre Mutter“, fügte ein Dritter hinzu, der gleichfalls unvermittelt aus dem Nichts aufgetaucht war und im Arm die bewusstlose Petra trug.

„Nein!“, wollte Gottfried entsetzt rufen, doch kein Laut drang zu den Fremden hinüber, als würden die Töne von einem eisigen Windhauch augenblicklich von seinen Lippen fortgeweht.

Als die Fremden sich mit ihren Gefangenen umdrehten und zum Gehen wandten, wollte er hinterherlaufen, aber er kam nicht voran. Seine Füße steckten im Schnee wie in einem zähen Morast. Jeder Schritt kostete ihn unendlich viel Kraft, während sich die drei Männer mit seiner Frau und seinen Kindern lässig entfernten.

Doch auf einmal hielten sie an. Eine füllige Gestalt in rot-weißem Gewand hatte sich ihnen in den Weg gestellt.

„Santa?“, fragte Gottfried verwundert, dessen Blick sich im aufkommenden Schneegestöber getrübt hatte.

„Ho, ho und ho!“, sprach der bärtige Mann mit der Zipfelmütze und dem Sack über der Schulter die drei Entführer einzeln an. „Ich denke, ihr habt euch die falschen Opfer ausgesucht. Dieser Mann und seine Familie stehen unter meinem persönlichen Schutz. Entweder ihr lasst sie sofort gehen und macht euch dann schleunigst aus dem Staub oder ihr bekommt es mit mir zu tun.“

Der drohende Ton seiner Stimme ließ keinen Zweifel daran aufkommen, dass er es ernst meinte. Dennoch regten sich die drei Angesprochenen nicht.

„Du hast hier nichts mehr zu melden“, sagte einer von ihnen schroff. „Zieh ab und such dir einen anderen Spielplatz. Hier gibt es für dich bald nichts mehr zu gewinnen.“

„Das wollen wir doch mal sehen“, erwiderte der Weihnachtsmann, vollführte mit seiner freien Hand eine zackige Geste, und plötzlich standen die Drei allein vor ihm. Gottfrieds Familie war verschwunden.

Verblüfft blickten die Drei sich hektisch um. Bevor sie sich wieder auf ihr Gegenüber einstellen konnten, traf den ersten der schwere Sack mit voller Wucht auf den Kopf.

Wie in einem Cartoon stauchte sich die schwarz gekleidete Gestalt unter der Wucht des Schlages zusammen, bis sie sich flach über den gestampften Schneeboden ausbreitete. Und ebenso ploppte sie auch wieder zu ihrer ursprünglichen Form auf, als der Sack sich hob und ihren Nachbarn von den Füßen fegte, dass er wie ein Baseball nach dem Schlag durch die Luft sauste, bis er in einiger Entfernung mehrfach aufdotzte und dann kurz liegen blieb, bevor er sich schüttelnd wieder aufrappelte. Der dritte suchte indes das Weite, wurde aber von dem Sack hart im Nacken getroffen, den Santa wie ein Hammerwerfer hinter ihm her geschleudert hatte.

Aber damit war es noch lange nicht vorbei. Im ersten Ansatz hatte der Weihnachtsmann das seltsame Dreigestirn überraschend getroffen, doch nun kamen sie drohend aus verschiedenen Richtungen auf ihn zu und ließen erkennen, dass sie sich keineswegs geschlagen geben wollten.

Gottfried erinnerte sich dunkel, dass er den Weihnachtsmann bei ihrer ersten Begegnung bereits hatte kämpfen sehen. Damals war er gegen zwei Himmelswesen angetreten, die es ihm auch nicht leicht gemacht hatten, und im Verlauf hatte sich buchstäblich eine Weltuntergangsstimmung eingestellt, bevor ein seltsamer Junge dem Kämpfen ein

Ende gesetzt und sich alles in einem weihnachtlichen Schneegestöber in Wohlgefallen aufgelöst hatte.

Auch hier schien Santa drei durchaus ebenbürtigen Gegnern gegenüber zu stehen. Aber er machte auch einen wahrhaftig wütenden Eindruck. Es dauerte eine Weile, aber für Gottfried bestand zu keinem Zeitpunkt ein Zweifel daran, wer hier wen verprügelte. Die Rauferei hatte etwas Groteskes und erinnerte ihn an Trickfilmserien wie Pink Panther oder Loony Tunes. Er hätte das Geplänkel spaßig finden können, aber dafür steckte ihm der Schreck und die Angst um seine Familie noch zu tief in den Knochen.

Schließlich schlug Santa die drei schwarz gekleideten Gestalten in die Flucht, die sich heulend in einer dunklen Qualmwolke vereinten und in einem eisigen Windhauch direkt an Gottfried vorbei entschwanden.

Gottfried schreckte aus dem Schlaf. Schweißgebadet saß er aufrecht im Bett, während seine weit aufgerissenen Augen sich an die nächtliche Dunkelheit hinter zugezogenen Vorhängen zu gewöhnen versuchten.

„Habe ich geträumt?“, fragte er schlaftrunken. „Oder war das real?“

„Ja … und ja“, antwortete ein rundlicher Schatten am Fußende des Bettes.

„Und jetzt?“, fragte Gottfried argwöhnisch weiter. „Ist das jetzt gerade echt oder träume ich immer noch?“

„Das hier ist die reine Wirklichkeit“, sagte der Weihnachtsmann. „Jedenfalls deine Wirklichkeit.“

„Petra“, rief Gottfried mit erstickter Stimme. „Die Kinder …“

„… schlafen in aller Ruhe. Es geht ihnen gut. Ich sagte doch, ihr steht unter meinem Schutz. Und in dieser Wirklichkeit hat das etwas zu bedeuten.“

Gottfried warf einen schnellen Blick zur Seite, wo Petra ruhig zu schlummern schien. Offenbar hatte sie nichts von der Anwesenheit des Besuchers bemerkt – sofern seine Sinne ihm nicht doch einen Streich spielten oder er gar in Wahrheit doch immer noch schlief und sich nur in einem anderen Traum befand. Die Versicherung des Besuchers hinter der Erhebung, wo sich die dicke Steppdecke wie ein tief verschneiter Hügel über seinen Füßen wölbte, konnte ja auch durchaus selbst Bestandteil des Traums sein. Träume können recht überzeugend sein, und dies wäre nicht der erste Traum im Traum gewesen.

„Ja, sie schlafen alle … und nein, das ist jetzt wirklich kein Traum mehr“, sagte die gedämpfte Stimme geduldig in tiefem Bass. Die Gestalt hinter dem vollhölzernen Bettgestell bewegte sich und gewann an Kontur. Gottfried zweifelte nicht mehr daran, dass der Weihnachtsmann ihm tatsächlich einen Besuch abstattete.

„Was willst du?“, flüsterte er verwirrt. „Muss wieder einmal die Welt gerettet werden?“

„Ah, du kommst schnell zur Sache. Eigentlich ging es jetzt eher darum, dich und deine Familie zu retten.“ Der Weihnachtsmann nickte versonnen. „Aber du hast Recht. Die Bedrohung reicht noch um einiges weiter. Bloß, dass es diesmal nicht nur um eine Welt geht.“

„Ich dachte, das letzte Mal habe auch schon das ganze Universum auf dem Spiel gestanden“, wandte Gottfried ein und richtete sich auf. „Viel größer geht kaum mehr, oder?“

„Doch“, sagte Santa bestimmt. „Diesmal sind mehrere Universen betroffen.“

„Mehrere Universen?“, fragte Gottfried ungläubig. „Also ist tatsächlich etwas dran an dieser Multiversumstheorie einiger abgedrehter Physiker?“

„Mehr als die ahnen. Augenblicklich sind die Grenzen zwischen einigen dieser Universen offen. Dort haben sich zudem die Pforten der Höllen geöffnet und deren Teufel wurden in deine – in unsere – Welt geholt.“

„Um Himmels Willen! Was können die hier anrichten?“, stieß Gottfried entsetzt aus. „Und was kann denn ich dabei tun?“

„Vermutlich nicht viel“, seufzte Santa. „Wie gesagt, bin ich auch nicht deswegen zu dir gekommen. Aber vielleicht könntest du mir doch einen Rat geben, wo wir nun schon einmal am Plaudern sind.“

„Was für einen Rat?“

„Die Teufel der verschiedenen Welten geben sich hier ein Stelldichein, aber sie haben nicht vor, diese Erde mit Dämonen zu überschwemmen. Stattdessen wollen sie die Menschen zu Bosheiten verleiten, um das Höllenfeuer anzuheizen.“

„Wäre es nicht ein Job für den Weihnachtsmann, die Menschen in dieser Zeit an ihre Tugenden zu erinnern?“

„Schon. Ich bin ja auch hier. Aber ich stehe allein gegen ein halbes Dutzend Teufel, die losgelassenen Einheimischen nicht mitgerechnet.“

„Wie wäre es dann mit mehr als einem Weihnachtsmann? Ich meine, wenn die Dimensionstore offen stehen ...“

„Stimmt, das könnte tatsächlich klappen!“ Santa schnippte begeistert mit den Fingern. „Stellen wir allen Teufeln ihre eigenen Weihnachtsmänner entgegen! Danke für den Tipp.“

Santa wollte sich schon zum Gehen wenden, da kam Gottfried noch ein Gedanke. Er schwang seine Beine aus dem Bett und stolperte dem Besucher barfüßig hinterher.

„Halt, warte!“, rief er. „Bist du sicher, dass das alles ist?“

„Jaja, deinen Schnee habe ich nicht vergessen“, grummelte Santa unwirsch. „Den bekommst du schon noch. Aber im Augenblick muss ich mich zuerst einmal um die größeren Probleme kümmern.“

„Das meinte ich nicht. Aber hast du dich schon einmal gefragt, warum fremde Teufel auf Besuch in unserem Universum die Hölle anheizen wollen? Was haben sie davon, wenn sie doch irgendwann wieder nach Hause zurückkehren?“

Santa stutzte und blieb stehen, die Hand wie festgefroren auf dem bereits halb herunter gedrückten Türgriff.

„Verdammt! Du hast Recht. Ich hatte mich auch schon gefragt, warum sie den Kometen erst umleiten und sich das Ganze dann wieder so einfach aus der Hand nehmen lassen. Und jetzt, wo er plötzlich ganz weg ist …“

„Der Komet?“, fragte Gottfried verständnislos. „Was ist mit dem Kometen?“

„Wenn du einen Kometen verschwinden lassen wolltest, wie würdest du das anfangen?“

„Ein schwarzes Loch?“, antwortete Gottfried, ohne nachzudenken. Er erinnerte sich an das Spiel neulich abends. „Oder vielleicht ein Wurmloch, wenn ich ihn noch für irgendetwas brauchen würde“, fügte er dann hinzu. Wie viele, die sich für physikalische Phänomene interessierten, auch wenn sie diese im Detail nicht annähernd verstanden, hatte er schon von einer Theorie gehört, dass extreme Krümmungen im dreidimensionalen Raum eine Art Tunnel entstehen lassen könnten, durch welche Objekte beliebige Distanzen in kürzester Zeit überwinden mochten, ohne die von Albert Einstein erkannte Regel zu verletzen, dass innerhalb der Raumzeit keine höhere Geschwindigkeit als die des Lichts möglich ist. Science Fiction-Autoren bedienten sich gerne solcher Ideen, um sich für Reisen von Raumschiffen mit Überlichtgeschwindigkeit auf eine belegbare Grundlage zu berufen.

„Nochmal verdammt!“, rief Santa aus und schlug sich mit der flachen Hand gegen die Stirn. „Dass ich da nicht selbst drauf gekommen bin. Wo war ich nur mit meinen Gedanken?! Auch nochmal vielen Dank. Aber jetzt muss ich dringend weg.“

Im selben Moment war er verschwunden. Der Türgriff schnappte knallend hoch. Gottfried stand wie angewurzelt da und starrte verwirrt auf die Tür.

„Was ist?“, fragte Petra schlaftrunken. Das Geräusch des hochklappenden Türgriffs hatte sie wohl geweckt.

„Nichts“, sagte Gottfried, ohne sich umzusehen. „Schlaf ruhig weiter.“

12.

Ahriman konnte es kaum glauben, wie gut sein Plan aufging.

Alle – Engel wie Teufel – hatten verblüfft innegehalten, als der Komet plötzlich verschwunden war, als wäre der Fußball mitten im Spiel vom Bolzplatz aus in Nachbars Garten gelandet, und nun traute sich niemand, bei dem mürrischen Alten zu klingeln, um ihn zurück zu bekommen.

Offensichtlich interessierte es niemanden, was mit dem aus der Bahn geratenen Himmelskörper geschehen war, der noch vor Kurzem die Existenz der Erde bedroht hatte. Das Spiel war zu Ende, und keine Seite sah mehr einen Sinn darin, es fortzusetzen. Widerstandslos ließen sich die Meister der interdimensionalen Höllen von den Engeln zu den Dimensionstoren eskortieren, wo sie in ihre Heimatwelten zurückkehrten, um dort wieder weiter ihren angestammten Geschäften nachzugehen. Der kurze Ausflug in die Winterfrische würde ihnen für die nächsten Jahrtausende wohl als mehr oder weniger amüsante Episode in Erinnerung bleiben, und das war‘s dann.

Aber nicht für Ahriman.

Er war kein aufs Abstellgleis verschobener Gott aus der Frühzeit der Menschheit, von einer siegreichen Religion ins Exil geschickt, der sich mit seinem Posten als Kerkermeister der gescheiterten Seelen und als abschreckendes Beispiel für zu Missetaten bereite Kleingeister abgefunden hatte. Er war das personifizierte Böse, ein wahrhafter Gegenspieler für den Schöpfer der Universen, der in allen Welten nur in einer einzigen Personifikation existierte, auch wenn er (oder sie oder es) überall und immer wieder unterschiedliche Gestalten annahm und sich unter verschiedensten Namen verehren ließ. Ahriman hatte die Bewerbung auf den Höllenvorsitz in dieser Welt nicht nur aus Spaß aufgenommen, sondern als Schritt zu seinem langfristigen Ziel gesehen, nach und nach in allen Welten das höllische Zepter zu übernehmen, um schließlich seinem Widerpart in einem Duell auf Augenhöhe gegenüberzutreten.

Zugegeben, die Übernahme dieses Universums als Höllenfürst war gescheitert, aber einen schmerzhaften Schlag konnte er hier doch noch landen, vielleicht sogar einen Wirkungstreffer. Er musste nur dafür sorgen, dass der Weltuntergang dieser Erde, der schon längst abgewendet schien, doch noch stattfand – wenn niemand mehr damit rechnete und es für jegliche Gegenmaßnahmen zu spät war.

So hatte er mühsam das Dimensionstor zu seinem Universum an einen anderen Ort verlagert und den Kometen in einem Moment, da sich Engel und Teufel gerade um eine Abseitsregel in die Haare geraten waren, schnell wieder auf Kurs gebracht und in seine Welt umgeleitet. Dort befand sich der Komet nun erneut auf Kollisionskurs zur Erde, wo er in wenigen Tagen unvermittelt aus einem nochmals umorientierten Dimensionstor hier wieder auftauchen und unmittelbar danach einschlagen würde.

Um in der Zwischenzeit ein wenig Verwirrung zu stiften und die Aufmerksamkeit der himmlischen Hüter – ebenso wie diejenige seines hiesigen Gegenstücks Luzifer – auf etwas Anderes zu lenken, hatte er in dem dreifältigen Baal einen einfältigen und willigen Helfer gefunden. Dass der inzwischen anscheinend mit eingezogenem Schwanz auch wieder in seine eigene Heimat zurückgekehrt war, kümmerte ihn wenig. Er hatte seinen Zweck erfüllt, und die von ihm losgelassenen heimatlichen Teufel konnten gewiss noch lange genug Unheil anrichten und damit von ihm und seinem eigentlichen Ziel ablenken, bevor sie alle wieder eingefangen waren.

*

„Weihnachtsmanneinsatzzentrale. Was kann ich für Sie tun?“

Elijanda hatte alle Hände voll zu tun. Ständig klingelte das Telefon, und eine Inkarnation der Weihnachtsfigur meldete ihr Kommen oder bat um Instruktionen. Seit Santan den Aufruf in alle Welt und alle dank der Großen Konjunktion zugänglichen Universen geschickt hatte, lief die Weihnachtsmaschinerie auf Hochtouren. Vom heiligen Nikolaus mit Mitra und Bischofsstab über das Christkind in Gestalt eines Rauschgoldengels bis zum strengen Väterchen Frost mit eisgrauem, blau durchwirktem Mantel und Vereisungszepter waren sie alle vertreten. Auch der mollige Herr im rot-weißen Dress mit roter Knollennase und weißem Rauschebart, der Luzifer als Vorlage gedient hatte, war erschienen und ließ sich genüsslich eine Flasche Limonade in die Kehle laufen. Seine britische Variante, ein Kobold mit spitzen Ohren und grüner Jacke, war mehr dem Whisky zugeneigt und torkelte bereits mit leichter Schlagseite umher.

Auf Luzifers Zielvorgabe hin hatte der Trelf in Windeseile einen Schlachtplan ausgearbeitet, der die verschiedenen Weihnachtsleute auf dem gesamten Globus verteilte, um mit maximaler Effizienz den Agitationen der entfesselten Teufel entgegen zu wirken. Elijanda gab kurze Instruktionen in Sachen Deeskalation, und der Rentierschlitten brachte die Einsatzkräfte an ihren Wirkungsort. Luzifers erste Idee, die Vervielfältigungsfähigkeit des Schlittens zu nutzen, um eine möglichst große Zahl von Friedensstiftern flächendeckend zu verteilen, hatten sie wieder aufgeben müssen. Zu Recht hatte der Trelf darauf hingewiesen, dass niemand außer Santan persönlich die damit verbundene vielfache Persönlichkeitsspaltung ohne dauerhafte mentale Schäden überstehen konnte und auch er selbst nur aufgrund seiner eigenen Herkunft als Verschmelzung zweier grundverschiedener Personen dazu in der Lage gewesen war, auch wenn diese beiden Persönlichkeiten bei der Aufteilung wieder auseinandergerissen worden waren – ein Prozess, den er nun, da er sich in seiner neuen Identität über Jahre hinweg ein eigenes Leben aufgebaut hatte, auch nicht erneut schadlos wiederholen konnte. Letztendlich stellte sich dieses Problem allerdings als unkritisch heraus, weil zahllose Weihnachtswesen Santans Aufruf gefolgt waren und die Kette der Neuanmeldungen noch immer nicht abriss. So musste sich nur der Schlitten selbst, zusammen mit den angeschirrten Rentieren, vervielfältigen, um alle unverzüglich an ihr Ziel zu bringen. Wie bei der in den vergangenen Jahren etablierten Verteilung von Geschenken wurde jeder Schlitten zusätzlich mit einer Elfe oder einem Elfen bemannt, deren Aufgabe außer dem Transport darin bestand, die Initiatoren der jeweiligen Gewaltausbrüche ausfindig und mithilfe einer von Santan bereitgestellten Teufelsfessel dingfest zu machen, während die Weihnachtswesen ihre Friedensmission erfüllten und die Situation beruhigten.

Nikolausi ...

Hakan ließ das Butterfly-Messer in seiner Hand nervös ein paarmal auf- und zuklappen. Die Beherrschung der Waffe verlieh ihm Selbstvertrauen. Als er sich seinen Brüdern beim Sturm auf die Uni angeschlossen hatte, war ihm alles richtig vorgekommen. Aufbegehren gegen eine Elite, die sie alle nicht ernst nahm. Die meinte, alle Regeln bestimmen und Traditionen mit Füßen treten zu können. Die alles mit Vernunft begründete und doch jämmerlich versagt hatte. Jetzt kam er unaufhaltsam auf sie zu, der Schicksalskomet. Und die dort waren schuld! Sie mussten schuld sein, und je vehementer und überzeugender sie es leugneten, umso schuldiger erschienen sie. Irgendjemand musste schuld sein, und warum dann nicht diejenigen, die es zuerst bemerkt und niemandem gesagt hatten?!

Zuerst war er einfach in der Meute mitgelaufen und dabei irgendwie in die vorderste Reihe gelangt. Tatsächlich fühlte es sich noch besser an, wenn die anderen hinter einem herliefen. Der Druck der Menge trieb ihn an, gab ihm Kraft und die Gewissheit, im Recht zu sein. Keine Zeit zum Zweifeln. Oder Schwäche zu zeigen! Im Wechsel mit einem bulligen Kommilitonen hatte er die Tür zur astronomischen Fakultät eingetreten, und nun stand er vor dem jugendlichen Assistenten, der das Pech gehabt hatte, ihnen als Erster über den Weg zu laufen. Bevor der kraushaarige Mann mit kurzem, schwarzem Vollbart in seinem Büro mit dem Namensschild „Dr. Dimitrios Panagiannidis“ hatte verschwinden können, hatten sie ihn gepackt, auf den Gang gezerrt und zu Boden gedrückt. Nun kniete er zitternd vor Hakan, niedergehalten von drei Männern mit zornigen Augen, die erwartungsvoll auf den Mann mit dem Messer gerichtet waren.

Plözlich fühlte Hakan sich unwohl. Er war nicht hierher gekommen, um Entscheidungen zu treffen. In der Gruppe, in der Familie war er stark, wusste immer, was richtig war und was falsch. Bis hierhin war die heutige Aktion ein Abenteuer gewesen – wie der Sturm auf eine Festung in einem Online-Computerspiel, nur viel krasser. Doch jetzt hing plötzlich das Schicksal eines echten Menschen von ihm ab – nur von ihm. Nur zu gerne hätte er sich jetzt wieder in die hinteren Reihen zurückgezogen, aber mehr noch als eine falsche Entscheidung fürchtete er die Verachtung, die ihm entgegenschlagen würde, wenn er sich jetzt ein

Zeichen von Schwäche anmerken ließ. Hier waren sie nun, so weit gekommen, angetrieben von gerechtem Zorn. Es gab keinen Weg zurück. Jedenfalls nicht ohne Gesichtsverlust, und das war keine Option.

Aber was genau sollte er tun? Das Messer klackte in wildem Stakkato. Wie das stroboskopische Licht einer Discokugel blitzte die scharfe Klinge in schneller Folge auf und verschwand wieder hinter den messingfarbenen Griffhälften.

Plötzlich traf etwas Hartes sein Handgelenk und schlug ihm das Messer aus der Hand. Klappernd prallte es auf den harten Fliesenboden und schlitterte mehrere Meter den Gang entlang. Hakans Kopf zuckte hoch und zur Seite, wo scheinbar aus dem Nichts eine in hell leuchtende Gewänder gekleidete Gestalt aufgetaucht war. Der lange Stab mit der gewundenen Spitze schwebte noch immer drohend über seiner schmerzenden Hand.

Hakan traute seinen Augen nicht. Wenn er etwas nicht erwartet hatte, dann einen hageren älteren Mann mit weißem Bart und dem traditionellen Festgewand eines Bischofs, mit hoher, zweispitziger Mütze, goldbesetzter Soutane und prunkvollem Hirtenstab.

„Ágio Nikólaos Myriṓtēs !“, rief Dr. Panagiannidis ungläubig aus. „Heiliger Nikolaus von Myra!“

„Klar, dass ihr Griechen zusammenhaltet“, entfuhr es Hakan. „Das tut ihr ja immer! – Aber was macht der Typ jetzt hier?“

„Die Frage ist doch eher: Was macht ihr hier eigentlich?“, sagte der seltsame Bischof ruhig. „Griechen, Türken – Moslems, Christen … eigentlich sind wir doch alle gleich – vallah !“

Während ihn alle Anwesenden entgeistert anstarrten, fuhr er lächelnd fort: „Zu meiner Zeit oder heute: Myra oder Demre – griechisch oder türkisch. Schon vor anderthalb tausend Jahren konnte man dafür verhaftet und gefoltert werden, dass man über Frieden sprach und Kindern Geschenke machte. Und seht euch an, wie wenig sich inzwischen geändert hat. Ob ihr an meinem Todestag eure Stiefel vor die Tür stellt oder anderen Traditionen anhängt – jetzt gerade habt ihr Vernunft gegen Wut getauscht und Demut gegen Selbstgerechtigkeit. Ihr solltet euch schämen!“

Bei einigen in der Menge trat betretenes Schweigen ein, aber andere verfielen in Trotz.

„Wer bist du, dass du uns Vorschriften machst?“, rief einer. „Glaubst du, dass dich dein komischer Aufzug zu etwas Besserem macht?“

„Keineswegs“, erwiderte der Nikolaus. „Niemand ist besser oder schlechter als andere. Habe ich das nicht eben schon gesagt? Aber auch wenn ihr kürzlich nicht gerade brav wart, habe ich euch Geschenke gebracht.“ Er nahm seine Mütze vom Kopf, drehte sie um und griff hinein. Als er die Hand wieder herauszog, hielt sie zwei Kinderbilder in bunt bedruckten Papprahmen. Die Bilder legte er zwischen Hakan und Dr. Panagiannidis auf den Boden und sagte: „Das seid ihr Beiden. Erkennt ihr euch wieder?“

Hakan wollte nach einem der Bilder greifen, doch dann wurde er unsicher. War das wirklich er auf dem Bild? Oder doch auf dem anderen?

Während Hakan und Dimitrios die Bilder hin und her tauschten, griff der Nikolaus erneut in seine Mitra und förderte immer mehr Bildkärtchen zutage, die er in die Menge warf, wie Kamellen vom Wagen eines Karnevalsumzugs. Bald krochen alle umher auf der Suche nach sich selbst – wenn auch nur auf einem Bild. Erinnerungen an die frühe Kindheit wurden aus lange zugewucherten Regionen des Gedächtnisses hervorgeholt. Passte dieses oder jenes Foto zu den eigenen Erinnerungen? War man wirklich einmal so klein gewesen, so niedlich, so unschuldig?

Nach und nach zerstreuten sich die Menschen und zogen mit einem Foto aus alten Tagen ab – und mit der Frage, was man sich eigentlich dabei gedacht hatte, irgendwen für irgendetwas verantwortlich machen und bestrafen zu wollen, auf das doch bei rechter Betrachtung niemand einen Einfluss haben konnte.

Sibirische Kälte

Oleg zog die dick gefütterte Jacke enger zusammen und rückte die Ohrenklappen seiner Pelzmütze zurecht. Seit über einer Woche lagen die Außentemperaturen unter -30° C und waren in der vergangenen Nacht sogar unter -40° gefallen. Er streifte die Handschuhe über und schickte sich an, seinen Rundgang um das astrophysikalische Institut zu vollziehen. Seit er als jugendlicher Kriegsveteran 1989 aus Afghanistan zurückgekehrt war, versah er regelmäßig seinen Dienst beim Wachpersonal der Forschungsinstitute im sibirischen Akademgorodok , dem „Akademischen Städchen“ 20 km südlich von Nowosibirsk, das Ende der 50er Jahre inmitten von ausgedehnten Birken- und Kiefernwäldern erbaut worden war, um fernab jeder Störungen während des beginnenden „Kalten Krieges“ zwischen den Machtblöcken unter Führung der

USA im Westen und der Sowjetunion im Osten verschiedenen Forschungsinstituten und der Russischen Akademie der Wissenschaften eine Heimstatt zu bieten. Traumatisiert von den Gräueln des Krieges gegen die afghanischen Mudschahedin, war Oleg dankbar gewesen für den Posten in einem beschaulichen Ort, der sich weder für die große Politik, noch für innenpolitische Ränke oder profane Versorgungsprobleme interessierte. Hier lebte man nur für die Wissenschaft, auf die man sich auch sich voll und ganz konzentrieren konnte, weil es weit und breit sonst praktisch nichts zu tun gab. Um die, teils geheimen, Forschungsarbeiten vor fremdem Zugriff zu schützen, hatte man Wachleute eingestellt, meist Menschen wie Oleg, mit militärischer Erfahrung, aber ohne weitere Karriereambitionen. Oleg hielt das für ein wenig paranoid. Seit Jahrzehnten versah er seinen Dienst und hatte bis auf gelegentliche protokollarische Einsätze beim Besuch Prominenter in den Forschungseinrichtungen oder hin und wieder das Vertreiben randalierender Betrunkener vom Campus bisher nicht viel zu tun gehabt. Aus gutem Grund war dieser Ort der ungestörten Forschung mitten in der endlosen Weite der sibirischen Taiga errichtet worden, brütend heiß im Sommer und eisig kalt im Winter. Und weit entfernt von den Irrungen und Wirrungen der übrigen Welt.

In Akademgorodok verlief das Leben stets gleich. Der Zerfall der Sowjetunion, der gesellschaftliche und wirtschaftliche Aufbruch der 90er Jahre, Aufstieg und Fall von milliardenschweren Oligarchen, politische Umbrüche in der Moskauer Zentrale, das alles war an diesem Ort nahezu spurlos vorübergegangen. Und Oleg war es zufrieden. Er hatte seine Ruhe und sein Auskommen und außerdem das Gefühl, als braver Soldat zu etwas nutze zu sein, zum Wohle seines Landes und der sozialistischen Gesellschaft. Dass manche der Forscher auf ihn herabsahen, störte ihn nicht weiter. Es gab genug andere, die wirklich alle hier Lebenden gleich behandelten. Ab und zu wurde er zu Feiern anlässlich einer wissenschaftlichen Konferenz eingeladen, einschließlich sommerlicher Strandparties an den Ufern des nahe gelegenen Ob-Stausees.

Aber seit einigen Tagen war alles anders. Mit kleineren Unruhen hatte es begonnen, doch trotz konsequenten Eingreifens der Polizei versammelten sich nun immer häufiger und immer größere Gruppen protestierender Menschen und verlangten Aufklärung über einen Himmelskörper, der angeblich den ganzen Planeten bedrohe. Oleg hielt das für Blödsinn. Bösartige westliche Propaganda, wie die Medien nicht müde wurden zu verkünden, wenn sie sich denn überhaupt mit dem Thema befassten. Doch die Bedrohung der Forschungseinrichtungen und der Forschenden war real. Daher waren Oleg und seine Kollegen – Männer und Frauen – zu verstärkter Wachsamkeit aufgerufen worden. Das schloss ausdrücklich auch die Bereitschaft ein, Frieden und Ordnung gegebenenfalls mit der Waffe zu verteidigen.

Oleg rückte das Halfter mit seiner Pistole aus Armeebeständen zurecht und vergewisserte sich, dass er sie auch mit Handschuhen würde ziehen und notfalls abschießen können. Dann machte er sich auf den Weg.

Er drückte die schwere Flügeltür auf und trat nach draußen. Ein frostiger Wind fegte die warme Luft, die ihn ein erstes Stück weit begleitet hatte, fort wie die flüchtige Erinnerung an einen Traum. Sein nächster Atemzug stach ihm eisige Nadeln in die Nase und legte eine weiße Raureifschicht über seinen dichten, grauen Vollbart. Er zog den Schal übers Gesicht bis knapp unter die Augen und begann seinen Patrouillengang um das Gebäude.

Kurz bevor er um die dritte Ecke bog, verlangsamte er seine Schritte. Bisher hatte er seinen Weg noch im Licht der schon tief stehenden Sonne zurücklegen können, aber hinter der nächsten Ecke würde er in den langen Schatten des verwinkelten Baus eintauchen. Die gefühlte Temperatur würde noch einmal absinken, und seine Pupillen würden sich an die Dunkelheit gewöhnen müssen. Er kniff die Augen zusammen und lugte um die Gebäudewand.

Auf dieser Seite des Gebäudes gab es in einem ein Stück zurückgesetzten Carré einen Nebeneingang, der von außen nur mit einem Schlüssel zu öffnen war und ansonsten als Notausgang genutzt wurde. Da nur wenige Personen über einen solchen Schlüssel verfügten, kam es manchmal vor, dass Mitarbeiter, die kurz eine Zigarette rauchen wollten, die Tür mit einem Stein blockierten, um sie am Zufallen zu hindern. Im Winter verwendeten sie dazu oft sehr kleine Steinchen, die gerade ausreichten, dass die Tür nicht ins Schloss fiel, sich aber so weit zuzog, dass nur wenig Kälte ins Innere ziehen konnte. Zumindest galt das dann, wenn bei der Rückkehr ins Gebäude der Stein wieder entfernt wurde. Das vergaßen manche aber immer wieder, so dass Oleg schon oft dafür hatte sorgen müssen, dass hier keine Sicherheitslücke entstand. Daher überprüfte er diese Stelle immer besonders gründlich. Und genau dort glaubte er gerade eine Bewegung wahrgenommen zu haben. Ein vorbei huschender Schatten vor der bereits im Halbdunkel liegenden Tür. Ein kurzes Aufblitzen, als ob eine sich bewegende Türkante im geeigneten Winkel für einen winzigen Moment das Deckenlicht des dahinter liegenden Ganges eingefangen und reflektiert habe.

Vorsichtig, aber mit schnellen Schritten, ging Oleg auf den Nebeneingang zu, sich immer eng an der Gebäudewand haltend, um möglichst nicht von innen gesehen zu werden. Prüfend zog er am Türgriff, aber nichts bewegte sich. Die Tür war verschlossen. Aber Oleg hätte sich nicht über all die Jahre das Vertrauen seiner Vorgesetzten erarbeitet, wäre er nicht äußerst gewissenhaft gewesen. Mit einer Taschenlampe leuchtete er den Boden vor und neben der Tür ab, und tatsächlich lag da eine Münze. Olegs Gedanken überschlugen sich. Blitzschnell kombinierte er, dass es sich in diesem Fall nicht um eine Nachlässigkeit handeln konnte. Die Münze ließ vielmehr darauf schließen, dass hier akribisch ein unbefugtes Eindringen vorbereitet worden war. Selbst bei einem winzigen Kiesel wäre die Tür einen zumindest bei genauem Hinsehen sichtbaren Spalt breit offen stehen geblieben, und außerdem wäre die sibirische Kälte spürbar in die Korridore gekrochen, hätte dieser Spalt länger als nur ein paar Minuten bestanden. Eine Münze, geschickt platziert, konnte aber das fast vollständig dichte Schließen ermöglicht haben, ohne dass der Verschluss zuschnappen konnte. Jemand, der irgendwann im Laufe des Tages in dem Gebäude gewesen war, konnte die Tür in einem unbeobachteten Moment so präpariert haben und nun, wo nur wenige Labore noch besetzt waren, unbemerkt wieder in das Gebäude eingedrungen sein.

Oleg zog seinen dicken Schlüsselbund hervor, der mit einer Kette an einer Gürtelschlaufe befestigt war, suchte den passenden Schlüssel heraus und öffnete bedächtig und lautlos die Tür. Der lange, schmale Korridor wurde nur von der spärlichen Notbeleuchtung erhellt, aber seinen Augen, die noch an den Schatten vor dem Gebäude gewöhnt waren, entging nichts. Der Gang war leer, aber wer immer hier eingedrungen sein mochte, konnte längst um eine Ecke gebogen oder in einem der Laborräume verschwunden sein, während Oleg sich an der Wand entlang geschlichen hatte, um niemanden aufzuscheuchen. Ruhig lauschend drehte er langsam den Kopf hin und her. Von links drangen gedämpfte Stimmen an sein Ohr. So leise, dass er nichts verstehen konnte, aber immerhin konnte er an dem heiseren Ton erkennen, dass die geringe Lautstärke nicht von großer Entfernung herrührte, sondern von einer absichtlich gesenkten Stimme.

Sofort war ihm klar, dass es sich um die Eindringlinge handeln musste. Für das reguläre Personal gab es keinen Grund zu flüstern.

Oleg streifte die Handschuhe ab und stopfte sie in eine Jackentasche. Dann zog er die Pistole aus dem Halfter und entsicherte sie.

Die harten Sohlen seiner Stiefel kratzten auf den Steinfliesen. Er bemühte sich, leise zu sein, während er wie ein Wiesel hin und her über den Gang huschte, an jeder Tür kurz Halt machte und nach Hinweisen auf die Eindringlinge suchte. Die Waffe im Anschlag, lugte er um jede Ecke, spähte durch die Glasfenster der Labortüren, hielt Ausschau nach verdächtigen Spuren. Er war schon auf dem Weg zum nächsten Raum, als er aus einem Labor für die Auswertung astronomischer Beobachtungen verräterische Geräusche hörte.

Sofort sprintete er dorthin zurück, riss die Tür auf, die eigentlich hätte verschlossen sein sollen, und sicherte den Raum in alle Richtungen. Bei einer schattenhaften Gestalt, die sich schnell, aber unzureichend hinter einer Computerkonsole zu verbergen versuchte, hielt er inne. Der Lauf seiner Pistole zielte direkt auf die schwarze Sturmhaube, die im Schatten einer darüber gezogenen Kapuze nur einen kleinen Sehschlitz freiließ.

„Ich sehe Sie", rief er in den Raum hinein, „und ich habe meine Waffe auf Sie gerichtet. Bei der ersten schnellen Bewegung werde ich schießen. Und treffen. Ich bin ein sehr guter Schütze."

Die Gestalt rührte sich nicht, schien aber ein wenig zu zittern.

„Heben Sie langsam die Hände über den Kopf und richten Sie sich auf", kommandierte Oleg und bewegte sich auf die Gestalt zu, ohne mit der Waffe die Ziellinie auch nur für einen Moment zu verlieren.

Der Eindringling gehorchte. Er war deutlich kleiner als Oleg. Und zierlicher. Wie ein Halbwüchsiger. Oder eine Frau.

„Ziehen Sie die Haube vom Kopf. Langsam. Keine unbedachten Bewegungen!"

Der Eindringling gehorchte. Er streifte die Kapuze seiner gefütterten Jacke zurück und zog die Sturmhaube senkrecht nach oben ab.

„Tatjana!", entfuhr es Oleg verblüfft. Er kannte die Frau, hatte sie schon oft auf dem Gelände gesehen. Sie arbeitete hier. Als Laborassistentin, wenn er sich recht erinnerte. Welchen Grund konnte sie haben, sich vermummt nach Dienstschluss in diesen Räumen herumzutreiben?

„Ich … ich kann das erklären", stotterte die junge Frau ängstlich. „Bitte nicht schießen. Wir haben uns doch immer gut verstanden, oder? Oleg, nicht wahr?"

Oleg ließ die Waffe keinen Millimeter sinken. Er war immer noch Soldat. Hatte nie aufgehört, einer zu sein. Kein Platz für persönliche Gefühle.

„Was tun Sie hier?", fragte er barsch. „Sind Sie auf Sabotage aus?"

„Was sollte ich hier denn sabotieren?", fragte die Frau entwaffnend.

„Und weshalb sind Sie dann hier?“

„Daten“, sagte sie mit zunehmend fester Stimme. „Die Öffentlichkeit hat ein Recht auf Information.“

„Welche Information?“

„Dass wir bald alle sterben werden.“

„Was soll das heißen?“, fragte Oleg verständnislos.

„Eine Forscherin in Deutschland hat einen Kometen entdeckt, der praktisch aus dem Nichts aufgetaucht und nach ein paar Tagen und ein paar wilden Kapriolen wieder ins Nichts verschwunden ist. Am Anfang war er auf Kollisionskurs zur Erde, und am Ende – unmittelbar bevor er verschwand – hat er diesen Kurs wieder aufgenommen.“

„Aber wenn er jetzt weg ist …“

„… heißt das nur, dass wir ihn nicht mehr sehen können – warum auch immer. Aber nichts verschwindet einfach so. Seine Herkunft konnte letztlich rekonstruiert werden, und wenn er nur irgendwie für unsere Apparate unsichtbar geworden ist, müssen wir nach wie vor davon ausgehen, dass er in Kürze auf der Erde aufschlagen und alles Leben vernichten kann. Die Politiker haben beschlossen, das zu ignorieren und die Weltbevölkerung nicht zu beunruhigen. Aber die Menschen haben ein Recht darauf, zu wissen, dass vielleicht das Ende naht.“

„Und wenn nicht …?“, fragte Oleg unsicher, die Waffe immer noch auf die junge Frau gerichtet.

„Trotzdem. Deshalb kopiere ich jetzt die Daten und sende sie in die Welt.“

„Es tut mir leid“, sagte Oleg bestimmt. „Aber das kann ich nicht zulassen.“

„Warum nicht?“

„Ich habe meine Befehle.“

„Und wenn die Befehle falsch sind? Wenn die Befehlshaber sich irren?“

„Es ist nicht meine Aufgabe, darüber zu entscheiden. Ich habe Befehle auszuführen, nicht zu hinterfragen.“

Tatjana sank in sich zusammen.

„Und was jetzt?“, fragte sie resigniert. „Lassen Sie mich jetzt gehen?“

„Nein“, erwiderte Oleg streng. „Jetzt rufe ich die Polizei und lasse Sie abführen. Sie haben versucht, geheime Daten zu entwenden.“

„Oleg“, bat Tatjana flehentlich. „Wir kennen uns. Wir haben schon zusammen Kaffee getrunken, geplaudert. Wollen Sie mich wirklich an die Polizei übergeben. Man wird mich der Spionage anklagen und in einem Schnellverfahren verurteilen. Sie wissen, dass es so laufen wird.“

„Das hätten Sie sich vorher überlegen müssen“, sagte Oleg kalt. Er mochte es nicht, wenn an seine Gefühle appelliert wurde, um ihn an der Ausübung seiner Pflicht zu hindern.

„Zuhause warten zwei kleine Kinder auf mich“, schluchzte Tatjana. „Ihr Vater hat uns vor einem halben Jahr verlassen. Wenn ich nicht zurückkomme …“

Oleg biss verkniffen die Zähen aufeinander. Warum musste sie es ihm so schwer machen? Sie kannte die Regeln und hatte sie wissentlich gebrochen. Folglich musste sie nun die Konsequenzen tragen. Oder ...?

Aus dem Augenwinkel sah Oleg einen Schatten neben seinem eigenen auftauchen, hörte das Rascheln einer Jacke bei einer schnellen Bewegung. Er fuhr herum, aber schon traf ihn ein harter Schlag am Unterarm, den er intuitiv zur Abwehr erhoben hatte. Dann prallte ein schwerer Körper gegen seinen und warf ihn fast von den Beinen. Oleg taumelte einige Schritte rückwärts, richtete die Waffe auf den weiter auf ihn zu stolpernden Angreifer und schoss.

Mit einem satten Schmatzen schlug das Geschoss im Oberschenkel des Mannes ein, der sich offenbar angepirscht hatte, während Oleg durch das Ringen mit seinem Gewissen abgelenkt gewesen war. Mit einem schmerzerfüllten Stöhnen brach der Getroffene zusammen. „Lauf, Tatjana!“, rief er zwischen zusammengebissenen Zähnen und wand sich ächzend am Boden, die Hände auf die Wunde gedrückt. Zwischen seinen verkrampften Fingern sickerte Blut hervor. Doch die junge Frau starrte nur entgeistert zwischen ihrem Kumpan und Oleg hin und her, rührte sich aber sonst nicht von der Stelle.

„Wer ist das?“, rief Oleg zornig und richtete die Pistole wieder auf Tatjana, wütend auf sich selbst, dass er es in einem Moment wankelmütiger Schwäche zugelassen hatte, überrumpelt zu werden. „Wie viele sind da noch?“

„Nur wir zwei“, kreischte Tatjana, außer sich vor Angst. „Wassili, wie geht es dir? Bist du schwer getroffen?“

„Weiß nicht“, krächzte der am Boden liegende Mann, der auch eine Sturmhaube trug. „Es tut so weh!“

„Keine Bewegung!“, herrschte Oleg sie an, als Tatjana zu ihrem verletzten Freund laufen wollte. Einen Moment hielt sie inne, doch dann funkelte sie ihn böse an.

„Und was sonst? Willst du mich auch abknallen? Keine Angst, ich laufe nicht weg. Ich will bloß nach seiner Wunde sehen. Ruf doch inzwischen die verdammte Polizei, wenn du musst. Aber zuerst einen Arzt!“

Dann war sie mit wenigen schnellen Schritten bei Wassili, kniete neben ihm nieder und betrachtete seine Wunde. Mit sicheren, entschlossenen Handgriffen erstellte sie aus einer Packung Papiertaschentücher und ihrem Schal, den sie aus der zugeknöpften Jacke hervor zerrte, einen behelfsmäßigen Druckverband.

„Zurück!“, befahl Oleg, der Tatjana mit dem Lauf seiner Waffe gefolgt war und nun wieder auf sie anlegte. „Keine weitere Bewegung jetzt!“ Was als harmloser Rundgang begonnen hatte, entwickelte sich allmählich zu einer handfesten Katastrophe.

Tatjana und Wassili. Er kannte sie beide. Nette, freundliche Leute. Kein bisschen hochnäsig wie manche der älteren Betonköpfe unter den Chefforschern, die noch zu Sowjetzeiten auf ihre Posten gekommen waren. Was war nur in die beiden gefahren, dass sie nun ihr Leben riskierten, um Informationen an die Öffentlichkeit zu bringen, die niemandem wirklich nutzen würden? Und was war in ihn gefahren, dass er sie nicht einfach hatte laufen lassen? Um die Daten schon kopiert zu haben, waren sie nicht lange genug im Labor gewesen. Eine einfache Verwarnung hätte gereicht. Und nun lag da ein junger Mann, der vielleicht gerade verblutete, und neben ihm eine junge Frau mit zwei kleinen Kindern, auf die eine Waffe gerichtet war. Oleg war nicht sicher, ob er wirklich abdrücken würde, wenn sie sich weiter seinen Anordnungen widersetzte, aber inzwischen war die Situation längst viel zu weit eskaliert, um sich einfach zurückzuziehen.

„Jetzt aber mal langsam“, tönte eine sonore Stimme plötzlich beruhigend. „Das kann man doch auch anders lösen.“

Noch einer! durchfuhr es Oleg. Sie hat gelogen. Es sind doch noch mehr!

Mit einem Satz sprang er hinter einem Labortisch in Deckung. Der Arm mit der Waffe schwenkte herum in Richtung der Stimme. Sein Finger krümmte sich um den Abzug, aber der fühlte sich auf einmal eisig an und unbeweglich. Wie festgefroren. Aber noch mehr als der vereitelte Schuss verblüffte ihn die Gestalt, die da vor ihm stand: ein groß gewachsener älterer Mann mit langem weißem Bart in einer altertümlichen Winterjacke, grauweiß, mit blauen Fäden durchwirkt und mit einer Kordel um die Taille zusammengehalten. Darunter eine weite Wollhose, die in kniehohen, verschnürten Filzstiefeln steckte. Auf dem Kopf trug er eine dicke Filzkappe, und die eisgrauen Augen in dem faltigen Gesicht strahlten zugleich Güte und eine gewisse Strenge aus.

„Djed Moros!“, entfuhr es Oleg ungläubig. „Väterchen Frost!“

„Eben derselbe“, lachte der Alte. „Und gerade rechtzeitig, wie es scheint.“

„Was hat das zu bedeuten?“, forderte Oleg eine Erklärung. Die sich überstürzenden Ereignisse des Abends begannen ihn allmählich zu überfordern.

„Warst du nicht gerade im Begriff, eine große Dummheit zu begehen?“, fragte der so unverhofft hereingeschneite Wintergeist. „Eine nicht wieder gut zu machende Dummheit.“

„Welche Dummheit?“, fragte Oleg trotzig. Von einer Sagengestalt wollte er sich nicht belehren lassen.

„Ein Menschenleben auszulöschen, ist keine Kleinigkeit“, erklärte der Alte ernst. „Im Krieg fällt es irgendwann leicht, aber das macht es nicht besser. Doch dies hier ist kein Krieg. Nicht einmal eine Schlacht. Oder hast du dir nicht selbst eben gewünscht, diese vertrackte Situation vermieden zu haben?“

„Naja …“

„Was wäre, wenn du noch einmal neu entscheiden könntest?“

„Ich weiß nicht“, sagte Oleg zögernd.

„Dann lass es uns herausfinden.“

Der Alte wedelte einmal mit seiner behandschuhten Hand in einer kreisförmigen Bewegung vor dem Körper. Daraufhin entstand ein Schneegestöber, das Oleg vollkommen einhüllte. In wildem Tanz wirbelten dicke weiße Flocken um ihn herum, verdeckten die Sicht auf alles andere, bis ihn in der Orientierungslosigkeit ein leichtes Schwindelgefühl überfiel.

Als der Schnee sich nach und nach verflüchtigte, war von dem Alten nichts mehr zu sehen. Auch nicht von Wassili. Oleg stand wieder im Eingang des Labors und zielte mit seiner Pistole auf eine zusammengekauerte Gestalt hinter einer Computerkonsole.

„Ich sehe Sie“, rief er, „und ich habe meine Waffe auf Sie gerichtet. Bei der ersten schnellen Bewegung werde ich schießen. Und treffen. Ich bin ein sehr guter Schütze.“

Déjá vu! schoss es ihm durch den Kopf. Hast du das nicht gerade schon einmal erlebt?!

„Heben Sie langsam die Hände über den Kopf und richten Sie sich auf“, kommandierte Oleg und trat ein paar Schritte auf die Gestalt zu, die Waffe weiter im Anschlag.

Zitternd erhob sich die zierliche, vermummte Gestalt.

„Ich habe keine Ahnung, wer Sie sind und was Sie hier wollen", log Oleg. „Und ich will es auch gar nicht wissen. Aber Sie werden jetzt sofort verschwinden. Und vergessen, dass Sie heute Abend hier waren. So wie ich es vergessen werde."

Zögernd setzte sich die Gestalt in Bewegung. Mit jedem Schritt in Richtung Ausgang drehte sich der Kopf ein wenig, so dass die schmalen Schlitze in der dunklen Sturmhaube immer auf Oleg gerichtet waren. Er konnte die Augen im Schatten der über die Haube gezogenen Kapuze nicht sehen, aber es fühlte sich an, als würden sie ihn zweifelnd fragen: Warum lassen Sie mich gehen?

„Weil bald Weihnachten ist", brummte er als Erklärung. „Und nehmen Sie Ihren Begleiter mit."

Die Gestalt hielt noch einmal überrascht inne, beeilte sich aber dann, das Labor zu verlassen. Oleg horchte noch ihren sich schnell entfernenden Schritten nach, da wurde er plötzlich wieder von einem Schneesturm erfasst und durchgeschüttelt. Kurz darauf stand er wieder Tatjana und dem sich leise wimmernd am Boden windenden Wassili gegenüber. Auch Väterchen Frost war wieder da.

„Ich verfüge über viele Fähigkeiten", sagte der Alte, „aber Herrschaft über die Zeit gehört nicht dazu. Was geschehen ist, kann ich nicht ungeschehen machen, wohl aber dir dabei helfen, das Richtige vom Falschen zu unterscheiden. Und da du nun von der Frucht dieser Erkenntnis gekostet hast – was wirst du tun?"

„Zuerst mal einen Krankenwagen rufen", sagte Oleg. „Und dann die Polizei." Nach kurzem Zögern fügte er noch hinzu: „Ich denke, ich werde angeben, Wassili nicht erkannt zu haben, in der Annahme, alle Forscher seien schon nach Hause gegangen. Erschrocken über mein plötzliches Erscheinen, hat er eine hastige Bewegung gemacht, die ich als Angriff missverstanden und deshalb geschossen habe. Wahrscheinlich komme ich dann mit einer Verwarnung wegen Übereifers davon. Und Wassili mit einem Rüffel wegen unbefugten Überziehens der Arbeitszeit."

Dann wandte er sich an Tatjana und winkte knapp ein paarmal mit der Pistole. „Du solltest dann allerdings verschwunden sein. Von deiner Anwesenheit muss niemand erfahren. Schließlich ist ja nichts passiert."

„Aber die Wahrheit …", insistierte die junge Forscherin.

„… wird bald niemanden mehr interessieren", ergänzte Oleg schroff den unbeendeten Satz. „Wenn du mit deiner Befürchtung recht hast, sind wir in ein paar Tagen alle tot – und das besser aus heiterem Himmel als in hilfloser Angst. Aber wenn nicht, dann hättest du unnötig eine weltweite Panik ausgelöst."

Tatjana verzog das Gesicht, schwankend zwischen Nachdenklichkeit und Trotz. Offensichtlich versuchte sie Olegs Argumentation eine Chance einzuräumen, konnte sich aber nicht ganz damit anfreunden.

„Und mich meinen Job gekostet", fügte er inzwischen noch hinzu. „Denn wenn du die Daten stiehlst und veröffentlichst, dann platzt meine Behauptung eines Missverständnisses wie eine Seifenblase. Vielleicht gibt es ja Wahrheiten, die so ein Opfer wert sind, aber diese reicht dazu nicht aus. Und mein Altruismus auch nicht."

Unsicher blickte Tatjana ihm in die Augen, aber sein fester Blick überzeugte sie schnell, dass er seine Entscheidung getroffen hatte und sich durch nichts würde umstimmen lassen.

„Jetzt verschwinde", setzte Oleg ungeduldig nach. „Am besten nimmst du dir ab morgen bis nach den Feiertagen frei. Dawai! Und fröhliche Weihnachten."

Tatjana warf einen schnellen Blick zu Wassili, der immer noch verkrümmt am Boden lag, aber als er ihr aufmunternd zunickte, raffte sie sich auf und lief hinaus, erst zögerlich, aber dann immer schneller. Als ihre Schritte auf dem Gang verhallt waren, beugte sich Oleg über Wassili und begutachtete die Schussverletzung.

„Nur eine Fleischwunde", stellte er fest. „Nicht lebensgefährlich." Im Krieg hatte er zahllose Verwundungen gesehen und kannte sich aus. „Aber die Kugel muss raus. Ich werde jetzt einen Arzt rufen."

„Nicht nötig", sagte da der Alte, den Oleg schon fast vergessen hatte. „Das lässt sich auch anders regeln."

Er legte Oleg eine schwere Hand auf den Arm, als dieser sein Mobiltelefon hervor fingern wollte und rief einen Namen ins Leere: „Snegurotschka!"

Im selben Moment stand eine weibliche Gestalt in der Labortür. Zuerst dachte Oleg, Tatjana sei doch noch einmal zurückgekehrt, aber dann erkannte er, dass es sich um ein junges Mädchen handelte, eingehüllt in einen dicken, langen Wintermantel, im gleichen Weißblau wie die Kleidung des Alten.

„Meine Enkelin kennt sich mit der Heilkunde aus", erklärte Väterchen Frost und wandte sich dann an die junge Frau: „Würdest du so nett sein, mein Schneeflöckchen, diesen mutigen jungen Mann von seinen Schmerzen zu befreien – und von der Kugel in seinem Bein?"

Snegurotschka kniete sich neben Wassili, streifte ihre dicken Handschuhe ab und legte die feingliedrigen, schneeweißen Hände auf dessen

Bein. Zuerst fühlte er nur eine wohlige Kälte, die in sein Fleisch ausstrahlte und die Schmerzen betäubte. Dann meinte er ein Ziehen zu verspüren und kurz danach das befreiende Gefühl, wie wenn eine abgebrochene Splitterspitze, die noch Tage nach der Entfernung eines Dorns unter der Haut permanentes Unwohlsein verursacht hat, endlich herausgewachsen ist.

Als sie sich aufrichtete, hielt sie die Kugel zwischen Daumen und Zeigefinger hoch, bevor sie in einem Wirbel aus Schnee verschwand.

„Naja, sehr gesprächig war sie noch nie", lachte Väterchen Frost. „Aber Recht hat sie ja: Unsere Arbeit hier ist getan. Und um es mit deinen Worten zu sagen …" Damit richtete er sich an Oleg. „… Dawai! Und fröhliche Weihnachten!"

Dann verschwand auch er in einem Schneegestöber, das sich gleich darauf ebenfalls in Luft auflöste.

Ungläubig starrten Oleg und Wassili auf den Fleck, wo eben noch die alte Sagengestalt gestanden hatte. Oleg fasste sich zuerst wieder.

„Wie geht es Ihnen, Wassili?", fragte er besorgt. „Können Sie laufen oder soll ich doch einen Krankenwagen rufen."

„Nein, nein, alles gut", erwiderte Wassili, stemmte sich hoch und betastete prüfend sein Bein. „Es fühlt sich noch ein bisschen kalt an, aber es blutet nicht mehr und scheint auch sonst wieder in Ordnung zu sein."

„Worauf warten Sie dann noch?", herrschte Oleg ihn sofort an, bemüht, schnell wieder in seine Rolle als strenger Wachmann zurückzufinden. „Dawai!"

„Ja, ja. Und fröhliche Weihnachten", ergänzte Wassili trocken und beeilte sich, das Labor zu verlassen.

Oleg blieb noch eine Weile kopfschüttelnd stehen. Dann beendete er seinen Rundgang und schrieb schließlich, wie üblich, in sein Protokollheft: „keine besonderen Vorkommnisse". Die erste Lüge in über dreißig Dienstjahren.

Wir warten auf's Christkind

Sabine schlenderte über den Nürnberger Christkindlesmarkt, einen großen, vierkantigen Lebkuchen in der einen Hand, einen Becher mit Glühwein in der anderen. In einer Papiertüte trug sie noch ein Pärchen der traditionellen, aus Dörrpflaumen gefertigten Figuren, in fränkischer Mundart Zwetschgenmännla und Zwetschgenweibla genannt. Der Christkindlesmarkt, einer der größten und ältesten Weihnachtsmärkte weltweit, war ihr durchaus vertraut. Vor drei Jahren war sie von einer Jury zur Repräsentantin des traditionsreichen Marktes gekürt und im vergangenen Jahr, nach Ablauf ihrer zweijährigen Amtszeit, durch eine Nachfolgerin ersetzt worden, eine waschechte Nürnbergerin zwischen 16 und 19 Jahren, so wie sie selbst bei ihrer Wahl. Zweimal hatte sie vom ersten bis zum vierundzwanzigsten Dezember die goldgelockte Perücke, die hohe goldene Krone und das goldglänzende Gewand mit dem Stern auf der Brust getragen. Im Oktober hatte sie ihr Studium der Zahnmedizin in Berlin begonnen und war nun für die Weihnachtstage in ihre Heimatstadt zurückgekehrt. Nach nur knapp drei Monaten in der quirligen Hauptstadt kam sie sich im beschaulichen Oberfranken schon fast wie ein Fremdkörper vor. Vom Weihnachtsmarkt hatte sie sich eine schnelle Rückkehr zu den kuscheligen Erinnerungen ihrer Kindheit erhofft. Die sorgenvollen Gedanken, die sie seit Beginn der Proteste gegen die Wissenschaft plagten, wollten sie aber einfach nicht loslassen.

Mit Politik hatte sie sich nie wirklich beschäftigt. Zwar hatte sie, seit sie volljährig war, regelmäßig brav ihr Kreuzchen bei Kommunal- und überregionalen Wahlen gemacht, sich aber dabei in aller Regel aus dem Bauch heraus entschieden, ohne sich vorher ernsthaft mit den Wahlprogrammen der Parteien oder den Kandidatinnen und Kandidaten befasst zu haben. Sie wusste eben, dass es wichtig war, von dem vor gar nicht einmal so langer Zeit hart erstrittenen demokratischen Mitspracherecht Gebrauch zu machen, aber eigentlich war es ihr ziemlich egal, wer „da oben" gerade die Fäden zog, solange sie nicht das Gefühl hatte, dass die Dinge vollständig aus dem Ruder liefen.

Im Augenblick war sie aber gar nicht mehr so sicher, dass sie nicht genau das gerade taten. Während hier, in der fränkischen Metropole, alles weiter seinen geruhsamen Gang zu gehen schien, pulsierte in Berlin jede Straßenecke im aufgeregten Takt politischer Kundgebungen. Niemand konnte sich dort der Vielfalt von Meinungsäußerungen und mehr oder weniger seriös belegten oder einfach dreist behaupteten Fakten entziehen, und auch für grundsätzlich unpolitische Menschen war es wesentlich leichter, sich einer der zahlreichen Strömungen anzuschließen, als sich ständig auf Diskussionen über ihre undefinierte Position einzulassen.

So hatte auch Sabine ein Stück weit die Tendenz übernommen, sich über das Wirken der Mächtigen zu empören, deren Entscheidungen im Elfenbeinturm sich einer breiten Masse nicht erschlossen, die sich in ihrem täglichen Trott beeinträchtigt und ohnmächtig fühlte, einer Elite ausgeliefert, der man nur allzu leicht Eigeninteressen unterstellen konnte. Und wer wusste schon, wieviel Wahrheit dann doch in den beliebtesten Verschwörungstheorien stecken mochte, seien sie auch noch so überzogen!

Jetzt treibe ich ja schon wieder im Strom der Grübeleien, denen ich doch eigentlich entfliehen wollte, dachte Sabine ärgerlich und blieb kopfschüttelnd stehen. Müde lehnte sie sich an die Seitenwand eines Verkaufsstandes für Marzipanpralinen, der wie eine Blockhütte aussah, und starrte versonnen auf das bunte Treiben.

Ein aufdringliches Klingeln riss sie aus ihren Gedanken. Ihr Telefon machte sie darauf aufmerksam, dass sie soeben eine Textnachricht erhalten hatte. Reflexartig warf sie einen Blick auf die Anzeige. Ein Kommilitone namens Peer hatte ihr einen Aufruf geschickt, sich an einer Petition zu beteiligen, die die Absetzung der Regierung forderte, weil diese insgeheim von außerirdischen Insekten unterwandert worden sei, die angeblich nach der Weltherrschaft strebten.

„So ein Blödsinn“, murmelte Sabine genervt, tippte schnell „Dein Ernst?!“ als Antwort und steckte das Handy weg. Dieser Peer war ja eigentlich ein süßer Typ, aber irgendwie auch ziemlich abgedreht. Studierte Biologie in dritten Semester (seinem Alter nach zu urteilen wahrscheinlich zum wiederholten Mal) und es gab kaum einen Karren, vor den er sich nicht bereitwillig spannen ließ.

Kurze Zeit später klingelte das Telefon wieder. Nicht nur einmal, sondern penetrant in kurzen Abständen. Nach einem schnellen Blick auf das Display seufzte Sabine kurz, nahm den eingehenden Anruf aber dann doch entgegen.

„Was noch, Peer?“, fragte sie unwirsch.

„Hey, Bine“, drang die unbeeindruckt fröhliche Stimme Peers an ihr Ohr, sofort gefolgt von der Gegenfrage: „Was hast du gegen Insekten?“

„Eigentlich nichts“, erwiderte Sabine ausweichend. „Obwohl – mir fiele da schon einiges ein. Aber mal ehrlich: die Weltherrschaft?! Waren das nicht vor Kurzem noch Reptilien?“

„Ach was“, wehrte Peer ab. „Reptiloide sind längst out. Insekten sind viel cooler. Die beherrschen nicht nur die Mimese, sondern auch Mimikry.“

„Mimi – was?“

„Mimikry. Mimese ist Tarnung durch Nachahmen des Hintergrunds. Wie ein Chamäleon, das im Dickicht des Waldes das Farbmuster des Astes imitiert, auf dem es sitzt. Aber sobald es sich aufregt, verfärbt es sich und wird sichtbar. Wie sollte ein Reptiloide seine Tarnung da auf Dauer durchhalten? Aber Mimikry täuscht Feinde durch den Anschein, etwas oder jemand anderes zu sein – wie eine harmlose Schwebfliege, die aussieht wie eine gefährliche Wespe.“

„Und die zwei Beispiele sollen als überzeugende Begründung herhalten, dass wir in Wirklichkeit von Insekten regiert werden? Ein bisschen dünn, oder? Komm, Peer – so durchgeknallt kannst nicht mal du sein, dass du das wirklich glaubst.“

„Nee, natürlich nicht. Aber ein bisschen seltsam ist das schon, was die da treiben, nicht wahr? Und ob Reptiloide oder Insektoide oder sonst irgendwer – wenn wir manipuliert werden, müssen wir uns dagegen wehren. Am Ende kommt dann schon 'raus, was tatsächlich dahintersteckt.“

„Hauptsache, du kannst gegen irgendwas agitieren, richtig?“

„Na, sicher doch. Wir organisieren hier dazu gerade auch eine Demo vor dem Bundestag. Hast du nicht Lust, mitzumischen? Mal was anderes als der altfränkische Weihnachtskitsch.“

„Sicher nicht!“, zischte Sabine. „Erstens mag ich Weihnachten und zweitens bin ich gerade gar nicht in Berlin, sondern zuhause – in Franken!“

„Okay, okay. Da bin ich ja mit Anlauf gleich im doppelten Fettnapf gelandet. Sorry, war nicht böse gemeint.“

„Schon gut“, seufzte Sabine. „Dann bleib du mal weiter der Weltverschwörung auf der Spur und lass mich mit dem paranoiden Quatsch in Ruhe.“

„‘Paranoia heißt nicht, dass es nicht wirklich die ganze Welt auf dich abgesehen hat‘“, zitierte Peer ironisch.

„Der Spruch ist alt …“

„… aber gut. Und richtig. Du kannst so viele Thesen widerlegen, wie du willst. Solange eine übrig bleibt, die du nicht widerlegen kannst, könnte immer noch etwas dran sein. Und wenn es das ist, kriegen wir es 'raus. Wir dürfen nur nicht lockerlassen. Wirst schon sehen."

„Na klar doch!", grummelte Sabine noch, bevor sie auflegte. „Und demnächst glaubst du wohl auch noch an den Weihnachtsmann, was? Vielleicht steckt der ja hinter allem!" Dabei lachte sie trocken.

„Hütet euch vor dem Weihnachtsmann!", krächzte plötzlich eine Stimme neben ihr. „Das ist der Teufel."

Sabine blickte sich um und sah einen bärtigen älteren Mann in abgewetzter Kleidung, der sich in gebückter Haltung auf einen langen, hölzernen Stab stützte. Oben auf dem Stab war ein Pappschild befestigt. Darauf stand mit dicken Pinselstrichen: „Kehrt um! Das Ende ist nah."

„Ich verstehe, alter Mann", sagte sie mitleidig. „Du meinst, der Weihnachtsmann sei teuflisch, weil er für den Kommerz steht und der Glaube an ihn den Blick für die wahre Weihnachtsbotschaft trübt."

„Nein", wehrte der Mann ärgerlich ab. „Ich spreche nicht vom Mammon. Er ist wirklich der leibhaftige Teufel. Glaub mir, ich bin ihm begegnet."

„Wem? – Dem Weihnachtsmann oder dem Teufel?"

„Beiden – in einer Person", seufzte der Mann, und seine Augen ließen weder auf eine Lüge schließen, noch auf einen verwirrten Geist. „Ich war noch jung damals. Und in schlechter Gesellschaft. Wir lungerten in einem Park herum und wollten uns einen groben Scherz mit einem alten Mann im Weihnachtsmannkostüm erlauben. Au weia, hat der es uns aber gegeben! Er hat uns alle aufgemischt, obwohl wir bewaffnet waren und er nur seinen Sack hatte. Er sah wie ein lustiger alter Mann aus, aber als er uns zum Abschied zublinzelte, hat er für einen winzigen Moment sein wahres Gesicht gezeigt. Ich werde diese Augen niemals vergessen!" Der Mann hielt inne. Entsetzen zeichnete sein Gesicht. Er atmete schwer. Dann fuhr er fort: „Kurz darauf haben zwei riesenhafte Kerle nach ihm gesucht, die wirkten auch wie nicht von dieser Welt. Dann verdunkelte sich der Himmel. Die drei lieferten sich eine apokalyptische Schlacht und wir dachten alle, das Ende der Tage sei gekommen. Aber das war es nicht. Alles hat sich einfach in Wohlgefallen aufgelöst und niemand, der dabei war, erinnert sich mehr an etwas anderes als den ersten Schnee. Niemand, der nicht in diese glühenden Augen gesehen hat." Wieder begann er zu zittern. Als er sich beruhigt hatte, schloss er, und dabei schien er gar nicht mehr direkt zu Sabine zu sprechen, sondern seine Botschaft an die ganze Welt richten zu wollen: „Damals war es noch nicht soweit. Aber jetzt ist es da, das Ende der

Welt. Der Jüngste Tag steht kurz bevor. Tut Buße und kehrt um. Bald werden wir alle unserem Schöpfer gegenüberstehen. Oder ... ihm!“

Mit diesen Worten wandte er sich um und humpelte davon. Sabine sah ihm verwirrt nach. Was für ein seltsamer Kerl, dachte sie. Spinner gibt es wohl überall. Aber irgendwie hatten Peers beharrliche Verschwörungstheorien und nun auch noch der verrückte Alte doch ihre Wirkung hinterlassen. Auch wenn sie wusste, dass das alles purer Unsinn war, blieb ein ungutes Gefühl an ihr haften. Vielleicht hatte ja auch das aktuelle Weltuntergangsszenario mit dem Kometen, den es irgendwo da oben gab oder auch nicht, einen realen Hintergrund. Wollten etwa tatsächlich Aliens die Erde auslöschen?

„Weihnachtsmann!“, schimpfte sie verächtlich und versuchte das Wort wie einen schlechten Geschmack auszuspeien.

„An‘s Christkind glaubst du aber schon, oder …?“

Eine fröhliche, jugendliche Stimme riss sie aus ihren trüben Gedanken. Sabine schaute sich um und blickte in zwei leuchtend blaue Augen unter einer lockig goldenen Haarpracht und einer goldenen Krone. Vor ihr stand das Christkind, in voller Montur und mit strahlendem Lächeln.

„Wenn nicht ich, wer dann?“, sagte Sabine mit einem schiefen Grinsen.

Für einen Moment erschien es ihr, als blicke sie in einen Spiegel ihrer eigenen Vergangenheit. Dann wurde ihr klar, dass sie hier offenbar ihrer Nachfolgerin in der Rolle des vorweihnachtlichen Nürnberger Rauschgoldengels gegenüberstand.

Welch ein Zufall!, dachte sie und lächelte nun entspannter, denn angesichts dieses unwahrscheinlichen Zusammentreffens besserte sich augenblicklich ihre Laune. Christkind trifft Christkind.

„Schön, dass du wieder fröhlich bist“, sagte das neue Christkind freundlich. „Das macht dich viel hübscher als die sorgenvolle Miene von eben.“

„Es ist schon ein witziger Zufall, dass ich ausgerechnet dich hier treffe“, sagte Sabine in dem Versuch, ihren plötzlichen Stimmungsumschwung zu erklären.

„Klar“, grinste ihr Gegenüber irritiert. „Wer würde auch auf dem Christkindlesmarkt damit rechnen, dem Christkind zu begegnen?!“

„Ach so, … äh … nein, … öh … das ist natürlich nicht wirklich überraschend“, stotterte Sabine, der erst jetzt die Ironie ihrer Aussage bewusst wurde. Dann fügte sie noch, geheimnisvoll und in Anspielung auf die berühmte Weihnachtsgeschichte von Charles Dickens, hinzu:

„Weißt du, ich bin nämlich gewissermaßen du – oder der Geist der vergangenen Weihnacht."

„Häh?"

„Vor dir war ich hier das Christkind."

„Du?" Die andere kniff die Augen zusammen. „Ach so! Jetzt verstehe ich. In Zivil bist du nicht so leicht zu erkennen. Und von vorweihnachtlicher Stimmung war eben auch zunächst mal wenig zu bemerken."

„Ja", seufzte Sabine. „Irgendwie kommt es mir vor wie ein anderes Leben. Und außerdem sind es stürmische Zeiten – hier vielleicht weniger als anderswo, aber letztlich doch auch. Wenn es passiert, wird es uns alle gleichermaßen treffen."

„Du sprichst von dem Kometen?"

„Wer tut das derzeit nicht?"

„Glaubst du, dass er wirklich kommt?"

„Keine Ahnung. Uns sagt ja niemand was. Oder eigentlich sagen alle was, aber woher soll man wissen, wer davon Recht hat?"

„Oder ob überhaupt irgendwer …"

„Genau! Man kann niemandem trauen."

„Eigentlich schade, so eine Einstellung. Im Grunde wollen doch alle jemandem vertrauen können. Aber dann entscheiden sie sich oft für diejenigen, die am lautesten schreien."

Für einen Moment wurde Sabine nachdenklich. War es das? Hatten die lauten Stimmen der Hauptstadt, die Polarität der Meinungsäußerungen in den sozialen Medien sie taub gemacht für die leisen Töne? Folgte sie den Influencern und Meinungsmachern, weil diese alles Subtile übertönten – oder weil sie vielleicht doch Recht haben könnten? Hatte der Kulturschock im hektischen Berlin sie überrollt und Hals über Kopf mitgerissen oder hatte er sie vielmehr aus einem provinziellen Dornröschenschlaf geweckt? Würde sie sich irgendwann entscheiden müssen oder konnte es ein Miteinander, einen fruchtbaren Austausch, eine Wechselbeziehung aus elektrisierenden Ideen und geerdeter Bodenständigkeit geben? Oder bestand eine Gefahr für sie, über kurz oder lang zwischen den Mahlsteinen von Innovation und Tradition zerrieben zu werden?

„Nein!", sagte sie laut und versuchte, entschieden zu klingen. Dann fiel ihr angesichts der fragenden Blicke ihres Gegenübers auf, dass sie nur ihre eigene Frage beantwortet hatte, während das kostümierte Mädchen ihre heftige Reaktion als Widerspruch gegen ihre im Raum stehende Feststellung deuten musste.

„Entschuldigung", sagte Sabine daher beschwichtigend. „Ich war in Gedanken. Aber trotzdem – wer sagt, dass nicht doch etwas dran ist an den Vorwürfen gegen die Großkopferten? Immerhin steht außer Frage, dass sie uns in Unwissenheit gehalten haben, während sie befürchteten, dass in wenigen Tagen die Welt untergeht."

„… was sich inzwischen schon wieder relativiert hat. Ich gebe zu, es ist alles reichlich unklar, aber die Wissenschaftler scheinen es wohl selbst nicht ganz zu verstehen. Und warum hätten sie die Welt in Aufruhr versetzen sollen, bevor sie eine fundierte Prognose abgeben konnten?"

„Damit nicht die Politiker vorab entscheiden, wer sich in Sicherheit bringen darf und wer nicht?!", entgegnete Sabine provokativ und griff damit einen prominenten Vorwurf auf, der im Netz kursierte.

„Hm, aber du weißt doch gar nicht, ob sie das tun", widersprach die Jüngere nachdenklich. „Und wenn wirklich ein großer Komet auf der Erde aufschlagen sollte, wird sich absolut niemand in Sicherheit bringen können – egal wohin sie sich verkriechen würden. Man muss auch nicht immer gleich allen das Schlimmste unterstellen. Vielleicht sind alle anderen auch einfach nur genauso verunsichert wie wir, während sie versuchen, das Beste für alle zu tun, ohne zu wissen, was das ist."

„Wenn man es so betrachtet, könntest du sogar Recht haben", bekannte Sabine resignierend. „Das würde alles genauso gut erklären wie alle anderen Theorien. Oder besser." (Dabei dachte sie an die Insektoiden.) „Ehrlich, ich glaube, du bist wirklich eine gute Wahl als Christkind. Du weckst den Glauben an das Gute und machst den Menschen Mut." Eigentlich verstand sie gar nicht, weshalb sie sich dazu hatte hinreißen lassen, ihre Gesprächspartnerin zur gemeinsamen Empörung anstacheln zu wollen. Aber letztlich war sie froh, dass diese nicht darauf eingegangen war. „Selbst wenn du wüsstest, dass morgen die Welt untergeht, würdest du wohl heute noch ein Apfelbäumchen pflanzen."

„Wie Martin Luther", lachte das Mädchen im Engelskostüm.

„… der das wohl nie gesagt hat", ergänzte Sabine, die kürzlich eine Abhandlung darüber gelesen hatte, dass der berühmte Ausspruch, der allgemein dem großen Reformator des ausgehenden Mittelalters zugeschrieben wurde, ihm höchstwahrscheinlich erst in der Untergangsstimmung des Zweiten Weltkriegs als trotziger Hoffnungsschimmer von dem hessischen Pfarrer Karl Lotz in den Mund gelegt worden war.

„Aber er hätte es gesagt haben können", beharrte das amtierende Christkindl und lächelte Sabine entwaffnend an. „Wen kümmern schon

Details, wenn es um einen guten Spruch geht? Mit einem weniger bekannten Urheber hätte sich der Satz kaum so weit verbreitet."

„Auch egal", wehrte Sabine ab, die sich endgültig entschieden hatte, hier und heute nicht streiten zu wollen. „Jedenfalls bin ich wirklich froh, dir begegnet zu sein", fügte sie hinzu. „Du hast es geschafft, mich allen Widrigkeiten zum Trotz in Weihnachtsstimmung zu versetzen. Besser hättest du deine Rolle nicht spielen können."

„Ich spiele keine Rolle", sagte die Andere freundlich, aber bestimmt. „Ich bemühe ich mich immer, wirklich das Christkind zu sein, wenn ich dieses Kostüm trage."

In diesem Moment flirrte die Luft, und eine strahlende Erscheinung breitete sich vor ihnen aus.

„Manchmal ist es schön, festzustellen, dass man gar nicht gebraucht wird", vernahmen beide eine Stimme, die aus dem Nirgendwo zu kommen schien. Die Gestalt, die wie ein goldweißes Leuchten vor ihnen schwebte, wirkte wie das unscharfe Spiegelbild der jungen Frau im Christkindlkostüm in einem wabernden Luftwirbel. So hell war sie, dass auch bei dem Versuch, mit zusammen gekniffenen Augen genauer hinzusehen, keine Einzelheiten zu erkennen waren.

„Eigentlich bin ich hierher berufen worden, um jemanden an die weihnachtliche Botschaft zu erinnern, wo sie gerade verloren zu gehen drohte. Aber wie ich sehe, ist das gar nicht mehr nötig. Meine irdische Vertretung hat das souverän übernommen. Nun bleibt mir hier nichts weiter zu tun, als euch beiden von Herzen frohe Weihnachten zu wünschen. Und sorgt euch nicht: Alles wird gut werden."

Nach diesen Worten verlor die leuchtende Erscheinung ihre Substanz und entschwand in das Nichts, aus dem sie materialisiert war.

Die beiden jungen Frauen sahen einander ungläubig an.

„Was war das denn gerade?", fragten sie wie aus einem Mund. Und ebenso unisono beantworteten sie ihre Frage: „Das muss dann wohl das Christkind gewesen sein."

Antipoden

Ein heißer Wind fegte über Harry hinweg. Unaufhörlich, als hätte jemand einen Haartrockner kurzgeschlossen. Aber trocken fühlte es sich nicht an. Der Schweiß brach ihm aus allen Poren. Er wischte sich über die Stirn, um wieder besser sehen zu können, und strich einmal mit der flachen Hand über sein kurzes, krauses Haar, dass die Schweißtropfen herausspritzten, wie wenn man eine Spülbürste ausstreicht.

Wie immer um diese Jahreszeit war es wirklich unerträglich heiß. Die Sonne brannte gnadenlos durch das Ozonloch, und Harry war dankbar für seinen dunklen Teint, der seine Haut zumindest ein wenig vor der gefährlichen UV-Strahlung schützte – besser jedenfalls als seine Frau, deren porzellanfarbene Haut sich augenblicklich krebsrot färbte (roter als ihre lockigen Haare), sobald die Strahlen der australischen Sommersonne sie ungeschützt trafen. Daher wagte Meghan sich auch nie ohne schützende Kleidung oder Sonnencreme mit maximalem Lichtschutzfaktor ins Freie, während Harry gerne auf der Veranda arbeitete, wo es zumindest weniger stickig war als in den gemauerten Räumen ihres kleinen Häuschens am Rande der Vorstadt von Darwin, der Hauptstadt des australischen Northern Territory.

Obwohl aktuell kein Wölkchen den Himmel zierte, schien sich in der Nähe ein heftiges Unwetter zusammen zu brauen, was in den Weihnachtstagen keineswegs ungewöhnlich war.

Weihnachten! An Tagen wie diesem sehnte sich Harry zurück in seine Heimatstadt New York. Und Meghan träumte sicherlich ebenso von London, wo sie geboren und aufgewachsen war. Erinnerungen an verschneite Landschaften erschienen hier ebenso unwirklich wie Träume. Aber immerhin lebte man ja im Land der "Traumzeit", wo Träume die Wirklichkeit der Vergangenheit bestimmten. Aber ob London oder New York – Weihnachten Down Under hatte gänzlich andere Gesetze. Die Festtage fielen in die Jahreszeit des "Build-up", wenn die winterliche Trockenzeit zu Ende geht und die Regenwolken des australischen Sommers sich Tag für Tag stärker formieren und unter glühender Sonne wieder in Nichts auflösen, bis sie irgendwann doch die Oberhand gewinnen und sich in Sturzbächen über das vertrocknete Land ergießen.

"Magst du etwas trinken, Schatz?"

Unbemerkt hatte sich Meghan unter dem regelmäßigen "Flap-Flap" des Ventilators unter dem Balkon oberhalb der Veranda mit zwei Flaschen kühlen Biers genähert und reichte Harry eine davon. Dankbar nahm er sie entgegen, ergriff vorsichtig den Stubby Holder – den isolierenden Neoprenring um den Flaschenbauch, um weder die schmerzhafte Kälte in den Fingern spüren zu müssen, noch den gekühlten Inhalt sofort durch die Wärme seiner Hand auf Körpertemperatur zu bringen.

"Vielen Dank", sagte Harry und nahm gleich einen tiefen Schluck. "Setz dich doch einen Moment zu mir." Dabei klappte er den Laptop zu, an dem er gerade noch ein paar Berechnungen angestellt hatte.

Eigentlich waren Meghan und er Astrophysiker, die einander an der Universität von Sydney begegnet waren, aber inzwischen hatten sie die Hochschule gewechselt und betrieben ihre mathematischen Studien nun im Dienste der Klimaforschung. Im Augenblick allerdings, wo alle Welt sich um die Frage sorgte, ob nun ein Komet in Kürze auf dem Globus einschlagen und der Menschheit ein feuriges Ende bescheren würde wie einige Jahrmillionen zuvor ein anderer den Dinosauriern oder ob alles nur ein Irrtum und die ganze Aufregung ein Sturm im Wasserglas war, nutzten auch sie ihre Berechnungsmodelle, um aus den zuletzt gemeldeten Daten über Position und Geschwindigkeit des Himmelskörpers seinen wahrscheinlichsten Kurs zu berechnen – auch wenn die Messgeräte der Sternwarten ihn inzwischen vollständig aus dem Blickfeld verloren hatten.

Meghan ließ sich Harry gegenüber auf einen weiteren Gartenstuhl am Verandatisch fallen und nahm ebenfalls einen tiefen Schluck aus der zweiten Flasche, die sie für sich selbst mitgebracht hatte.

„Irgendwelche Erkenntnisse?“, fragte sie interessiert, aber offenkundig in Erwartung einer abschlägigen Antwort.

„Nicht mit dem Laptop“, erklärte Harry knapp. „Ich denke, ich konnte den Algorithmus dank deiner Vorschläge noch ein bisschen optimieren, aber für die Berechnungen brauche ich das Rechenzentrum – erst recht, weil der Laptop bei dieser Hitze nur im Schneckentempo läuft. Und das, obwohl der Ventilator auf Volllast rauscht, so dass man meinen könnte, er möchte gleich abheben. Vielleicht sollte ich gleich nochmal zur Uni fahren.“

„Sicher?“, fragte Meghan und blickte skeptisch zum Himmel, wo sich inzwischen vereinzelte Wolken wie kleine Wattebäusche aufzutürmen begannen. „Entweder die feuchte Hitze hält sich für den Rest des Tages oder es gibt bald einen kräftigen Guss. In jedem Fall würde ich da nicht unterwegs sein wollen.“

„Ach was!“, winkte Harry ab. „So oder so – morgen sieht es bestimmt wieder genauso aus … und übermorgen und die nächsten Tage. Aber wenn wir etwas über die Bahn des verschwundenen Kometen herausfinden wollen, bevor er womöglich über unseren Köpfen auftaucht, sollten wir keine Zeit verlieren.“

„Dann tu, was du nicht lassen kannst“, lachte Meghan fröhlich kapitulierend. „Du wirst schon sehen, was du davon hast.“ Doch dann winkte sie ab. „Aber du hast schon Recht. Und ehrlich gesagt, möchte ich auch wissen, was bei den Berechnungen herauskommt."

„Na dann …", sagte Harry und trank sein Bierfläschchen leer. Die wohltuende Kühlung hatte tatsächlich den Schweiß vertrieben. Er klappte den Laptop zu und stand auf. Gerade wollte er sich ins Haus begeben, um den Autoschlüssel zu holen, da warf ihm Meghan etwas Glitzerndes zu. Reflexartig fing er es auf und hielt den Schlüsselbund in der Hand.

„Was …?"

„Als hätte ich es geahnt", feixte Meghan, und ihre roten Locken wippten beim Lachen auf und ab. In solchen Momenten wusste Harry, warum er sich sofort in sie verliebt und keine Ruhe gegeben hatte, bis sie schließlich seinem Werben nachgab. Er wusste, dass sie ihn auch auf Anhieb gemocht hatte, aber zunächst war sie doch eher zögerlich gewesen. Immerhin kamen sie aus unterschiedlichen Welten und trafen einander in einer dritten. Die kühle Britin und der weltmännische Afroamerikaner, beide zu Studienzwecken im australischen „Exil" und beide in der festen Absicht, nach dem Abschluss ihrer akademischen Arbeit wieder nachhause zurückzukehren. Konnte solch einer Verbindung eine dauerhafte Zukunft beschieden sein? Und dann diese ständigen Witzeleien der Kommilitonen und Kollegen über die „Inverted Royals" – das verkehrte Prinzenpaar, in Anlehnung an den britischen Prinzen Harry und seine dunkelhäutige amerikanische Ehefrau Meghan, die sich vom royalen Trubel abgesetzt hatten und ein eigenes Leben aufzubauen versuchten. Die vertauschte Herkunft des namensgleichen Paares und deren Aufenthalt „Down Under" gaben Anlass zu zahllosen Scherzen. Aber statt sie zu entzweien, hatte dies sie nur noch mehr zusammengeschweißt, und letzten Endes davon überzeugt, dass sie nicht mehr voneinander loskommen würden (oder wollten) und in Australien eine neue Heimat gefunden hatten.

Als er den mit groben Steinplatten gepflasterten Weg von der Terrasse zum Tor seines Grundstücks zurückgelegt hatte und in den dort geparkten Geländewagen stieg, war sein gerade getrocknetes Hemd schon wieder komplett durchnässt. Die wenigen Schritte durch die schwüle Hitze hatten genügt, ihn schon wieder in Schweiß zu baden.

Stöhnend dachte er daran, dass die Klimaanlage selbst auf vollen Touren bestimmt den halben Weg zur Uni brauchen würde, um im Wageninneren auf eine erträgliche Temperatur zu kommen, und dass ihn auf dem Weg vom Uniparkplatz bis zu seinem Labor aller Voraussicht nach wieder dasselbe Schicksal ereilen würde, wie jetzt gerade.

Aber es hilft ja nichts, dachte er resignierend und ließ sich in den federnden Sitz fallen. Auf der Fahrt überquerte er mehrere kleine Brücken über ausgetrocknete, flache Senken, neben denen Schilder mit der Aufschrift „Sandy Creek“ aufgestellt waren. Mehr „sandy“ als „Creek“, dachte er grinsend, obwohl er wusste, dass die derzeit reichlich unsinnig erscheinenden Brücken bald wieder einen wichtigen Zweck erfüllen würden, wenn erst die Regenzeit begann, die sich gerade mit dem verzweifelten Aufbäumen vereinzelter Wolkenfetzen unter der Gluthitze der späten Dezembersonne ankündigte.

Harry parkte den Wagen auf dem Unigelände unter einem knorrigen Baum, der immerhin ein klein wenig Schatten spendete. Dass dieser begehrte Platz überhaupt frei war, verdankte er der Tatsache, dass alle sich schon auf die bevorstehenden Feiertage vorbereiteten und nur wer wirklich Dringendes zu erledigen hatte, die Labore oder Büros aufsuchte. Alle Übrigen gaben sich der Vorbereitung großer Familienfeste hin oder waren bereits zu solchen bei Verwandten in anderen Landesteilen abgereist. Hätten Meghan und er ebenfalls Verwandte in Australien gehabt, wären sie wahrscheinlich auch auf dem Weg zu diesen, aber ihre sämtlichen Angehörigen waren über zwei andere Kontinente verstreut, so dass sie auch in diesem Jahr das Weihnachtsfest in trauter Zweisamkeit begehen würden, nichtsdestotrotz aber in unausweichlicher australischer Tradition: mit Girlanden und Papierkrönchen (die sie wieder einmal an ihren königlichen Spitznamen erinnern würden) und einem Weihnachtsbraten (auch wenn gekühlte Salate der Außentemperatur eher angemessen wären).

Kaum hatte er die Autotür hinter sich zugeschlagen, trat ihm erwartungsgemäß schon wieder der Schweiß aus allen Poren. Doch gleich darauf vermeinte er einen kalten Hauch zu spüren, der die Schweißperlen auf seiner Haut für einen winzigen Moment zu Tausenden eisiger Nadeln zu gefrieren schien.

Harry glaubte an eine Halluzination, womöglich gar einen Sonnenstich, doch bevor er sich weitere Gedanken über dieses seltsame Phänomen machen konnte, begann er ernsthaft an seinem Verstand zu zweifeln.

„Ho, ho, ho“, sagte jemand dicht hinter ihm und unterstrich seine Worte zu allem Überfluss noch mit Glockengeläut.

Harry fuhr herum und traute seinen Augen nicht. Ihm gegenüber stand – in der Bruthitze der australischen Sommersonne – eine füllige Gestalt mit dichtem weißem Bart, im roten Anzug aus dickem Filz, mit pelzbesetzten Ärmeln, Kragen und Handschuhen (!) – und mit Bommelmütze, einen prall gefüllten Jutesack auf der Schulter und mit der anderen Hand eine faustgroße Glocke schwingend.

Fast noch mehr als die offensichtliche Immunität der Person, die einem amerikanischen Werbefilm entsprungen zu sein schien, gegen die schweißtreibende Hitze, erstaunte es Harry, dass er selbst in Gegenwart dieses „Santa Claus“ beinahe fröstelte.

„Wie wär‘s mit einer Cola?“, fragte der Bärtige, steckte die Glocke in seinen breiten, schwarzen Gürtel, stellte seinen Sack auf dem Boden ab und zog eine charakteristisch geformte Flasche mit der dunkelbraunen Flüssigkeit hervor, deren gläserner Bauch tatsächlich mit Reif überzogen war. „Schön kühl“, fügte die seltsame Figur unnötigerweise noch hinzu und reichte Harry die Flasche, der sie sprachlos entgegennahm und sie, erschrocken von der plötzlichen Kälte, reflexartig fallen ließ. Aber kaum war sie seinen Fingern entglitten, schoss eine behandschuhte Hand heran und packte sie im Fall mit sicherem Griff.

„Ach ja“, tönte es glucksend durch den dichten Bart, der mit einem Kopfschütteln hin und her wogte, „das hätte ich doch beinahe vergessen. Wo habe ich nur meine Gedanken!“

Dann schnippte der Alte mit dem Daumen den Kronkorken von der Flasche und reichte sie an Harry zurück, der sie diesmal deutlich vorsichtiger entgegennahm.

„Danke“, sagte er verwirrt und nahm einen kühlen Schluck. „Aber was tun Sie eigentlich hier?“

„Ich?“

Der Mann in Rot-Weiß machte ein überraschtes Gesicht und schaute sich um, als meinte er, mit der Frage müsse jemand anderes gemeint sein.

„Ich bin um diese Jahreszeit an vielen Orten unterwegs und hatte plötzlich das Gefühl, Sie könnten gerade jetzt ein kühles Getränk brauchen. Und einen guten Rat.“

„Was für einen Rat?“, fragte Harry misstrauisch, dem die ganze Szene so surreal vorkam, dass er es aufgegeben hatte, sie zu hinterfragen und sich stattdessen einfach darauf einließ. „Und wieso 'gerade jetzt'?"

„Nun ja“, sagte der Alte und wurde plötzlich ernst. „Es könnte sein, dass dir jemand ein unmoralisches Angebot machen wird, mein Freund. Und du solltest gut überlegen, ob du es wirklich annehmen willst. Aber wer bin ich, dir Vorschriften zu machen?! Du wirst schon wissen, was du tust.“

Während Harry noch über die Bedeutung dieser seltsamen Ansprache nachdachte, schulterte der mysteriöse Weihnachtsmann seinen Sack, und schickte sich an, sich zu entfernen. Nach ein paar Schritten wandte er sich noch einmal um und winkte Harry zu.

„Ho, ho, ho, mein Junge!“, rief er aufmunternd. „Und – weil wir uns bis dahin wohl nicht mehr begegnen werden – frohe Weihnachten! Und vergiss nicht: Du kannst dazu beitragen, dass es wirklich für alle frohe Weihnachtstage werden – oder auch nicht.“

Verwirrt kniff Harry die Augen zusammen und schüttelte den Kopf, wie um ein Hirngespinst zu vertreiben. Als er wieder aufblickte, war der seltsame Alte verschwunden. Aber die Colaflasche hielt er immer noch in der Hand.

Auf dem Weg ins Labor wirkte die kühlende Aura, die den Weihnachtsmann umgeben hatte, noch nach (und ein Übriges tat das nach wie vor kalte Getränk), so dass Harry ein weiterer Schweißausbruch erspart blieb. Kaum hatte er sich allerdings am Terminal niedergelassen, das ihn mit dem Rechenzentrum verband, und begonnen, den modifizierten Programmcode einzugeben, da klopfte es an der Labortür.

Nanu, dachte er. Wer ist denn außer mir noch so verrückt, heute hier arbeiten zu wollen?

„Herein“, rief er fahrig und ein wenig verärgert, dass jemand seine nach der seltsamen Begegnung am Auto mühsam wieder gefundene Konzentration nun schon wieder störte. Mit den Füßen stieß er sich an der Wand hinter dem Arbeitstisch ab, so dass er mit seinem Bürostuhl ein Stück zurückrollte und sich dabei halb umdrehte. An diesem Manöver hatte er unzählige Male geübt und war stolz darauf, es inzwischen nahezu perfekt zu beherrschen. Als er exakt der Tür zugewandt war, stoppte er die Bewegung abrupt, indem er beide Füße fest auf dem Boden absetzte. Beim Anblick der Gestalt, die ihm gegenüberstand, verlor er allerdings jede Coolness und starrte mit offenem Mund und ebenso weit offenen Augen auf einen großen, hageren Mann im dreiteiligen schwarzen Anzug, hochgeschlossenem Hemd, einer schmalen, schwarzen Krawatte unter der zugeknöpften Weste und einer absolut undurchsichtigen Sonnenbrille auf einer schmalen, geradezu scharfkantig geraden Nase in einem bleichen, langen Gesicht. Die glänzend schwarz gegelten Haare waren streng zurückgekämmt. In der Hand hielt er einen kantigen Lederkoffer, selbstverständlich ebenso schwarz wie die Kleidung und alles Übrige an dem Besucher – außer seiner fahlen, fast wächsern wirkenden Haut. Dass auch er trotz seiner formell geschlossenen Kleidung offenbar kein bisschen unter der Hitze zu leiden schien, überraschte Harry schon kaum mehr.

„Was wollen Sie denn hier?", fragte er unwirsch und deutlich weniger höflich, als es sonst seine Art war. Aber er war immer noch mitgenommen von seiner Begegnung mit dem Weihnachtsmann und verärgert über die Störung. Außerdem war dieser Fremde ihm auf Anhieb unsympathisch.

„Ihnen helfen", antwortete der Besucher mit einer wohlklingenden Stimme, die irgendwie gar nicht zu seiner übrigen Erscheinung passen wollte, aber immerhin zu erkennen gab, dass er Harry die schroffe Begrüßung nicht übelnahm.

„Mir helfen? Wobei?"

„Bei Ihren Berechnungen natürlich. Sie wollen doch herausfinden, ob und wann und wo der verschwundene Komet wieder auftauchen könnte. Oder?"

„Doch, schon", erwiderte Harry zögernd. „Aber woher wissen Sie das? Und wie sind Sie überhaupt hier hereingekommen?"

„Das ist ein öffentliches Gebäude", sagte der Andere ungerührt. „Und dies hier ist kein Hochsicherheitstrakt. Die Türen waren nicht verschlossen."

„Ja, klar", sagte Harry ärgerlich. „Das weiß ich auch. Aber woher wussten Sie, woran ich arbeite – und dass Sie mich gerade jetzt hier finden würden?" Immerhin hatte er Letzteres bis vor einer Stunde selbst noch nicht gewusst.

„Ich bin in höherem Auftrag unterwegs", antwortete der Besucher geheimnisvoll, als würde das alles erklären. „Und es gehört zu meinem Job, sehr Vieles zu wissen. Zum Beispiel weiß ich, welche Parameter in Ihrer Gleichung fehlen. Und wie Sie ihren Algorithmus anpassen müssen, damit er das richtige Ergebnis liefert."

Damit trat er zu Harry heran, schob dessen Tastatur etwas beiseite und legte den Aktenkoffer daneben. Mit geübtem Griff ließ er beide Schlösser gleichzeitig aufschnappen und klappte den Deckel hoch.

Obwohl er keinerlei Vorstellung davon hatte, wie ihm der seltsame Fremde bei seinen Berechnungen würde helfen können, lugte er diesem interessiert über die Schulter. Wenn er in all den Jahren, die er mit wissenschaftlicher Forschung verbracht hatte, irgendetwas gelernt hatte, dann war das die Erkenntnis, nie vor Überraschungen sicher zu sein, und dass wirklich große Durchbrüche in aller Regel nur dann gelangen, wenn auch unkonventionellen Lösungsansätzen für ein unlösbar erscheinendes Problem eine ehrliche Chance eingeräumt wurde.

Sofern er erwartet hatte, dass sich mit dem Koffer ein integrierter Laptop öffnen und ihm sofort eine simulierte Flugbahn des verschwundenen Kometen präsentieren würde, wurde Harry erneut überrascht. Der Koffer war bis an den Rand hin gefüllt mit Papier, ordentlich sortiert in zwei parallelen Stapeln von Schnellheftern mit bunten Rändern und transparenten Deckeln. Ganz oben auf dem linken Stapel erkannte er sofort einige seiner Formeln und rechts daneben eine modifizierte Version davon, angereichert um einige zusätzliche Parameter, welche die Dimensionalität des zugrundeliegenden Datenraumes zu erhöhen schienen.

„Woher haben Sie …", wollte er verblüfft fragen, doch der Fremde unterbrach ihn, während er die beiden Schnellhefter öffnete und die Blätter mit den Formeln auf dem Tisch ausbreitete.

„Unwichtig", sagte er. „Was Sie wissen müssen, ist nicht das 'woher' oder das 'warum', sondern das 'wie'. Und da die Zeit drängt, sollten Sie mir am besten einfach zuhören. Danach können Sie sich gerne selbst ein Bild machen. Sie sollen mir ja nicht einfach glauben – was Sie wahrscheinlich auch nicht tun würden –, sondern nachvollziehen können, was Ihrem Rechenansatz bisher fehlt. Deswegen habe ich das Ganze auch nicht digital mitgebracht und Ihnen einfach einen USB-Stick zugesteckt, den Sie vermutlich nicht benutzt hätten, ohne ihn zuvor gründlich von Ihren Sicherheitsgurus und Datenforensikern untersuchen zu lassen, sondern erkläre Ihnen jetzt einfach persönlich die relevanten Gleichungen und Parameter."

„Na, dann legen Sie mal los", sagte Harry neugierig. Ganz Wissenschaftler, war es ihm inzwischen egal, woher die Informationen kamen. Wenn sie eine Lösung seines festgefahrenen Problems verhießen, waren sie willkommen.

„Eigentlich", sagte der Fremde lässig, „ist es gar nicht so viel, was wir anpassen müssen. Sie waren der Wahrheit schon dicht auf der Spur."

„Dann war es wirklich ein Wurmloch?", fragte Harry aufgeregt. Er hatte von vornherein vermutet, dass nur eine kurzzeitige Krümmung der Raumzeit das Verschwinden des Kometen erklären könne. Sogenannte „Wurmlöcher" waren schon seit Längerem als mögliche Tunnel durch höherdimensionale Räume im Gespräch, die eine Abkürzung durch das Universum ermöglichen konnten – wie ein Wurm (oder eigentlich eher eine Made – aber hier ging es um Physik und nicht um

Biologie) sich von einer Seite eines Apfels auf die andere frisst. Die rechnerische Möglichkeit solcher „Wurmlöcher" war bereits in Albert Einsteins „Allgemeiner Relativitätstheorie" angelegt, hatte bisher aber noch nie praktisch bewiesen werden können.

„So etwas Ähnliches", korrigierte der Fremde. „In Ihrem Modell krümmt sich die vierdimensionale Raumzeit so zusammen, dass an einem Ort Ihres Universums als Eintrittspforte eine Art Schwarzes Loch entsteht und an einem anderen ein Weißes Loch als Ausgang. Tatsächlich haben wir es mit einem mehrdimensionalen Raum zu tun, in dem zahllose Universen umhertreiben wie Sterne oder Galaxien innerhalb eines einzelnen. Derzeit erleben wir eine Große Konjunktion, bei der mehrere Universen einander so nahe kommen, dass für einen begrenzten Zeitraum Übergänge von einem zum anderen geöffnet werden können. Genau das ist hier geschehen. Ihr Komet ist durch eine dieser Öffnungen in ein anderes Universum getunnelt, wo er nun seinen Weg unbeirrt fortsetzt. Es lässt sich aber berechnen, wann und wo er auf eine weitere Pforte treffen und in Ihr Universum zurückkehren wird. Sehen Sie hier …"

Der Fremde erläuterte Harry geduldig die Modifikationen, die an seinen Gleichungen erforderlich waren, um diese an den multidimensionalen Raum anzupassen und die Flugbahn des Kometen vom Eintrittspunkt durch das fremde Universum bis hin zum Austrittspunkt und seiner Rückkehr in das Raumzeit-Kontinuum, aus dem er gekommen war, zu berechnen. Tatsächlich war es gar nicht so kompliziert, weil die Rechnungen nicht das gesamte Multiversum berücksichtigen mussten, sondern sich weitgehend auf die beiden direkt beteiligten Universen beschränken konnten, nachdem nur aus der Gesamtheit der „Großen Konjunktion" die Kontaktpunkte hergeleitet worden waren.

Obwohl die ganze Situation Harry schon reichlich seltsam vorkam, passte alles so gut zusammen, dass er keinen Moment mehr an der Zuverlässigkeit der Behauptungen des Fremden zweifelte, auch wenn er sich nach wie vor nicht erklären konnte, wie dieser an seine Berechnungsgrundlagen gelangt war und warum er beschlossen hatte, sie ausgerechnet ihm vorzulegen.

Als hätte er seine Gedanken gelesen, wandte sich der blasse Mann im schwarzen Anzug plötzlich zu Harry um und sprach ihn an, nachdem er eine ganze Weile schweigend zugesehen hatte, wie Harry seine Gleichungen angepasst und immer wieder überprüft hatte.

„Wissen Sie“, begann er, „ich beschäftige mich schon lange mit der Multiversumstheorie, und als der Komet von der Bildfläche verschwand, wusste ich, dass dies die Chance ist, meine Berechnungen anzuwenden. Leider bin ich nur ein Hobbyforscher. Niemand würde mir glauben, aber Ihnen schon. Und es ist wichtig, dass die Menschheit rechtzeitig vor ihrem Ende erfährt, was da auf sie zukommt – egal von wem.“

Entschlossen packte er seine Unterlagen zusammen und legte sie wieder sorgfältig zurück in seinen Koffer, den er anschließend mit einem harten Klacken verschloss. Es wirkte irgendwie endgültig, als die beiden Schnappschlösser gleichzeitig einrasteten.

„Keine Zeit zu verlieren“, sagte der Fremde und wandte sich zum Gehen. „Sie haben alles, was Sie brauchen. Werfen Sie Ihre Maschine an, und bald werden Sie sehen, wann und wo der Komet uns wieder beehren wird. Und wenn Sie es wissen, dann sollten Sie die Welt daran teilhaben lassen. Ich habe meinen Teil erfüllt. Jetzt sind Sie an der Reihe.“

Die letzten Worte hatte er schon im Gehen gesprochen, bevor Harry ihn aufhalten konnte. Im Türrahmen des nicht klimatisierten Laborraums, der über die schwüle Hitze der Jahreszeit hinaus zusätzlich von den Desktopcomputern und Computerterminals erhitzt wurde, blieb er noch einmal stehen und dreht sich kurz halb zu Harry um.

„Etwas frisch hier“, stellte er fest und nahm zum ersten Mal die Sonnenbrille ab, um Harry aus kleinen Augen in tiefen Höhlen mit stechendem Blick zuzublinzeln. „Aber was soll‘s! Ich mache mich jetzt wieder auf den Heimweg. Hasta la vista, Baby!“

Mit diesen Worten verschwand er, und Harry starrte mit offenem Mund auf die Tür, nachdem sie hinter der hageren Gestalt ins Schloss gefallen war.

Dann warf er einen schnellen Blick auf die Zeitanzeige auf seinem Telefon. Gut zwei Stunden waren über der Rechnerei mit dem seltsamen Fremden vergangen. Eigentlich hatte er längst wieder auf dem Heimweg sein wollen, aber jetzt musste er unbedingt noch das Ergebnis der modifizierten Berechnungen abwarten. Er rief Meghan an, die aber nicht abnahm. Vielleicht war sie gerade in der Küche oder beim Fernsehen. Manchmal hatte sie die Angewohnheit, ihr Telefon irgendwo kurz abzulegen und es dann später stundenlang zu suchen. Egal! Harry sprach kurz eine Nachricht auf die Mailbox, dass es bei ihm noch eine Weile dauern, er sich aber so sehr wie möglich beeilen würde, wieder zu ihr nach Hause zu kommen.

Fieberhaft wartete er auf das Ergebnis und ging dabei unruhig im Labor auf und ab, auch wenn er dadurch schon wieder ins Schwitzen geriet.

Das war allerdings nicht mit dem Schweißausbruch zu vergleichen, der ihn überkam, als er schließlich das Ergebnis der neuen Berechnungen auf dem Bildschirm aufflammen sah: Sofern sich nicht doch noch irgendwo ein Rechenfehler eingeschlichen hatte (aber daran glaubte er keine Sekunde), würde der Komet knapp jenseits der Mondumlaufbahn wieder in dieses Universum eintreten – mit rasendem Tempo und Kurs auf die Erde, in die er kurz darauf einschlagen und aller Wahrscheinlichkeit nach nahezu alles Leben auslöschen würde!

Was alles irgendwie noch schlimmer machte (und einen Zufall oder Rechenfehler höchst unwahrscheinlich erscheinen ließ), war, dass dies exakt zu Weihnachten geschehen würde. In dem Moment, wo der Komet als aufblitzender neuer Stern am Himmel materialisieren würde, würden die Uhren in Darwin 20:30 Uhr anzeigen. Aber in genau diesem Augenblick würde überall auf der Erde der vierundzwanzigste Dezember geschrieben werden. Von der amerikanischen Bakerinsel im äquatorialen Pazifik, wo der Tag gerade begann, über den Nullmeridian im englischen Greenwich, wo man von dem Aufblitzen zur vollen Mittagsstunde kaum etwas bemerken würde, bis nach Samoa oder Neuseeland, wo die Heilige Nacht unmittelbar vor dem Datumsumsprung zum 25.12. stehen würde. Nur ausgerechnet auf der „Weihnachtsinsel" Kirimati würde wegen einer unregelmäßigen Zeitzone, 14 Stunden über der Greenwich-Mean-Time, der 24.12. schon Geschichte sein – aber den Doomsday-Kometen würde das auch nicht aufhalten.

Harry griff zum Telefonhörer, um seine Kollegen in aller Welt zu benachrichtigen, überlegte noch, wen er zuerst anrufen wolle, doch dann legte er wieder auf. Von fern hatte er vermeint eine Glocke läuten zu hören – ähnlich der des Weihnachtsmannes, dem er auf dem Universitätsparkplatz begegnet war. War das ein Warnsignal? War er soeben im Begriff, dem angekündigten „unmoralischen Angebot" nachzugeben? Er beschloss, alles mit Meghan zu diskutieren, bevor er irgendwelche weiteren Schritte unternahm, die sich nicht mehr zurücknehmen ließen. Schnell packte er all seine Sachen zusammen und machte sich auf den Heimweg.

Unterwegs gingen ihm die beiden so unterschiedlichen Begegnungen nicht aus dem Kopf. Um diese Jahreszeit einen als Santa Claus verkleideten Menschen zu treffen, war nicht absolut ungewöhnlich. Manch ein fröhlicher Geselle machte sich einen Spaß daraus, im australischen

Hochsommer den klassischen Weihnachtsmann zu geben und war dafür sogar bereit, in einem angemessenen Kostüm der brütenden Hitze zu trotzen. Dass dieses Kostüm allerdings tatsächlich mit Pelz gefüttert zu sein schien und dem Mann mit Zipfelmütze und Vollbart nicht ein einziger Schweißtropfen auf der Stirn gestanden hatte, konnte Harry sich aber dennoch nicht erklären. Und dann das seltsame Läuten, als er eben im Begriff war, der Empfehlung des anderen, nicht weniger befremdlichen und anscheinend mindestens ebenso hitzeunempfindlichen, Besuchers nachzukommen und die Entdeckung, zu der dieser ihm verholfen hatte, in die Welt zu tragen!

Harry bezweifelte, dass Meghan sich darauf einen Reim würde machen können, hoffte aber trotzdem auf ihren Rat, was denn nun zu tun sei.

Er bog in die Hofeinfahrt ein und stellte den Motor ab. Während der wenigen Schritte zur Haustür machte die Abendsonne schon wieder das kühlende Werk der Klimaanlage im Auto zunichte.

Bevor Harry den Schlüssel ins Schloss stecken konnte, schwang bereits die Tür auf, und Meghan lachte ihm freudestrahlend entgegen.

„Schön, dass du da bist, Schatz. Du kommst nie darauf, wer zu Besuch gekommen ist …"

„Sag' jetzt bloß nicht: der Weihnachtsmann", stöhnte Harry. Sein Bedarf an unerwarteten Begegnungen war für den heutigen Tag definitiv gedeckt, und er hatte erwartet, sofort in Ruhe mit Meghan sprechen zu können. Ein unangekündigter Besucher machte ihm da einen dicken Strich durch die Rechnung.

„Doch – genau der", sagte Meghan, sichtlich baff und ein wenig enttäuscht, dass Harry die Natur ihres Gastes so schnell erraten hatte. „Jedenfalls die britische Version davon: Father Christmas."

„Na, der hat mir jetzt gerade noch gefehlt", ächzte Harry ergeben, fasste sich aber sofort, denn er bedauerte, Meghan den Spaß verdorben zu haben. „Dann lass ihn doch mal sehen, deinen 'Father Christmas'."

„Tadaaa!", krächzte es von der Seite, als eine Gestalt um die Ecke torkelte, die tatsächlich genau der Beschreibung des traditionellen britischen Weihnachtselfen entsprach: ein kauziger alter Mann mit zerzaustem Bart, in dem sich weiße und graue Strähnen abwechselten und einander durchdrangen, gekleidet in ein Gewand aus dickem grünem Filz. Um den Hals hing ein Kranz aus Stechpalmen, und auf dem Rücken, gehalten von zwei groben Stricken über den Schultern, trug er einen Holzklotz – den Yule log – als Feuerholz-Reserve für kalte Winternächte.

Ausgerechnet hier mehr als überflüssig, dachte Harry, obwohl ihn auf einmal tatsächlich ein Frösteln überkam, das er sich auch mit dem Anblick des weihnachtlichen Gastes nicht erklären konnte, erschien dieser doch überaus skurril, aber kein bisschen furchteinflößend. Es konnte sich also nicht um ein Gruseln handeln, und kalt war es nun wirklich nicht – oder etwa doch? Harry konnte sich eines erneuten Zitterns nicht erwehren. Mit der Anwesenheit des Fremden schien die Temperatur im Raum drastisch gesunken zu sein. Vielleicht nicht wirklich in die Nähe des Gefrierpunkts, aber in jedem Fall deutlich tiefer, als es sich gerade noch angefühlt hatte und für die Jahres- und Tageszeit normal gewesen wäre.

Aber was ist heute schon normal, dachte er resignierend und beobachtete fasziniert, wie der Alte eine mit einer nach Apfel und Zimt duftenden Flüssigkeit gefüllte Schale auf der flachen Hand balancierte, bisher ohne etwas zu verschütten, obwohl der Inhalt bei jedem seiner schwankenden Schritte bedrohlich bis an den Rand schwappte.

„Schön, dass du da bist, Jungchen“, lallte der Alte und nahm einen schwungvollen Schluck aus der Schale. „Wir haben ja ganz schön lange auf dich warten müssen … hicks! Wenn du etwas früher heimgekommen wärst, dann wäre ich jetzt um einiges nüchterner, aber was blieb mir denn anderes übrig, als abzuwarten und Tee zu trinken – oder eben meinen Gewürz-Cidre aus der Wassail bowl.“ Er hielt kurz inne. „Nichts für ungut, Mylady“, sagte er dann mit einer angedeuteten Verbeugung in Meghans Richtung. „Nicht, dass ich Eure Gesellschaft nicht genossen hätte …“

Harry winkte ärgerlich ab. Er hatte ein wichtiges Problem zu lösen und dafür wenig Zeit zur Verfügung. Was er dazu dringend brauchte, war ein konzentriertes Gespräch mit Meghan und vor allem Ruhe! Keinesfalls half dabei jedenfalls ein ungebetener britischer Weihnachtskobold, auch wenn dieser sich trotz seines angetrunkenen Zustands ein gewisses Maß an Höflichkeit bewahrt hatte.

„Nun“, sagte er also und bemühte sich, dabei trotz seiner Anspannung ebenfalls höflich zu bleiben, „dann denke ich aber, dass Sie jetzt unsere Gastfreundschaft lange genug in Anspruch genommen haben, und darf Sie bitten, uns nun allein zu lassen. Ich habe nämlich etwas Wichtiges mit meiner Frau zu besprechen, das keinen Aufschub duldet. Ich wünsche noch einen schönen Tag und – da wir uns inzwischen vermutlich nicht noch einmal begegnen werden – fröhliche Weihnachten.“

„Sorry“, sagte der Alte und hob beschwichtigend die Hand. „Nichts für ungut. Ich erkenne ein 'Geh mit Gott – aber geh!', wenn ich es höre.

Ich denke allerdings, dass ich bei dem Problem, dass ihr besprechen wollt, vielleicht doch ein wenig behilflich sein könnte."

„Und woher wollen Sie nun gerade wissen, welches Problem wir haben?" Allmählich riss Harry der Geduldsfaden. Seine Nerven waren an diesem Tag nun wahrhaftig schon genug strapaziert worden.

„Nun", erwiderte der Alte ruhig, und Harry bemerkte, dass er mit einem Mal nicht mehr lallte. „zum einen gehört es zur Jobbeschreibung, dass der Weihnachtsmann nun mal so ziemlich alles weiß, und zum anderen bin ich genau deshalb hierher geschickt worden: Um euch beratend zur Seite zu stehen, bevor jemand eine große Dummheit begeht, weil er sich von den falschen Leuten dazu hat anstacheln lassen."

„Und die wäre ...?", fragte Harry, dem es nur noch mit Mühe gelang, die Contenance zu wahren.

„Die wäre: jetzt eine weltweite Massenpanik herauf zu beschwören, weil alle erwarten, dass ihnen in Kürze buchstäblich der Himmel auf den Kopf fallen wird. Ich gehe jede Wette ein, dass dich gerade jemand mit Daten gefüttert hat, die du in deine große Rechenmaschine eingeben solltest, und dass die ein ziemlich beängstigendes Ergebnis ausgespuckt hat, nämlich dass irgendwann in den nächsten Tagen der Weihnachtsstern aus dem Nichts wieder auftauchen wird, und das so nah, dass kein Beschuss von der Erde aus ihn vor dem unweigerlichen Aufschlag wird vom Kurs abbringen können. Stimmt's oder habe ich Recht?"

Harry nickte stumm. Vor Verblüffung war ihm die Kinnlade heruntergefallen, und nun stand er mit offenem Mund da und war buchstäblich sprachlos.

„Und ich wette weiter", fuhr der Alte fort, „dass wer immer dir diesen wissenschaftlichen Durchbruch bescherte, dir nahegelegt hat, die Nachricht eiligst über den Planeten zu verbreiten."

Harry nickte wieder.

„Aber weißt du, was dann geschehen wird? – Ich sag's dir: Auf der gesamten Erde wird das Chaos ausbrechen. Alle werden wie aufgescheuchte Hühner herumrennen und -gackern, und vergessen lassen, warum ihr eure Art 'Homo sapiens' nennt – der 'verständige Mensch'. Im allgemeinen Gewühl werden schlimme Dinge passieren – wie bei einer Großveranstaltung, wenn irgendwo die Kontrolle verloren geht und durch das Hals-über-Kopf-Flüchten ohne Sinn und Verstand oder Rücksicht mehr Schaden angerichtet wird, als wenn alle geordnet den Ausgängen zustreben würden – nur eben weltweit. Das kannst du ..." (Er unterbrach sich und blickte kurz auch Meghan an, die ihn ebenso verständnislos anstarrte wie Harry.) „… könnt ihr … doch nicht wirklich wollen – oder?“

Beide schüttelten den Kopf.

„Aber genau das wird passieren, wenn ihr jetzt eure Kolleginnen und Kollegen anruft – oder, schlimmer noch – eure Vorgesetzten und Politiker. Manche mögen denken: Was soll‘s, wenn kurz danach sowieso alles vorbei ist! Aber im Angstrausch werden einige zuvor ihre Seele verlieren, wenn es uns – das heißt: mir und meinen Kolleginnen und Kollegen – nicht gelingt, das Ganze zu stoppen. Und selbst wenn es uns gelingt, wird bis dahin ein ziemlicher, kaum wieder gut zu machender, Schaden entstanden sein.“

Der Alte ließ Harry und Meghan nur kurz Zeit zum Nachdenken, während er sich aufgeregt das verfilzte Gestrüpp in seinem Gesicht zauste. Dann schloss er: „Bei meinem Bart – ich will euch ja zu nichts drängen. (Das machen ja eher die anderen.) Ich meine: freier Wille und so … Aber zumindest solltet ihr gut bedenken, was ihr tut, bevor ihr entscheidet, wem ihr was sagen wollt. Mir allerdings solltest du – Dr. Harry Winter – am besten gleich Zeit und Ort der Rückkehr des Kometen nennen, denn während ihr leider wirklich nichts mehr tun könnt, um die Katastrophe zu verhindern, haben meine Kumpels und ich vielleicht wirklich noch eine Chance.“

„Na, meinetwegen“ stotterte Harry und kramte aus seiner Aktentasche einen Ausdruck hervor, auf dem er die wichtigsten Ergebnisse zusammengefasst hatte. Wortlos reichte er ihn dem seltsamen Gast, von dem er sich nur noch wünschte, dass er möglichst schnell verschwinden möge. Der warf einen kurzen Blick darauf, nickte knapp und raffte dann schnell seine Utensilien zusammen, bevor er sich hastig verabschiedete und der Haustür zustrebte. In der offenen Tür blieb er noch einmal kurz stehen, drehte sich den beiden zu, die – Arm in Arm – wortlos inmitten des Zimmers standen.

„Ma‘am, Sir ...“, sagte der grüne Kobold mit einem freundlichen Lächeln und heftete einen Mistelzweig an den Türrahmen. „Vielen Dank für Gastfreundschaft und Hilfe. Ich bin sicher, ihr werdet auch künftig die richtige Entscheidung treffen. Und wenn ihr einmal in stürmisches Fahrwasser geraten solltet, dann küsst euch hier unter diesem Zweig, und zumindest zwischen euch wird alles gut werden. So long, and thanks for all the fish!“

Mit diesen Worten lupfte er kurz seine Mütze, dann war er verschwunden.

„Was war denn das nun?“, fragte Meghan nach einer Weile. „Ich meine, der Typ war ja schon seltsam, als er ankam, aber irgendwie sympathisch und Vertrauen erweckend. Dass er zum Schluss noch Douglas Adams zitiert hat, macht seine Weltuntergangsprophezeiung allerdings auch nicht weniger beängstigend. Aber was hat er da von dem Kometen erzählt und woher wusste er, was du gerade ausgerechnet hattest, und warum …?“

„Schhhh ...“, sagte Harry leise und legte ihr einen Finger auf die Lippen. „Ich erklär‘s dir gleich alles in Ruhe. Jetzt gehe ich uns jetzt erst einmal ein kaltes Bier holen, dann setzen wir uns auf die Veranda und ich erzähle dir vom seltsamsten Tag meines Lebens und von drei coolen Jungs, denen ich heute begegnet bin. Ich glaube nicht, dass wir das alles jemals wirklich verstehen werden, aber gemeinsam werden wir sicher eine gute Entscheidung finden, wie wir weiter damit umgehen.“

Auf dem Weg zum Kühlschrank fiel ihm auf, dass er wieder zu schwitzen begann, und er fragte sich zweifelnd, ob es an der Aufregung lag oder daran, dass es in Gegenwart der Fremden tatsächlich deutlich kühler gewesen war.

Später saßen sie noch lange beisammen und beratschlagten, wie sie mit dem Wissen um den baldigen Weltuntergang umgehen sollten:

War es nicht geradezu ihre Pflicht, die Menschheit von dem bevorstehenden Ende zu unterrichten, wie es der bleiche Mann mit dem Koffer gefordert hatte, dem sie die Kenntnis von dem bevorstehenden Ereignis überhaupt verdankten?

Oder sollten sie auf die beiden Weihnachtsmänner – den amerikanischen und den britischen – hören und die Menschen in barmherziger Unwissenheit belassen, so dass das Ende ohne vorherige Panik und Verzweiflung über sie kommen würde? Immerhin hatte Father Christmas ja auch in Aussicht gestellt, dass die himmlischen Wesen sich des Problems selbst annehmen und es womöglich noch rechtzeitig beheben würden, so dass ein Verschweigen der neuen Erkenntnisse nur einer grundlosen Massenpanik vorbeugen würde.

Andererseits erinnerten sie sich des alten Sprichwortes: „Hilf dir selbst, dann hilft dir Gott.“ Bei allem Vertrauen in Höhere Mächte konnte es vielleicht auch nicht schaden, zumindest diejenigen Personen zu informieren, die vielleicht doch noch etwas bewirken konnten, um wenigstens einige wenige Menschen zu retten – beispielsweise in alten Atombunkern. Oder die doch eine Möglichkeit finden mochten, den Kometen gerade genügend abzulenken, um die Katastrophe – wenn nicht zu verhindern – so doch zumindest in ihren Auswirkungen ein wenig abzumildern. Immerhin war es der DART -Mission erst kürzlich gelungen, einen Asteroiden vom Ausmaß eines Fußballfeldes durch den Aufschlag einer kühlschrankgroßen Sonde geringfügig aus der Bahn um seinen größeren Begleiter abzulenken – stärker als die NASA-Wissenschaftler zu hoffen gewagt hatten, als sie das Geschoss 10 Monate zuvor auf seine über 10 Millionen Kilometer lange Reise geschickt hatten. Allerdings würde der gut dreimal größere Komet nach Harrys Berechnungen in weniger als drei Tagen etwa 20-mal näher an der Erde materialisieren und somit kaum Zeit für eine effektive Reaktion bleiben. Aber sollte man es nicht dennoch wenigstens versuchen?

„Ich habe noch einen guten alten Bekannten bei der NASA", fiel Harry schließlich ein. „Der war immer ein sehr verantwortungsvoller Mensch. Ich denke, ich sollte ihn jetzt mal anrufen. Ich hoffe nur, er hält mich nicht für komplett durchgeknallt …"

Meghan nickte zustimmend und reichte ihm das Telefon.

„Aber im Sinne der Glaubwürdigkeit solltest du die Weihnachtsmänner vielleicht besser nicht erwähnen", sagte sie noch.

13.

Während die internen Telefonleitungen der NASA heiß liefen über der Diskussion, ob die zwar mathematisch plausiblen, aber nichtsdestotrotz unglaublichen Berechnungen eines australischen Ex-Astrophysikers das sofortige Anlaufen des Sonderprogramms „Planetary Defense" rechtfertigten und wie man dieses – sollte man sich dafür entschließen – vor der Öffentlichkeit möglichst lange würde geheim halten können, wurden diese Berechnungen anderswo keineswegs infrage gestellt.

„Jetzt wissen wir endlich, wann und wo genau wir ansetzen müssen", frohlockte Santan, als er den Bericht der beiden weihnachtlichen Kollegen vernommen hatte, die nach Australien geschickt worden waren, um dort dem teuflischen Treiben der verbliebenen Höllenfürsten aus anderen Universen entgegen zu wirken.

„Damit wird es Zeit, Baal endgültig wieder nach Hause zu schicken", sagte er und rieb sich die Hände. „Es wird mir ein besonderes Vergnügen sein, ihn mir vorzuknöpfen, bevor ich mich dann zu Weihnachten um Ahriman kümmern werde."

„Sollte Baal nicht jemand anderes übernehmen?", warf der Trelf ein, dem Untätigkeit ein Gräuel war und der außerdem eine Gelegenheit sah, auch seine kriegerischen Fähigkeiten wieder einmal einzusetzen. Immerhin hatten die nun schon eine ganze Weile brach gelegen, seit er offiziell zum Weihnachtsmann befördert worden war.

„Nein, nein“, widersprach Santan. „Um den muss ich mich schon persönlich kümmern. Erstens hat er schon mehr als genug Unruhe gestiftet und zweitens ist er immerhin mein Gegenstück aus einer anderen Welt und damit sogar für dich wohl eine Nummer zu groß.“

„Du erinnerst dich aber schon, wer dir damals den Schlitten geklaut hat …?“ stichelte der Trelf.

„Durchaus“, räumte Santan säuerlich ein, „ich weiß, dass du mich da einmal übertölpelt hast, aber hier geht es nicht um einen kurzfristigen Überraschungserfolg, sondern darum, einen Dämonenfürsten ein für alle Mal in seine Heimatdimension zurück zu befördern. Und das ist nun einmal meine Aufgabe. Basta!“

Santans grimmige Miene ließ keinen Widerspruch zu.

„Und außerdem“, fügte er etwas versöhnlicher hinzu, „ist das ein gutes Sparring vor dem Showdown mit Ahriman. Denn der ist nochmal ein anderes Kaliber.“

Dann schoss mit einem lauten „Ploff“ Luft in das Vakuum, das dort entstanden war, wo noch einen Augenblick zuvor Santan gesessen hatte.

Baal fuhr entsetzt zusammen, als Luzifer neben ihm materialisierte.

„Ich hatte geglaubt, dir hinlänglich zu verstehen gegeben zu haben, dass du hier nicht erwünscht bist“, sagte der Herr der Hölle drohend. „Aber da du das offenbar nicht richtig verstanden hast, muss ich es dir wohl noch etwas deutlicher machen.“

Baal schien ein Stück zu schrumpfen, richtete sich aber dann doch trotzig wieder auf.

„Ich bin dir gleichgestellt“, schnappte sein mittlerer Kopf. „Herr der Hölle hier gegen Herr der Hölle anderswo. Du machst mir keine Angst.“

„Soso“, lächelte Luzifer böse. „Du vergisst allerdings, wo du dich befindest. Bei dir zuhause magst du ja eine große Nummer sein, aber in dieser Welt bin ich die oberste Instanz in Sachen Bosheit. Du bist hier nur ein ausgemusterter Götze, den schon seit Tausenden von Jahren niemand mehr ernst nimmt. Und wenn du dich nicht augenblicklich aus dem Staub machst, verwandle ich dich in solchen und zerstreue dich in alle Winde. Dann kannst du zusehen, wie du dich wieder komplett zusammenfindest und zusammen halten kannst, um rechtzeitig und vollständig in dein Universum zurückzukehren, bevor die Große Konjunktion die Pforte wieder schließt."

Baals sechs Augen weiteten sich. An das sich bald wieder schließende Zeitfenster für die Rückkehr in seine eigene Welt hatte er gar nicht mehr gedacht.

„Die Frage ist", grollte Luzifer drohend, „ob du hier überwintern willst – und der Winter kann in dieser Welt sehr kalt und schneereich sein – oder ob du nicht doch lieber wieder nachhause zurückkehrst, wo du den dicken Macker spielen kannst, statt hier von mir Prügel zu beziehen."

Baal überlegte kurz und angestrengt. Er zitterte, teils vor Wut, teils aber auch vor Angst. Zwar war er unsicher, ob Luzifer wirklich in seiner Welt so viel stärker war als er, aber selbst im günstigsten Fall würde der hiesige Teufel mit dem Heimvorteil ihn gewiss zumindest so lange aufhalten, dass seine Rückkehr ins eigene Universum hochgradig gefährdet war. Selbst wenn er aus einer Konfrontation mit Luzifer siegreich hervorginge (woran er doch ernsthaft zweifelte), würde er sich anschließend gegen dessen bisherige Untergebene seinen Platz an der Spitze der Hölle mühsam und schmerzhaft erkämpfen müssen, während dieser Platz in seinem eigenen Universum unangefochten auf ihn wartete. Und sollte er unterliegen …

Baal wollte diesen Gedanken nicht weiterverfolgen und beschloss, dass selbst die günstigsten Aussichten hier den Aufwand und das Risiko nicht wert seien.

Um wenigstens ansatzweise seine Gesichter zu wahren, rief er Luzifer noch zu: „Dann behalte doch deine popelige Hölle, in der es mir sowieso viel zu frostig wäre!" Dann wandte er sich ab und verschwand auf Nimmerwiedersehen.

„Das wäre schon mal geschafft", stellte Luzifer zufrieden fest. „Leider wird Ahriman nicht so leicht zu beeindrucken sein. Aber sonst wäre es ja auch viel zu langweilig."

*

Etwa 450 Millionen Kilometer von der Erde entfernt zog der Mond ruhig seine Bahn wie schon seit vier Milliarden Jahren – nun ja, vielleicht nicht ganz so wie unmittelbar nach seiner Entstehung aus glühenden Trümmerstücken nach der Kollision zweier Proto-Planeten, als er seine Bahn um die junge Erde noch finden und stabilisieren musste, aber immerhin doch schon für ziemlich lange Zeit. Zwar entfernte der Trabant sich kontinuierlich ganz allmählich von seinem größeren Gegenstück, aber bis sich die immer weiter werdende Bahn so stark vergrößert haben würde, dass er die Umlaufbahn verlassen und auf Nimmerwiedersehen in den Tiefen des Weltalls verschwinden würde, mochte es noch einige weitere Milliarden Jahre dauern, in denen er im trauten Einklang mit der Erde seine Kreise um diese, sich selbst und um die Sonne ziehen würde.

Es sei denn, inzwischen geschähe etwas Unvorhergesehenes. Und genau solch ein Ereignis konnte kurz bevorstehen.

Nicht allzu weit vom Mond entfernt, im Schatten seiner „dunklen" – das heißt der Sonne abgewandten – Seite, harrte eine noch dunklere Präsenz der Ankunft eines Objektes aus einer anderen Welt. Eigentlich ja nicht, korrigierte sich Ahriman und hätte boshaft gelächelt, wenn er in seiner derzeitigen Gestalt über ein Gesicht verfügt hätte. Er wird nur bald von einem kleinen – wenn auch erzwungenen – Ausflug zurückkehren.

„Wartest du auf's Christkind?"

Die Stimme in seinem Geist riss Ahriman aus seinen finsteren Gedanken.

„So könnte man sagen", antwortete er, halb überrascht und halb belustigt. „Aber der Weihnachtsmann tut's auch. In jedem Fall gibt es eine schöne Bescherung."

„Mir scheint, dass wir von diesem Begriff nicht dieselbe Auffassung haben."

„Unsere Auffassungen gehen in manchen Angelegenheiten auseinander. Das war nicht immer so, aber derzeit wohl mehr denn je. Was tust du überhaupt hier? Du solltest nicht hier sein!"

„Und du erst recht nicht. Dies ist nicht deine Welt."

„Ich meine: Ich hatte gehofft, hier in aller Ruhe abwarten zu können, ohne von dir oder sonst wem gestört zu werden. Du solltest nicht wissen, wann und wo – und dass überhaupt – der Komet wieder auftaucht."

„Dann hättest du es auch dem australischen Forscher vorenthalten sollen. Warum wolltest du überhaupt die Menschen warnen?"

„Ein bisschen Panik vor dem unausweichlichen Verderben hat noch nie geschadet. Aber das musstet ihr mir ja verderben – du und deine Helfer."

„Es hat mir schon immer Spaß gemacht, jemandem mit großen Plänen in die Suppe zu spucken. Hattest du geglaubt, ich sehe tatenlos zu, wie du in meinem Universum die gesamte Menschheit auslöschst? Wer soll dann noch den Teufel fürchten und trotzdem mit diversen Missetaten das Höllenfeuer anheizen?"

„Du willst meinen Kometen des Jüngsten Gerichts aufhalten. Natürlich muss dir klar sein, dass ich das nicht zulassen kann."

„Warum eigentlich nicht? Du hattest deinen Spaß und könntest jetzt wieder in aller Ruhe in dein Universum zurückkehren. Dort wundert man sich sicher schon, wo du bleibst, während du hier längst in Vergessenheit geraten bist. In der Geschichte der Menschheit bist du zwar älter als ich, aber zumindest in diesem Universum erinnert man sich deiner kaum noch, während ich in den Gedanken der Menschen fast so allgegenwärtig bin, wie unser gemeinsamer Gegenspieler es gerne wäre."

„Nicht mehr lange …"

„Aber was hättest du davon? Bald schließen sich die Pforten der großen Konjunktion, und wenn du den letzten Bus nachhause verpasst, wird es hier in einer Welt ohne Menschen auch für dich ziemlich einsam sein."

„Anscheinend hast auch du schon vergessen, wofür ich eigentlich stehe. Es geht mir nicht ums Herrschen oder um Verehrung oder sündiges Vergnügen, sondern um die Auslöschung allen Seins. Ich bin das nihilistische Prinzip – das Nichts, die totale Finsternis."

„Finsternis ist nur die Abwesenheit von Licht", sagte Luzifer bestimmt. „Und ich bringe das Licht."

„Dann ist es an der Zeit für dich, zu lernen, dass Dunkelheit nicht nur die Abwesenheit von Licht ist, sondern ein Antipol, der auch alles Helle verschlingen kann."

„Armageddon – schon wieder einmal", lachte Luzifer rau auf. „Nur diesmal nicht zwischen Gottes Armee und meiner, sondern zwischen zwei unterschiedlichen Manifestationen meiner selbst. Wer hätte gedacht, dass ich auf meine alten Tage noch einmal für das Gute streiten würde?! Aber sei's d'rum! Dann lass es uns hier und jetzt austragen."

Neben Ahriman flammte ein Lichtpunkt auf. Erst winzig, schwoll er in kürzester Zeit zu gleißendem Leuchten an – wie eine kleine Sonne hinter dem Mond, die dessen eigentlich gerade im Dunkel liegende Hälfte so hell erstrahlen ließ, als solle sie nun alles an Leuchtkraft nachholen, was ihr gerade von der echten Sonne vorenthalten wurde. Die Ausläufer von Luzifers Leuchtfeuer leckten nach der Schwärze von Ahrimans Präsenz, doch an der Grenze zwischen Hell und Dunkel begannen sie zu verblassen, scheinbar aufgesogen von etwas, das tatsächlich dunkler war als das Nichts – ein Anti-Schwarz, das sich dem weißen Strahlen Luzifers nicht etwa entgegenstemmte, sondern es in sich aufnahm und ins Gegenteil zu verkehren schien.

Für eine Weile rangen Licht und Dunkel stumm miteinander, ohne dass eine Seite einen klaren Vorteil erringen konnte. Auch wenn das ständige Erneuern seiner Lichtausbrüche Luzifers Kraftreserven angriff, schien das Kompensieren derselben seinen Widersacher gleichermaßen Kraft zu kosten. Doch das zähe, ergebnislose Ringen spielte Ahriman in die Hände, denn wenn Luzifer in dem Moment, wo der Komet durch das Weltenportal dringen würde, noch immer im Zweikampf mit ihm gebunden sein würde, wäre er nicht in der Lage, den Einschlag des interplanetaren (und inzwischen gar auch interdimensionalen) Geschosses auf der Erde zu verhindern.

Während hinter dem Mond und damit unsichtbar für alle Menschen auf der Erde ein erbitterter Kampf um deren Existenz tobte, liefen bei diesen die letzten Vorbereitungen zum Weihnachtsfest auf Hochtouren. Aber nicht bei allen herrschte der Jahreszeit angemessen besinnliche und fröhliche Stimmung.

„Ich hab' da ein ganz mieses Gefühl", sagte Gottfried, als er, auf einer Trittleiter balancierend, den Stern auf die Spitze des Weihnachtsbaums zu stecken versuchte.

„Bloß weil diesmal immer noch kein Schnee gefallen ist?", spöttelte Petra, während sie die Leiter festhielt. „Bloß weil es draußen nicht weiß ist, muss man doch drinnen nicht schwarzsehen."

„Nein, das ist es nicht", sagte Gottfried angestrengt. „Oder vielleicht doch. Irgendwie ist es schon ein böses Omen. Und die Sache mit dem Weihnachtsstern, der aus dem Nichts aufgetaucht und in selbiges wieder verschwunden ist. Und die seltsame Stimmung, die alle befallen hat? – Ich sage dir, irgendwas stimmt da ganz und gar nicht. Wenn das mal kein böses Ende nimmt …"

„Miesepeter! Jetzt bemühe dich lieber mal, ein bisschen Weihnachtsstimmung zu verbreiten – zumindest für die Kinder."

„Genau!", bekräftigte Jonathan. „Ich fänd's schön, wenn mein Stern an Weihnachten wieder leuchten würde."

„Und der Schnee kommt bestimmt auch noch rechtzeitig", setzte Marie hinzu. „Das tut er immer."

„Dein Wort in Gottes Ohr", seufzte Gottfried auf der Leiter.

„Gute Idee", meinte Petra versöhnlich. „Wisst ihr was: Ihr könntet Papa jetzt einfach mal in Ruhe den Baum fertig schmücken lassen und in der Zwischenzeit ein kleines Gebet zu seinem Freund, dem Weihnachtsmann, schicken. Vielleicht braucht der ja auch etwas Aufmunterung in diesen angespannten Zeiten."

*

Derweil rang Luzifer nicht nur weiter ergebnislos mit seinem Gegner, sondern zugleich auch mit wachsender Verzweiflung in der Erkenntnis, dass die Zeit gegen ihn arbeitete und der Heimvorteil, auf den er sich Baal gegenüber so großspurig berufen hatte, ihm zumindest gegen Ahriman keinen erkennbaren Vorteil zu verschaffen schien.

Plötzlich jedoch erwachte in ihm ein winziger Hoffnungsfunke, dessen Herkunft er zunächst nicht ergründen konnte. Dann ein zweiter. Luzifers Zuversicht begann zu wachsen. Zwei Tropfen im Meer – kaum spürbar, keine große Sache. Aber dieses Meer befand sich in einem Gefäß auf einer Waagschale und ein zweites, perfekt austariert, gegenüber. Da konnten diese winzigen zwei Tropfen den Ausschlag geben, die Waage zu seinen Gunsten neigen.

Ihm war, als höre er Kinderstimmen. Aufmunternde Worte formten sich in seinem Geist.

„Santa, ich weiß, du hast es in diesem Jahr besonders schwer. Aber du schaffst es. Das weiß ich auch. Du schaffst es in jedem Jahr. Bestimmt wird es wieder weiße Weihnachten geben, Papa und Mama werden glücklich sein und wir auch. Und die Welt wird friedlich sein."

„Kopf hoch, Santa. Wo immer du bist, was immer du tust. Es ist gut. Und Weihnachten wird schön."

In diesem Augenblick erinnerte sich Luzifer daran, worin der eigentliche Vorteil bei einem Heimspiel bestand: nicht die Kenntnis des Platzes, der Beschaffenheit des Rasens, die vertraute Umgebung. Die Unterstützung der Fans machte den Unterschied. So wie jetzt die Gebete zweier Kinder.

Mehr brauchte er nicht. Zwei Kinder, zweitausend, zwei Milliarden. Luzifer wusste, wofür er stritt und er begann zu begreifen, warum er nie eine Chance hatte, die Macht im Himmel zu ergreifen. Nicht, solange die Gebete der Menschen gegen ihn waren. Gebete, die nicht den eigenen Vorteil zum Ziel hatten, auch wenn sie in Eigeninteresse gesprochen wurden. Gebete, die einfach nur ein gutes Gefühl auslösen sollten. So wie vor Jahren der Wunschzettel eines kleinen Jungen, der Santa um weiße Weihnachten gebeten hatte.

Luzifer fühlte, wie ihn neue Kraft erfüllte. Für einen winzigen Moment war er im Geist aller Menschen präsent. Ohne zu verstehen, was da gerade vorging, hielten acht Milliarden Menschen auf der ganzen Welt inne und spürten ein Gefühl der Solidarität – miteinander und mit einem unbekannten Champion, der gerade ihr Anliegen vertrat.

Auf der Erde war dieses kurze Gefühl schon wieder verflogen, aber Luzifer hatte den Booster, den er brauchte. In einem blendenden Ausbruch durchdrang sein Licht Ahrimans Dunkelheit, erfüllte das Nichts mit Energie und riss eine Lücke in die Grenzen des Universums, durch die Ahriman – oder das, was von ihm übriggeblieben war, geradezu hinauskatapultiert wurde, gefolgt von einer hellen Flamme, die hinter der Barriere verschwand, als der Riss sich wieder hinter einem soeben neu mit einem Urknall entstandenen Universum schloss.

Zurück blieb ein erschöpfter Luzifer, der keine Zeit zum Durchatmen fand. Denn kaum hatte er sich erfolgreich des zuletzt verbliebenen Fremdteufels entledigt, öffnete sich ein weiteres Dimensionstor und spie einen leuchtenden Ball aus Feuer und Eis aus.

Auf seinem Weg durch das fremde Universum musste der Komet Materie aufgesammelt haben wie ein kosmischer Staubsauger oder ein Magnet, der über einen von Eisenspänen gesäumten Weg rollt, denn obwohl permanent an seiner Spitze Eis verdampfte, so dass er eine flammende Spur hinter sich her zog, hatte er deutlich an Größe gewonnen. Wenn er auf der Erde aufschlug, würde das einen heftigeren Aufprall erzeugen, als es gut sechzig Millionen Jahre zuvor geschehen war und die Ära der Dinosaurier beendet hatte.

Aber vor sechzig Millionen Jahren war auch kein zorniger Erzengel zugegen gewesen, der entschlossen war, die Auslöschung der dominierenden Spezies auf dem Planeten mit allen Mitteln zu verhindern.

Luzifer verdrängte die Erinnerung an das Duell mit Ahriman und an die gekränkte Eitelkeit in der Erkenntnis, dass er dieses Duell allein aus eigener Kraft wohl nicht hätte für sich entscheiden können. Er verdrängte auch das Bedauern, eine verwandte Seele in ein Protouniversum verstoßen zu haben, das sich gerade erst entfaltete und nur allmählich Raum für eine Persönlichkeit im Exil schaffen würde – sofern von dieser Persönlichkeit überhaupt etwas übriggeblieben war, das den Urknall eines neugeborenen Universums überstanden hatte. Seine Aufgabe war es nun, den Untergang der Menschheit im Einschlag eines feurigen Schneeballs auf ihrem Heimatplaneten zu verhindern.

Das Licht, in dem er sich zuletzt manifestiert hatte, ballte sich zu einer bulligen, glühend roten Gestalt in annähernd humanoider Form zusammen, die ihre ledrigen Schwingen entfaltete (was im Vakuum eigentlich ziemlich nutzlos war, aber Luzifer liebte die Show und zog auch zugleich Kraft aus der eigenen Darbietung) und sich dem feurigen Mähnenstern in den Weg stellte.

Die ersten Ausläufer der tosenden Corona erreichten Luzifer, und er ließ sie sich um die eigene Mähne wehen wie einen Sturm, dem er sich trotzig entgegenstemmte. Wie Kapitän Ahab beim Anblick des weißen Wals lachte er dem Ungeheuer grimmig ins Gesicht, während ihm die heißen Plasmaschwaden entgegenschlugen. Aber anders als der von Rachsucht zerfressene Walfänger in Herman Melvilles Erzählung von „Moby Dick" wusste Luzifer genau, was er tat, und verlor sein Ziel für keinen Moment aus den Augen.

Wie aus dem Nichts holte er ein zunächst formloses, schwarzes Etwas hervor, das sich in der Faust, die es fest umschloss, aufblähte wie ein Segel im Wind, als es die ersten Ausläufer der verdampfenden Gasschichten auffing, die der Komet vor sich hertrieb. Wie ein Torero, Auge in Auge mit der wutschnaubend heranstürmenden, gepeinigten Bestie, wartete Luzifer ruhig auf den letzten Moment, um dem tosenden Geschoss auszuweichen und es in das flatternde schwarze Tuch stürzen zu lassen. Das Tuch aber behielt er an allen Enden fest im Griff, so dass es sich beim Auffangen des Kometen zu einem langen, elastischen Sack verformte. Wie ein Windschlauch im Sturm füllte sich der dunkle Sack mit dem Kometen selbst und allem, was dieser mit sich zog.

Und er wuchs.

Je mehr der flammenden Kometen-Corona er aufnahm, umso größer wuchs der Sack an, elastisch wie ein gigantischer Luftballon, dessen Fassungsvermögen unendlich schien.

Von der Erde aus wäre das Schauspiel am Himmel wie eine kleine Sonnenfinsternis erschienen, wie der Sack aus dunkler Materie genau vor dem Kometen dessen Licht verschlang und nur das Flackern der äußeren Schichten im Schweif des Monstrums noch wie ein flammender Ring um seinen äußeren Rand waberte.

Doch der Sack wuchs weiter und weiter und schließlich verschlang er den ganzen Kometen selbst wie eine Riesenschlage einen Löwen.

Von der Erde aus war nur noch ein großer schwarzer Fleck am Himmel zu sehen, wo eben noch die ringförmige Corona geleuchtet hatte. Luzifer aber hielt mit beiden Händen noch immer den Sack und stemmte sich nun in die andere Richtung, um nicht von der Wucht des rasenden Himmelskörpers mitgerissen zu werden, der immer tiefer in den Sack eindrang, während sein Schweif Luzifer um die Ohren peitschte. Erst als auch die letzten Ausläufer des Kometen in der Tiefe des schwarzen Tunnels verschwunden waren, an dessen verschlossenem Ende der Massekern des Kometen durch den Widerstand des sich nur noch zäh weiter ausdehnenden Beutelsendes gebremst wurde, machte er buchstäblich „den Sack zu".

„Ho, ho, ho!", lachte Luzifer, und seine Gestalt begann sich allmählich zu verändern. Der riesenhafte dämonische Leib schrumpfte zusammen und mit ihm der tiefschwarze, schlauchartige Beutel. Weiße Haare sprießten aus Kopfhaut und Gesicht, während sich die scharfkantigen Züge zu einem runden Schädel mit fleischigen Wangen und Lachfältchen um die Augen verformten. Die ledrige, dunkelrote Haut erblasste und machte einem rosigen Teint Platz, der nur um die knollige Nasenspitze ein tieferes Rot beibehielt. Die gewaltigen, helixartig mehrfach verdrehten Hörner entwanden sich und wuchsen zusammen, legten sich dabei nach hinten und überzogen sich zunächst mit weichem Bast, der die darunter liegende harte Hornsubstanz resorbierte und schließlich Form und Textur einer roten Zipfelmütze mit weißem Pelzrand und ebenso weißem, flauschigem Bommel annahm. Derweil falteten sich die weiten, fledermausartigen Schwingen zusammen und umschlossen den Körper, der sich von einer muskelbepackten, athletischen Statur zu einem wohlbeleibten, fast kugeligen Habitus wandelte, wirkten zunächst wie ein langer Ledermantel, bis auch sie in ein rotweißes Gewebe übergingen, so dass am Ende nur noch ein breiter, schwarzer Ledergürtel mit einer klauenartigen Schnalle an ihre ursprüngliche Konsistenz erinnerte.

Noch einmal lachte der zum Santa mutierte Satan am Ende der Metamorphose fröhlich auf und ließ sich von dem dicken Jutesack, zu dem sich der lange Beutel um den feurigen Riesenschneeball verändert hatte, beziehungsweise von dessen verbliebenem Massenimpuls, weiter in Richtung Erde ziehen – wie ein Wasserskifahrer hinter einem Schnellboot.

Als er knapp zwei Stunden später den Erdorbit erreicht hatte, veränderte der Weihnachtsmann erneut seine Gestalt. Nun ähnelte er einer mittelalten, mütterlichen Frau im groben Arbeitsgewand und auf dem Kopf zu einem dicken Knoten zusammengebundenen grauen Haaren, und der Sack war zur aufgeplusterten, weichen Steppdecke geworden.

„So“, lachte sie mit warmer Stimme. „Dann wird Frau Holle jetzt mal ihr Bett ausschütteln.“ Dabei spielte sie auf ein altes deutsches Volksmärchen an, das von den Brüdern Grimm Mitte des 19. Jahrhunderts in ihrer Sammlung von „Kinder- und Hausmärchen“ festgehalten und allgemein bekannt gemacht worden war. Amüsiert dachte sie darüber nach, dass sich mit der Gestalt der „Frau Holle“ die altnordische Göttin „Hulda“ als mütterliche Erdgöttin, streng und wohlwollend zugleich, in christliche Zeiten hinübergerettet hatte. Dabei hatte sich ihr Charakter allerdings von dem ursprünglichen, mythologischen Vorbild, der Totengöttin „Hel“, erheblich gewandelt, auch wenn das heute kaum jemandem mehr bewusst war. Aber Hel als Herrscherin der nordischen Unterwelt passte, so fand sie, nun wieder hervorragend zu ihrem eigenen, teuflischen Alter Ego.

Dann begann sie zu schütteln und umkreiste dabei wie ein Satellit mit Seitwärtsdrall auf chaotisch wechselnden Bahnen den Planeten, so dass letztlich keine Region ausgespart blieb.

*

So kam es, dass am frühen Nachmittag des 24. Dezembers wie aus dem Nichts etwas Kaltes auf Maries Nasenspitze landete, als sie gerade mit ihrem Bruder vor der Berghütte spielte, während ihre Eltern die weihnachtliche Bescherung vorbereiteten. Ohne nachzudenken wischte sie mit dem Ärmel ihrer gefütterten Winterjacke darüber und schaute verwundet nach oben, um nachzusehen, was das gewesen und woher es gekommen sein mochte. Die Sonne schien hell an einem fast wolkenlosen Himmel, darum schirmte Marie die Augen mit den Händen ab, die in dicken Fäustlingen steckten. Und dann sah sie es.

Zuerst erkannte sie eine zweite, einzelne weiße Flocke, die aus dem hellblauen Himmel herab taumelte. Dann eine weitere und immer mehr, bis ein ganzes Meer von glitzernden weißen Sternchen wie Konfettiregen niederfiel.

„Hurra!“, rief Jonathan neben ihr voller Begeisterung. „Papa hat doch Recht gehabt. Es gibt immer Schnee an Weihnachten!“

„Weil er den Weihnachtsmann kennt und der es ihm versprochen hat“, bestätigte Marie. Dann liefen beide zur Hütte, um ihren Eltern Bescheid zu sagen, aber die hatten den Schnee offenbar durchs Fenster gesehen und traten schon durch die Tür. Verwundert, aber glücklich, schauten sie auf die heraneilenden Kinder und auf die Landschaft, die sich allmählich mit weißem Zuckerguss überzog.

*

Am anderen Ende der Welt näherte sich die Heilige Nacht der Mitternachtsstunde, als Harry und Meghan besorgt zum Himmel über dem australischen Northern Territory blickten. Es war nun schon einige Stunden her, dass der Komet, Harrys Berechnungen zufolge, in der Nähe des Mondes materialisiert sein müsste, und tatsächlich hatten sie, als sie um Punkt 20:30 Uhr zum Himmel geblickt hatten, in der Nähe des Erdtrabanten ein kurzes Aufleuchten zu sehen vermeint, gefolgt von einer Verdunkelung des umgebenden Sternenhimmels. Doch das Phänomen hatte sich gleich wieder verflüchtigt, so dass sie sich auch durchaus hätten getäuscht haben können. Ein ungutes Gefühl war aber geblieben, und nun fröstelten beide ein wenig, trotz der tropischen Sommernacht.

Nach dem Anruf bei seinem ehemaligen Kollegen und der von diesem erbetenen Datenübermittlung hatte Harry von ihm nichts mehr gehört. Das mochte durchaus daran liegen, dass der alte Bekannte ihn nicht ernst nahm, aber ebenso gut auch daran, dass er nun viel zu sehr damit beschäftigt war, die planetare Abwehr zu koordinieren – oder auch nur seine eigenen Kollegen zu überzeugen. Aber was immer die Techniker der raumfahrenden Organisationen auch unternehmen mochten – Meghan hatte kürzlich von einer Simulationsstudie gelesen, die zu dem Schluss gekommen war, dass mit den gegenwärtig verfügbaren technologischen Möglichkeiten (einschließlich eines kurzfristigen Verzweiflungsschlags mit Atomraketen) absolut keine Möglichkeit bestehe, einen kurzfristig entdeckten, heranrasenden Asteroiden an einem vernichtenden Einschlag auf der Erde zu hindern. Tatsächlich hatte Santan irgendwo auf seinem Weg zwischen Mond und Erde einigen solcher Raketen ausweichen müssen, mit denen sämtliche Raumfahrtagenturen der Erde, von Europa und Amerika über Russland, China und Indien, sich entschlossen hatten dem Geschoss aus dem All entgegenzuwerfen, was immer sie zu bieten hatten. Ob diese Verzweiflungstat von Erfolg gekrönt gewesen wäre, würde man nun allerdings nie erfahren, denn an dem Punkt, der als ihr Ziel berechnet worden war, waren sie dank Santans Eingreifen nur auf einander getroffen und in einer gemeinsamen Detonation vergangen. Ein gewaltiger Blitz aus der Sicht eines Menschen, aber nur ein winziger Funke in der Unendlichkeit des Weltalls.

Harry nahm Meghan in den Arm und zog sie dicht zu sich heran. Meghan kuschelte sich an ihn. Dann schrie sie plötzlich überrascht auf, als ein eiskalter Tropfen sie auf den nackten Unterarm traf.

Beide trauten ihren Augen nicht, als dicke, weiße Flocken vom Himmel fielen und auf den ausgetrockneten Boden klatschten, wo sie zwar sofort schmolzen, aber zuvor einen glitzernden Vorhang an den Himmel zauberten, wie man ihn hier, in einer der dauerhaft wärmsten Regionen der Erde, noch nie gesehen hatte – und schon gar nicht im Sommer. Aber es bestand kein Zweifel: Auch in Australien schneite es in diesem Jahr in der Nacht vom 24. auf den 25. Dezember.

14.

Der zweite Weihnachtstag brachte vor allem Ruhe. Die Geschenke waren ausgepackt und eingespielt, die Festmahle verzehrt. Der Schnee hatte den pulvrigen Charakter vom Heiligabend verloren. Noch immer lag die Berglandschaft unter einer dichten, weißen Decke, aber diese war inzwischen von einer Harschkruste überzogen, wie eine karamellisierte Creme. Und weil es nicht weiter schneite, zeugten auch die Spuren vergangener Ausflüge, Schneeballschlachten und weiterer Aktivitäten davon, dass alle Winterfreuden ausgekostet waren und allmählich die Rückkehr in den Alltag bevorstand.

Gottfried lehnte sich behaglich im Ohrensessel vor dem Kamin zurück und beobachtete, wie aus den niedergebrannten, aber noch glimmenden Scheiten immer wieder kleine Flämmchen knisternd empor züngelten und kurz darauf wieder erloschen. Die Familie schlief schon, aber er wollte den Abend des letzten Weihnachtstages bis zum Ende gemütlich auskosten. Von einem niedrigen Tischchen neben dem Sessel griff er eine Tasse mit Weihnachtspunsch, umschloss sie mit beiden Händen und ließ die wohlige Wärme von dort aus in seinen Körper dringen, bevor er einen tiefen Schluck zu sich nahm.

Fast hätte er die Tasse fallen lassen, als das Feuer im Kamin plötzlich noch einmal mannshoch aufloderte und dann in voller Montur der Weihnachtsmann vor ihm stand.

„Tut mir leid, dass es mit dem Schnee in diesem Jahr so knapp geworden ist“, brummte Santa entschuldigend. „Es gab da ein paar Komplikationen.“

„Macht überhaupt nichts“, stotterte Gottfried, der sich auch nach den Ereignissen vergangener Weihnachtsabenteuer und der letzten, erst wenige Tage zurück liegenden, Begegnung immer noch nicht an die besonderen Fähigkeiten seines Besuchers gewöhnt hatte. „Hat ja noch geklappt. Beim ersten Mal kam es ja auch auf den Punkt. Und außerdem habe ich natürlich kein Anrecht …"

„Geschenkt!", wehrte Santa großmütig ab. „Das war auch nicht der Anlass meines Besuches. Eigentlich wollte ich mich nur ordentlich von dir verabschieden."

„Verabschieden?" Gottfried runzelte die Stirn. „Irgendwie klingt das nicht gut – so endgültig. Hast du ein Problem?"

„Verschiedene. Aber das muss dich nicht bekümmern. Der Punkt ist: Was du von mir kennst, mache ich nicht hauptberuflich. Eher im Nebenjob. Oder, genau genommen, im Ehrenamt. Und nun sieht es so aus, als sollte ich meine Kernkompetenzen wieder in den Fokus rücken und mich als Weihnachtsmann auf's Altenteil zurückziehen."

„Das heißt, es gibt keinen Weihnachtsmann mehr …?", fragte Gottfried entsetzt.

„Doch, keine Sorge", gab Santa zurück. „Meine Nachfolge ist geregelt und wird jetzt dauerhaft hauptamtlich erledigt. Wahrscheinlich besser, als ich es selbst tun könnte. Aber ob ich selbst noch einmal in den aktiven Weihnachtsdienst zurückkehren werde, ist überaus fraglich. Und weil ich, wenn du so bleibst, wie du bist, nicht erwarte, in Zukunft beruflich mit dir zu tun zu bekommen, wollte ich eben 'Adieu' sagen." Santa wirkte ehrlich betrübt und grummelte noch etwas in seinen Bart, was so klang wie: „Auch, wenn es mir mit gerade diesem Gruß nicht leicht fällt."

„Schade", sagte Gottfried und trat einen Schritt auf den Weihnachtsmann zu. Er war unsicher, ob es angemessen sei, seinen Besucher jetzt zu umarmen, hatte aber das Gefühl, dass es ihnen beiden guttun könnte. Als Santa Gottfrieds Absicht erkannte, reagierte er überrascht, irritiert, fast erschrocken. Sein Körper straffte sich, dem Anschein nach schwankend zwischen Einladung und Abwehr, so dass Gottfried innehielt.

„Eines solltest du verstehen", sagte der Weihnachtsmann ernst. „Ob etwas gut oder schlecht ist, entscheidet sich nicht daran, wer es tut, sondern über das Was und das Wie."

„Und das Warum", fügte Gottfried spontan hinzu.

„Nicht im Ergebnis", korrigierte Santa entschieden. „Wohl aber für die Person, die es tut. Und genau da komme ich ins Spiel. Aber wie gesagt: Damit hast du nichts zu tun, und daran wird sich auch aller Voraussicht nach nichts ändern."

„Ich kann nicht behaupten“, bemerkte Gottfried zögerlich, „dass ich wirklich verstehe, was du mir damit sagen willst.“

„Glaub, mir“, erwiderte Santa, „das wirst du. Aber, weißt du: Manchmal verfehlt etwas sein Ziel und erweist sich im Nachhinein dann doch als genau richtig.“

„Du meinst den Kometen?“

„Auch. Aber eigentlich geht es um etwas Anderes. Und dazu kann ich dir versichern: Das Was und das Wie erfüllen in dieser Hinsicht ohne jeden Zweifel alle Kriterien für 'gut'; das Warum auch. Aber genau darum möchte ich sicherstellen, dass du mit dem Wer kein Problem hast.“

„Okaaay“, sagte Gottfried zögerlich, der immer noch nicht so ganz verstand, worauf sein seltsamer Besucher hinauswollte. Was er aber verstand, war, dass es diesem sehr ernst damit war. Und sehr wichtig. Also beschloss er, ihm einfach zu vertrauen.

„Botschaft angekommen“, sagte er daher entschieden. Er wollte noch etwas hinzufügen, aber für Santa war das offensichtlich bereits genug, denn der öffnete jetzt einladend die Arme und drückte Gottfried lange und herzlich.

„Jetzt muss ich aber auch wirklich los“, sagte Santa geschäftig, nachdem sie die Umarmung gelöst hatten. „Es gibt noch ein paar dringende Angelegenheiten zu erledigen. Aber vorher möchte ich dir noch etwas zurückgeben.“

Mit diesen Worten reichte er Gottfried ein vergilbtes und leicht angekokeltes, aber säuberlich zusammengefaltetes Blatt Papier. Der nahm und entfaltete es und erkannte verblüfft den Wunschzettel wieder, den er als Kind an den Weihnachtsmann verschickt hatte.

„Fröhliche Weihnachten – alle Jahre wieder!“ stand handschriftlich darunter, gezeichnet mit einem flammenden „S.“.

Gottfried schmunzelte. Dann fiel sein Blick auf das Adressfeld des Briefes. „SATAN“ stand da in großen, freundlichen Lettern.

Als Gottfried aufblickte, war der Besucher verschwunden, aber das überraschte ihn nicht.

Er saß noch eine ganze Weile sinnierend vor dem ausglimmenden Kamin und ließ die weihnachtlichen Ereignisse der vergangenen Jahre bis zum heutigen Tag im Licht der neuen Erkenntnis noch einmal Revue passieren. Und er sah, dass es gut war.

Schließlich überlegte er, ob er den Brief zur Erinnerung aufbewahren solle, doch dann warf er ihn entschlossen in den Kamin, wo die fast erloschene Glut ihn kurz aufflammen ließ und sofort in Asche verwandelte. Dabei erinnerte er sich der Korrespondenz mit einem japanischen Zen-Meister, der einmal in einem Brief geschrieben hatte: „Lies diesen Brief aufmerksam und gründlich durch. Und wenn du seinen Inhalt verstanden hast, verbrenne ihn, damit die äußere Form der Worte die Erleuchtung der Erkenntnis nicht im Nachhinein wieder einengt."

Dann ging er zufrieden und glücklich zu Bett. Jetzt war er bereit für die Reise zurück nach Hause und für alles, was die Zukunft bringen mochte.

Epilog

„Stell dir vor: Da haben doch tatsächlich einige meiner Untergebenen einen Putschversuch unternommen und während meiner Abwesenheit versucht, meinen Platz einzunehmen."

„Was du nicht sagst. Willkommen in meiner Welt!"

„Häh … ach so. Naja, aber das waren meine engsten Vertrauten!"

„Klar. Wer würde auch in der Hölle so etwas wie Vertrauensmissbrauch erwarten. Im Himmel dagegen …"

„Schon gut, schon gut – touché. Letztendlich ist ja auch noch einmal alles gut gegangen."

„Was hast du eigentlich mit ihnen gemacht? Ich könnte mir vorstellen, dass du sie nicht ungeschoren hast davonkommen lassen."

„Habe ich auch nicht. Allerdings haben sie doch aufgeatmet, als ich ihnen nur ein paar Jahrhunderte Sozialstunden aufgebrummt habe."

„Klingt gut."

„… bis sie erfahren haben, wo sie die ableisten sollen."

„Nämlich …?"

„In der Weihnachtswerkstatt."

„Haha, das klingt angemessen. Und außerdem hast du sie da ständig unter Aufsicht."

„Tja, das ist so eine Sache … Genau darüber wollte ich mit dir reden."

„Wieso? Hast du keine Lust mehr auf die Weihnachtsmann-Sache? Ich würde sagen: Jetzt hast du damit einmal angefangen und ein recht erkleckliches Gewerbe aufgebaut. Damit trägst du nun auch die Verantwortung für deine gesamte Belegschaft. Die kannst du jetzt nicht so einfach, mir nichts – dir nichts, entlassen. Und überhaupt – was ist mit all den Kindern, die jetzt erst recht an den Weihnachtsmann glauben? Und wer sorgt schließlich für den weihnachtlichen Schnee bei deinem speziellen Freund?"

„Ich will das ja auch gar nicht alles einstampfen. Es ist nur …"

„Das Ganze macht dir keinen Spaß mehr. Du warst eben schon immer lustbetont."

„Nein, im Gegenteil! Es macht mir zu viel Spaß. Seit ich den Weihnachtsmann-Business aufgezogen habe, kann ich mich immer weniger das restliche Jahr über auf meine Bosheit konzentrieren. Ständig denke ich darüber nach, wie ich beim nächsten Weihnachtsfest die Vorjahresfreude noch übertreffen kann. Wie soll ich da meiner Rolle als Oberschurke noch gerecht werden? Vielleicht war das ja auch der Grund für die Rebellion. Die Teufel fühlen sich durch ihren Boss nicht mehr angemessen repräsentiert und wertgeschätzt."

„Hm, verstehe. Und wie gedenkst du das Problem zu lösen?"

„Ich denke, ich werde mich ganz aus der Weihnachts-Geschäftsführung zurückziehen. In der Nordpol-Festung braucht man mich nicht mehr wirklich. Der Trelf und Elijanda haben alles perfekt im Griff. Grundsätzlich habe ich ihnen ja vor einiger Zeit schon offiziell die Verantwortung übertragen. Da ist es nur konsequent, wenn ich mich von nun an auch tatsächlich nicht mehr einmische – was nicht heißen soll, dass ich nicht ab und zu doch noch einmal das rot-weiße Kostüm überstreifen will, wenn mir der Sinn danach steht. Und der Schnee für Gottfried bleibt natürlich meine Sache. … Aber da ist noch etwas."

„Und das wäre …?"

Als ich neulich deinen Job erledigt habe … du verstehst: Gut gegen Böse, Licht gegen Dunkelheit, ich gegen Ahriman …"

„Jaja, ich verstehe. Komm auf den Punkt."

„Als die Gebete der Kinder mir Kraft gegeben haben … das war das absolut Geilste, was ich in den letzten paar Jahrtausenden erlebt habe. Ich habe mich gefühlt wie ein Rockstar im Wembley-Stadion. Oder in Woodstock. Oder bei Band Aid."

Er zögerte kurz, dann fuhr er fort.

„Ich wollte sein wie du!"

„Das hatten wir doch schon mal."

„Nein – ich wollte nicht deinen Platz einnehmen. Ich wollte *sein* wie du. Ich wollte gut sein. Die Gebete verdienen. Wenn das nochmal passiert, kann ich nie wieder in die Hölle zurück. Dann bin ich als Teufel endgültig verbrannt."

Nach einem kurzen Moment der Stille brachen beide angesichts des unbeabsichtigten Wortspiels in schallendes Gelächter aus.

„Na schön. Und jetzt? – Wer soll denn in der Hölle an deine Stelle treten, wenn du jetzt in den Himmel zurückkommst?"

„Niemand. Das ist ja das Dilemma. Diese ganze Aktion mit dem Unterwelt-Casting hat doch nur zu deutlich gezeigt, dass ich bis auf Weiteres da unten unersetzbar zu sein scheine. Die Hölle braucht eine harte, aber sensible (und manchmal auch streichelnde) Hand. Vielleicht versuche ich mir dort allmählich einen Nachfolger heranzuziehen. Aber das dürfte noch eine ganze Weile dauern. Und bis dahin werde ich den Job wohl weiter machen müssen."

„Es ist ein schmutziger Job, …"

„… aber jemand muss ihn machen. Genau! Und das bin dann wohl zunächst einmal weiter ich. Aber etwas könntest du mir versprechen."

„Was denn?"

„Wenn ich mal wieder eine Auszeit brauche, darf ich weiter hin und wieder den Weihnachtsmann geben."

„Einverstanden."

„Und wenn ich einen geeigneten Nachfolger für die Hölle gefunden und eingearbeitet habe, wirst du meinen Aufnahmeantrag für den Himmel wohlwollend prüfen."

„Gemacht!"

„Dann lass uns darauf anstoßen! Zum Wohl – oben, unten und dazwischen."

Das Klirren zweier Gläser ging im Glockenläuten und Feuerwerk der Neujahrsnacht unter. Aber in diesem Augenblick begann nicht nur ein neues Jahr, sondern eine neue Ära.

Und dies ist nun wirklich das
ENDE
… obwohl …
wer kann das schon sicher wissen?

Nachwort

Mit dem Protagonisten der Geschichten (Gottfried – nicht der Weihnachtsmann!) ist auch der Autor älter geworden. Begonnen hat alles im Jahr 1994 mit der Idee für eine Kurzgeschichte um einen falsch adressierten Wunschzettel. Zwanzig Jahre später wollte ich eine weitere Kurzgeschichte schreiben; eine Geschichte, wie sie mein Sohn mögen würde, der zu jener Zeit gerade Bücher über Elfen und Trolle verschlang. So entstand anno 2014 der zweite Teil, der irgendwann ein Eigenleben entwickelt hatte und die Idee des Höllenfürsten im weihnachtlichen Nebenjob wieder aufgriff. Dann vergingen weitere sieben Jahre, bis ich mich entschloss, unter die Erzählungen vom Weihnachtsteufel einen Schlusspunkt zu setzen, was dann im Jahr 2022 mit dem Showdown zwischen dämonischen und weihnachtlichen Gestalten verschiedener Herkunft zum Abschluss kam.

Selbstverständlich wären auch diese Geschichten nicht zustande gekommen ohne die Beteiligung verschiedener weiterer Personen. Unter den vielen, die auf unterschiedliche Weise den einen oder anderen Beitrag geleistet haben, sei stellvertretend den folgend genannten ganz besonders gedankt: Einem meiner Freunde, mit denen ich meine Ideen hin und wieder diskutiert hatte (ich kann mich leider beim besten Willen nicht mehr daran erinnern, wer genau es war), verdanken die Erzengel ihre Rolle in der ersten Geschichte (und damit auch in den folgenden, einschließlich ihres Gastauftritts in „Liliths Ring“). Die zweite Erzählung kam – wie bereits erwähnt – aus dem Wunsch eines Vaters zustande, eine Geschichte für die eigenen Kinder zu erfinden. Die dritte entsprang in der Euphorie nach Erscheinen meines ersten Romans dem Bedürfnis nach einem würdigen Abschluss der Weihnachtsmann-Serie, sollte nun als nächstes auch diese das Licht der literarischen Welt erblicken.

Besonders zum letzten Teil gilt mein spezieller Dank Eric Fassbender für die authentische Schilderung der weihnachtlichen Gepflogenheiten im australischen Northern Territory. Außerdem möchte ich postum meinem ehemaligen Kollegen und Freund „Stas“ Klimenko dafür danken, dass er mir während einer Zeit voller Hoffnung das freundliche Gesicht Russlands gezeigt hat, das sich hoffentlich eines nicht allzu fernen Tages wieder der Welt zuwenden wird. Und schließlich geht mein Dank erneut an Irina Malsam, die mir während des Schreibens immer wieder Inspiration und Ansporn gegeben und mich darüber hinaus in die Märchenwelt von Väterchen Frost und Snegurotschka eingeführt hat.

Ingo Pagan im Hummelshain Verlag

Liliths Ring

Ingo Pagans Debüt ist ein großer Wurf: Spannend und mit Drive erzählt er die Geschichte eines Mannes, der nach einer feucht-fröhlichen Firmenfeier nur einem scheinbar angetrunkenen Nachtschwärmer helfen will. Doch der entpuppt sich als verletzter Mönch, der ihm sterbend einen Ring an den Finger steckt und ihn dadurch mit der uralten Dämonin Lilith vermählt und zu ihrem Hüter bestimmt.

Dieses Buch packt nicht nur durch die pralle, im besten Sinne phantastische Erzählkunst. Es spannt zudem mit einer herrlich plausiblen historischen Parallelperspektive auf zahlreiche faszinierende Frauenfiguren der Geschichte einen Bogen von Adams Eva bis zu Eva Braun. Man schaut nach der Lektüre unweigerlich anders auf die Geschichte der Menschheit. Drittens aber konstruiert Pagan mit der wirklich originellen Paar- Konstellation (heiraten Sie mal eine Dämonin!) ein bis zum Ende höchst reizvolles Vexierspiel um die urmenschliche Frage des Vertrauens in der Beziehung. Spätestens hier wird aus richtig guter Unterhaltung richtig gute Literatur.

520 Seiten, Preis: 19,80 €,
ISBN 978-3-943322-460

www.hummelshain.eu